U0561867

中国社会科学院创新工程学术出版资助项目

THE DEVELOPMENT OF CHINA'S TRADE AND ECONOMY IN THE GLOBAL PRODUCTION SYSTEM

全球生产体系下的中国经贸发展

马涛 著

社会科学文献出版社
SOCIAL SCIENCES ACADEMIC PRESS (CHINA)

序　言

进入21世纪后，随着全球化进程的不断深化，国际生产体系发生了深刻的变化。发达经济体将失去竞争力的产业、产品、生产流程与服务任务通过外国直接投资（FDI）与离岸外包等方式逐步转移到海外，新兴经济体则抓住生产分割的契机通过垂直专业化逐步融入新型国际生产体系。在这一互动的过程中，各国得以产业结构升级与技术进步，全球以及地区供应链演化成熟，中间产品与服务贸易迅速增长，各国在全球经贸活动中的相互联系与依存程度也越来越错综复杂。

在这种背景下，我很高兴看到马涛博士的新书《全球生产体系下的中国经贸发展》得到中国社会科学院哲学社会科学创新工程学术出版项目资助得以付梓。这是他近年来在国际贸易与投资领域不断努力的成果结晶，也标志着我国学术界对全球化条件下国际新型生产体系及对中国经济的影响研究又有了较为重要的推进。

本书从理论与实证角度深入分析了国际贸易、外国直接投资与全球生产体系之间的内在联系，重点研究了中国参与全球垂直专业化分工的情况以及由此对中国经济的影响，特别是贸易边际、劳动力市场和环境等方面。其创新之处主要体现在以下几个方面。

第一，作者从理论上梳理了各种贸易模式、外国直接投资和国际生产的发展历程以及三者之间的相互关系，按照不同发展阶段总结并比较了各种国际贸易、对外投资和国际生产在定义、特征和形成动因等方面的差异，以及对母国和东道国经济的影响。在此基础上，借鉴前人的理论模型，修正并建立了一般均衡模型来分析上述三者之间的内在关系。

第二，根据投入—产出表测算了我国分行业的国内销售产品和出口贸易的垂直专业化程度以及国内生产的技术含量，并通过计量检验考察了垂直专业化程度与国内技术含量之间的关系，结果表明绝大多数行业的垂直专业化程度随时间推移而逐步提高，同时，在其他条件不变的前提下，工业行业的产品国内技术含量越低，其垂直专业化程度就越高。

第三，借鉴前人的理论模型，把贸易、FDI和全球化生产等变量纳入一般均衡模型中，通过计量方法检验了国内外投资、国家要素禀赋、国际垂直生产和技术进步等诸多变量对出口贸易的影响，结果表明上述因素均对我国的中间品出口产生显著的促进作用，并影响着我国的出口贸易结构。

第四，作者运用贸易增长的二元边际的方法对我国的进口结构变化进行了分解分析，结果发现，我国进口增长主要依靠数量扩张，进口构成主要还是来自老市场的老产品，并且中间品所占比重和增幅大于消费品和资本品的趋势还在扩大。此外，还利用一个扩展的引力模型研究了在产品内分工条件下的多边进口增长问题，计量结果显示，双边贸易成本下降和多边阻力提高均能有效促进双边进口，产品内分工也有利于中间品进口增长，而中国从多数贸易伙伴的进口还有很大的发展空间。

第五，本书还运用（进口）非竞争型投入—产出模型分析了两个问题：一个是中国出口贸易中的内涵 CO_2 结构，另一个是我国出口价值链的变动及对贸易失衡的影响。前者测算了加工贸易和非加工贸易中的国产和进口内涵碳排放，结果表明，尽管我国出口贸易中碳排放总量在不断增加，但是碳排放强度在降低。后者则根据行业出口增加值的测算表明我国贸易失衡的真实程度并不像传统统计的那样大。

第六，本书将中间品作为一种投入要素，重点分析了中间产品进出口贸易对中国劳动力需求变化的影响，并据此进一步研究了贸易与劳动力需求弹性、就业风险和工资水平等关系问题。与先前文献的结论不同的是，中间产品贸易对劳动力需求弹性的影响明显高于全部贸易，也就是说，中间产品贸易加大了我国制造业的就业风险与不稳定性。

本书对研究数据也做了大量基础性工作，特别是根据《按经济大类分类》(BEC) 并结合国民核算体系 (SNA)，按细分行业把中间产品进出口贸易额从总贸易中分离出来，并总结出了按工业部门分类的中间产品贸易 SITC 3.0 五位码产品的编码表（参见本书附表 1）。国内众多学者和研究生曾纷纷索要此表与数据，以此作为相关研究的基础分类与数据。此外，本书还将 HS 八位码产品集结分类到非竞争型投入—产出表的行业中，并将总贸易分离为加工贸易和非加工贸易两种类型，从而完成了从产品到行业这一基础而繁复的对接工作。

马涛在博士生学习期间曾以此为选题完成了他的博士学位论文，博士毕业后他又相继完成了几篇较高质量的论文，作为他的博士生导师我备感欣慰。他的学术之路才刚刚开始，希望他能够更加勤奋努力，再接再厉，开拓创新，在未来取得更优异的研究成果。

2012 年初夏于南开园

前　言

改革开放以来，我国国民经济和对外经贸发展得到了前所未有的提升。尤其是对外经贸和参与全球化生产程度的不断深化，使中国与世界经济的联系也越来越紧密了，这主要表现在中国已成为全球第二大经济体，最大的出口国和第二大进口国。30 多年以来，我国的经济结构和贸易模式不断深化和转型，特别是加入世界贸易组织（WTO）以来的 10 年，中国参与新型国际生产体系的程度也日益加深。由于在各方面所具有的比较优势，中国发展成全球经济增速最快的国家之一。也正是由于自身独具的竞争优势，我国理所当然成为世界制造业的“加工工厂”，这很大程度上是由于中国更多地承担着以加工贸易为主的垂直化生产任务。由此可见，国际贸易与外国直接投资是当代经济全球化发展不断深化的两个方面，并且这两方面的发展呈现日益趋同的特征，但是研究国际经济的发展不能单纯考虑这两个领域，全球化生产网络的兴起也成为不可小觑的一个因素，所以，全方位考察贸易、投资和跨国公司生产显得至关重要。

在经济全球化和专业化分工不断深化的进程中，贸易、投资与跨国生产之间的关系经历着复杂而深刻的变化。本研究首先主要阐述了近几十年来国际贸易、对外直接投资（FDI）和跨国公司国际生产方式的变迁，从理论上梳理和澄清了三者在发展历程中的相互关系，对不同研究观点和理论逻辑进行总结和归纳，并对跨国公司在贸易与投资之间的战略选择进行了理论探讨。在上述理论基础之上，对发达国家的情况进行了经验分析。文中运用大量学者的实证研究来验证上面的理论，无论是统计数据描述还是计量方法的检验，分别对贸易、投资和国际生产所产生的效应做出了具体的例证。

接下来，研究把视角转向了对中国现状的研究。在新型国际生产体系下，无论是中国的贸易，还是对外直接投资都应该是全球研究的焦点，因为中国目前的经济发展具有前所未有的吸引力，国际分工对中国产生的效应也是极其显著的。根据上文的研究思路，重点是实证研究了中国中间产品贸易的发展趋势与结构组成，垂直专业化生产程度与产品国内技术含量的关系，以及中国在利用外商直接投资方面的新发展。

基于上述理论基础，就可以对所研究问题进行理论描述和模型框架的构建。其中，主要借鉴了几位外国学者的理论模型，分析了李嘉图模型和赫—俄模型的简单贸易模型中的国际生产分割（Fragmentation of Production）、跨国公司投资和生产分割的理论关系等。最后，运用一般均衡模型，将贸易、对外直接投资和国际生产分割进行了全面分析和研究，对这三者的相互关系和影响进行了综合考察。

在获得各方面数据的基础上，就可以进行贸易、对外直接投资和国际生产分割的实证研究了。首先，对中国的中间产品贸易、外商直接投资和垂直专业化生产的关系进行了协整分析和格兰杰因果关系的检验，得出了外商直接投资分别与中间产品贸易和垂直专业化生产具有单向因果关系。研究的核心实证是在一般均衡模型的基础上，用包含投资、生产、要素禀赋和技术进步等诸多变量对中国的中间产品出口贸易做了计量检验，得出了一系列有意义的回归结果，为提出有意义的政策建议提供了实证基础。

在结构转型条件下，我国的进出口贸易在结构和增长方式上呈现出与以往不同的特征，突出表现就是产品内分工对其深刻的影响。此部分着重利用广度边际（Extensive Margin）和深度边际（Intensive Margin）的二元边际法统计出了我国近年来几类进口品的结构，并在双边贸易框架下研究了我国进口增长，采用改进的引力模型重点分析了造成中间品进口和总进口增长的二元边际。此外，这种进口结构还对我国的价值链造成一定影响，接下来就运用非竞争的投入产出模型估算了我国各产业贸易附加值变化的事实，从而分析和判断我国贸易结构和产业结构的变化特征，进而为我国产业转型和升级做出理论判断和政策提供；基于上述的测算结果，还能分析我国贸易失衡的结构问题，消除国际社会认为中国在巨大顺差中收益颇丰的误解。

新的国际分工格局对中国经济的影响表现在国际生产体系的变化对中国要素市场的决定。一方面，我们着重研究中间产品贸易对中国劳动力市场的影响，其不仅提高了对不同劳动力的需求，而且还改变了劳动力的就业风险和稳定性。实证部分不同于以往研究全部进出口贸易对劳动力需求变化影响的做法，而是把中间产品贸易分离出来，利用动态面板数据模型单独分析其对中国工业总体与分部门的劳动力需求的影响。针对中国劳动力市场和工资水平的实际问题，提出解决中国劳动力就业压力和提高工资水平的建议和对策。另一方面，我国很多地区吸引外商直接投资所形成的加工贸易的生产方式，对中国的环境也产生了深刻影响。此部分还利用非竞争的投入产出模型估计了我国出口贸易中碳排放结构的变化，进而对能源的利用、环境保护以及贸易结构问题提出了重要的政策建议。

本书主要从贸易和对外直接投资的视角研究了我国参与全球化生产体系的效应和产生的深刻影响。全书基于我国工业行业层面进行了大量的实证研究，其中不仅使用了计量方法，还用到了比较前沿的公式、指标进行了大量测算，得到了非常翔实的实证结果。全书内容以中国的现实情况为出发点，更多的是从国家宏观层面、整体地进行分析研究，没有太多涉及双边或者多边的分析框架，如东亚生产网络、FTA 、APEC等多边的区域经济一体化的研究。笔者相信，此领域还有很大的研究空间，原因在于随着中国在世界经济中的实力与增速不断加强，其在全球生产体系中的角色和地位也会发生较大变化，加之区域内和全球数据的不断完善，也会为我们的研究创造前所未有的利好条件。

目　录

第一章　概述

在经济全球化和垂直专业化生产不断深化的过程中，单纯地研究国际贸易或者对外直接投资（FDI）已经不切合实际，全方位考察贸易、投资和跨国公司国际生产愈发显得重要。2006 年，Elhanan Helpman 在《贸易、FDI 和企业的组织形式》中，指出“国际贸易和对外直接投资的高速增长，除了用传统贸易和投资理论解释外，还可以用行业内的异质性程度和契约制度的不同特性所产生的比较优势来解释贸易结构和投资模式；由此可见，组织形式的差异导致了企业生产率的不同，外在表现就是生产方式的变化，这些都决定着国际贸易与投资的模式以及组织结构”。本研究通过分析研究近几十年来国际贸易、对外直接投资和跨国公司的国际生产方式的变迁，在理论上进一步梳理了上述研究领域的发展过程，分析了三者之间的相互关系，尤其对当今跨国公司的国际生产、贸易、投资方式的最新发展做了较为深入且具体的研究，并实证分析了其对国际经济和中国经济发展的深刻影响。

第一节　选题背景、研究目的和研究意义

一　选题背景

国际贸易和外国直接投资一直以来都是全球增长最快的重要经济活

动。2006 年，全球货物出口额已达 11.76 万亿美元，全球服务业出口额将近 2.71 万亿美元；同时，全球 FDI 流量在 2006 年连续第三年增长，达到了 13060 亿美元，创下了仅次于 2000 年的较高水平，较上年增长了 38%。[①] 然而，1990～2001 年跨国公司海外分支机构营业收入的扩张速度甚至要比全球货物出口和非要素服务出口的迅猛增长快得多。服务业 FDI 前所未有的扩张是该增长的一个显著特点：1990 年，服务业 FDI 流入累积额为 9500 亿美元，而到了 2002 年，该数值已增加到 4 万亿美元。2001～2002 年，投资到服务业的 FDI 占总 FDI 流入额的 2/3。

中国在改革开放之前，几乎没有什么外国直接投资，进出口贸易在全世界排名第 32 位。时隔近 30 年之后的 2006 年底，中国累计吸引外商直接投资项目数为 44001 项，合同外资金额达 1890.6 亿美元，实际利用外资金额为 603.2 亿美元，中国已成为世界上最大的引资国之一，同时也是较大的外资输出国。中国进出口贸易在这 20 多年中也取得了长足的发展，2006 年中国货物进出口总额为 17604 亿美元，已跃居世界贸易大国之列。

这些显著的数据后面包含着不同类型的贸易和 FDI 形式的变化。在服务贸易迅速扩张的同时，中间投入品贸易也在快速增长，而且投入品贸易的增长不仅呈现在公司内部，也超越了公司的界限，以公司内部贸易和“保持距离”（外部市场的）贸易的形式出现。为进行深加工以及完成最终组装，中间投入品在不同国界之间流动，反映出国际垂直专业化生产的不断深入。许多研究已经证实了国际垂直专业化的发展与产品内分工的日益细化密不可分。而在国际分工的日益细化进程中，跨国公司在国际生产中扮演了重要角色，其承载着国家参与国际生产的作用。同时，大量的技术革新（电子通信技术等）的出现以及关税、非关税

① FDI 流量在 2000 年达到顶峰，为 14110 亿美元，2000～2003 年有所下降，但近三年又连续增长，参见 UNCTAD（2007）。

贸易壁垒的削减也促进了生产外包在国界之内和跨越国界的增长，进而促进了公司内贸易和产品内贸易的迅猛发展。

二　研究目的

正是基于上述现实和理论的变化，有必要从多个层次研究贸易、投资和国际生产在不同时期以及新近的发展情况，从而为发展中国家和转型经济国家参与国际生产提供必要的理论基础和切实有效的政策建议。结合上述问题的提出，本研究主要试图解决以下几个方面的问题。

1. 在理论上梳理贸易、投资和国际生产的关系

将在理论综述中按阶段研究三者的发展历程，着重分析各种贸易（按贸易内容划分）和投资方式之间的交叉关系，结合国际生产的发展，总结出三者之间的内在联系。并利用数理方法构建上述三者内在关系的多元回归方程，用计量方法检验目前中国贸易、投资和国际生产的长期关系。

2. 从现实和理论两方面研究三者在中国的新近发展

代表贸易、投资和国际生产的最新发展的分别是中间产品贸易、水平和垂直型 FDI 以及垂直专业化生产。本研究不仅以各种指标衡量了三者在中国的发展状况，还借助理论模型分析了三者的内在关系，并得出了一系列结论。

3. 通过理论研究可以为现实提供政策建议

结合理论和实证研究得出的结论，基于主要的经济变量，为我国工业部门的协调发展和产业升级提供建设性的政策建议，这也是本研究的最终目的。

三　研究意义

当选择这一极具概括性和挑战性的题目后，笔者深感自己理论知识

的匮乏，但又欣然感悟到全面研究跨国公司的国际生产、贸易和投资的发展变迁、相互关联及现实意义的重要性。查阅了大量中外研究文献后，笔者发现从贸易、投资和国际生产这三个视角研究国际经济发展变迁的学者甚少。对笔者而言，从借鉴前人的角度来说是一个极大的缺憾，但另一方面却给予笔者很大的自由度，可以按照自己的思维和对问题的认知去构筑分析的框架，力争做出一点具有新意的研究。

对于发达国家而言，基于新型的贸易、对外直接投资和垂直专业化生产的理论研究进行得较为深入，国外众多学者对各个领域都进行了广泛研究，为理论发展开辟了新道路。对于发展中国家和转型经济国家而言，这方面的理论还较为不成熟，但当前国际经济的发展与这些国家又十分的密切，并且是学界研究的焦点。从国际分工看，以产品内国际分工为特征的国际生产正日益成为国际生产体系的主导，随之而产生的中间产品贸易在各国全部贸易中的比重不断增加，新型的国际生产体系要求国家利用自身专业化生产的比较优势，完成产品价值链中的一个或几个环节，这样所形成的生产方式即为垂直专业化生产。当然，不管是贸易还是外国直接投资的变化，归根结底都是由跨国公司国际生产方式的变化所引起的。正如20世纪盛行的水平型直接投资主要发生在要素禀赋相似的发达国家之间，跨国公司投资的目的就是占领东道国市场，依靠规模经济来扩大跨国经营范围。目前，水平型直接投资在发展中国家吸收的外资中所占的份额还是较大的，有的甚至远远超过了垂直型对外直接投资额。垂直型FDI主要发生在跨国公司母国与其国外分支机构之间，利用各东道国的比较优势进行上下游的生产，形成了大量的公司内部贸易。

综上所述，本研究正是在这种纷繁复杂的国际经济关系下来探讨三方面理论的发展关系及相互影响的。正如前面所提到的，只有将贸易、直接投资和跨国公司国际生产放到一起来研究，才能够全面洞悉国际经济发展的规律。中国在新、旧国际生产体系的转变中，应该积极参与国际垂直专业化分工，顺应国际分工从产品层次转向要素层次的趋势与规律，充分享用外国直接投资与生产外包、价值链细分和地理配置与丰裕资源禀赋相结合的巨大收益，形成和壮大生产集聚和规模经济效应。我们也应该认识到发展中国家不断深入参与的垂直专业化国际生产体系是由发达国家和跨国公司所主宰和控制的，在利益的分配上很不平衡，因此对中国来说，若要真正实现经济崛起就必须改变生产低端产品、过度依赖 FDI 和以加工贸易为主的贸易、投资与生产的传统模式，通过研发和创新转向生产和出口高附加值产品的新型工业化道路。

第二节 研究思路、篇章结构和研究方法

一 研究思路和篇章结构

如果从传统的国际贸易理论研究视角出发，则更多的是沿着贸易理论的发展历程进行阐述，从斯密的绝对成本理论到李嘉图的相对成本理论的古典贸易理论，再到新古典贸易理论的赫克歇尔—俄林理论，即“生产要素禀赋理论”，直至不完全竞争市场结构下的新国际贸易理论。总之，这是沿着贸易理论的脉络进行梳理，而现实中的贸易模式与贸易理论有着严格的对应，从较早的产业间贸易，到占主导地位的产业内贸易，再到现在盛行的产品内贸易和公司内贸易，本研究就是从这几种贸易模式出发，研究其与不同的对外直接投资（FDI）形式和国际生产方式之间的内在联系。

跨国公司的生产从较早的单独生产（Production Alone），发展到经济全球化条件下的垂直专业化分工（Vertical Specialization）生产。垂直专业化分工造成了产品生产环节在地理上的生产分割（Fragmentation of Production），其理论依据也是根据国家间比较优势的不同，把产品的价值链分割，按照国家专业化水平进行分工生产。所以，本书先是从总体

历程概述了贸易、投资和国际生产的发展和演变，然后过渡到中国在新的国际生产体系下这三方面的现状描述，当然研究重点放在了中间产品贸易、外商直接投资和垂直专业化生产的关系上，对中国的情况做了深入研究。鉴于以上思路，得到了本书主要章节的结构框架，以及本书的结构流程图（见图1-1）。

第一章对本书的整体情况做了一个概述。

第二章是对贸易、投资和国际生产关系的理论综述，按照三者理论的发展历程分别对其发生的动因、特征和影响进行梳理，但重点是阐述三者之间的相互关系以及相互影响。笔者进而得出关于贸易、投资和生产方式的关系的对照表，并在此基础上分析了跨国公司的战略选择。

第三章是在第二章理论基础之上，对发达国家进行的经验分析。文中通过大量学者的实证分析来验证第一章中的理论，无论是统计数据描述还是计量方法的检验，对贸易、投资和国际生产所产生的效应做出了具体的例证。以上两章属于文献综述部分。

第四章把视角转向了极具研究价值的中国。中国在新的国际生产体系下，无论是贸易还是对外直接投资都应该是全球研究的焦点，本章主要对中国工业部门进行现状分析。重点是实证研究中国中间产品贸易的发展趋势与结构组成，垂直专业化生产的程度测算，以及中国利用外商直接投资的情况。本章构建了中国工业行业的数据指标体系，也为第五章、第六章的实证研究提供了数据。

第五章是基于上述的理论基础进行理论模型的描述与构建。其中，主要借鉴了国外学者的理论模型，分析了国际生产分割的李嘉图模型和赫—俄理论模型、国际生产分割的外国直接投资模型。最后，运用一般均衡模型，对贸易、对外直接投资和国际生产分割进行了全面分析和研究，并对这三者的相互关系和影响进行了综合分析。

第六章是在第五章的理论基础之上进行贸易、投资和生产分割的实证研究。首先对中国的中间产品贸易、外商直接投资和垂直专业化生产

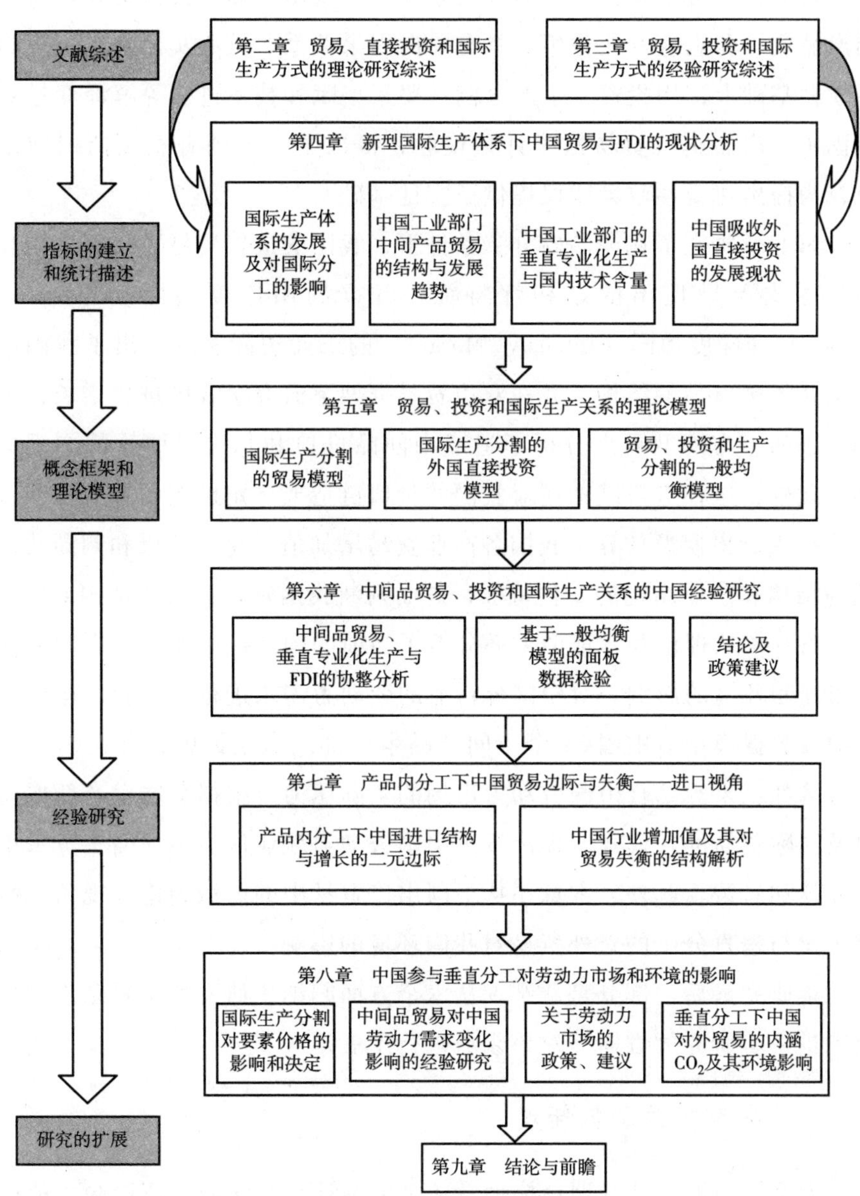
文献综述
指标的建立和统计描述
概念框架和理论模型
经验研究
研究的扩展
第二章 贸易、直接投资和国际生产方式的理论研究综述
第三章 贸易、投资和国际生产方式的经验研究综述
第四章 新型国际生产体系下中国贸易与FDI的现状分析
国际生产体系的发展及对国际分工的影响
中国工业部门中间产品贸易的结构与发展趋势
中国工业部门的垂直专业化生产与国内技术含量
中国吸收外国直接投资的发展现状
第五章 贸易、投资和国际生产关系的理论模型
国际生产分割的贸易模型
国际生产分割的外国直接投资模型
贸易、投资和生产分割的一般均衡模型
第六章 中间品贸易、投资和国际生产关系的中国经验研究
中间品贸易、垂直专业化生产与FDI的协整分析
基于一般均衡模型的面板数据检验
结论及政策建议
第七章 产品内分工下中国贸易边际与失衡——进口视角
产品内分工下中国进口结构与增长的二元边际
中国行业增加值及其对贸易失衡的结构解析
第八章 中国参与垂直分工对劳动力市场和环境的影响
国际生产分割对要素价格的影响和决定
中间品贸易对中国劳动力需求变化影响的经验研究
关于劳动力市场的政策、建议
垂直分工下中国对外贸易的内涵CO_2及其环境影响
第九章 结论与前瞻

图 1-1 全书结构流程

的关系进行了协整和格兰杰因果关系检验，得出外商直接投资分别与中间产品贸易和垂直专业化生产具有单向因果关系。核心实证是在一般均衡模型基础上，用投资、生产分割、要素禀赋和技术进步等解释变量对中国中间产品出口贸易做了计量检验，得出了一系列有意义的回归结果，为提出建设性政策建议提供了实证基础。

第七章研究了在产品内分工条件下，我国的进口贸易边际在结构和增长方式上呈现出的结构性特征。着重利用广度边际（Extensive Margin）和深度边际（Intensive Margin）的二元边际法统计出了我国近年来几类进口品的结构，并在双边贸易框架下研究了我国进口增长，采用改进的引力模型重点分析了造成中间品进口和总进口增长的二元边际。此外，这种进口结构还对我国的价值链造成一定影响，故通过非竞争型投入产出模型估算了我国各产业贸易增加值变化，分析和判断我国贸易结构和产业结构的变化特征，进而判断我国贸易失衡的结构问题。

第八章从理论和实证两方面分析了当前的国际生产模式对中国劳动力市场和环境的影响。对中国分行业的劳动力需求进行了检验，运用动态面板数据模型对中国 31 个中间产品生产部门做了回归，并得出一系列显著性结果。结合中国劳动力市场的实际压力，根据全球生产新格局以及国际贸易的新模式，提出解决中国劳动力就业压力和提高工资水平的建议和对策。此外，本章还从中国出口贸易中的内涵碳排放视角，研究了参与垂直分工的对外贸易对我国环境的影响。

本研究最后一部分是总结，从六个方面归纳了研究的主要结论，提出了进一步研究的方向并对该领域进行了展望。

二　研究方法和创新点

无论是归纳总结的理论梳理，还是多种计量方法的实证检验，都试图将贸易、投资和国际生产之间的关系分析透彻，以下对所采用的研究方法进行了简单总结。

（一）对文献综述的梳理（理论和经验两方面）

若从国际贸易、外国直接投资和国际生产分工发展、演变的角度构筑文章，未免显得漫长，更何况不少前人做过类似的工作。本研究着重阐述和剖析三者在同期发展过程中的内在联系，针对目前新的国际生产体系的发展，本研究用两章进行文献综述（主要回顾了贸易、投资和生产的发展理论和经验分析），而研究重点集中在目前最为前沿的中间产品贸易、垂直型和水平型对外直接投资和垂直专业化生产上。

（二）构建指标数据分析中国现状

根据当前国际生产的新进展，如何用一些具体指标来衡量产品内国际分工、投资和国际生产的发展水平和发展方式，这是研究的重点内容之一。通过借鉴国内外学者的方法和理论得以把这三方面加以衡量，如运用“按经济大类分类（BEC）”把中间产品的进出口贸易额从总贸易中分离出来，并按工业部门进行分类，得出各制造业部门的进出口贸易额；用垂直专业化比率来衡量目前国际生产的垂直程度，并根据投入产出表测算出各行业的国内技术含量，以此体现国际化生产的程度；本研究除了用传统的方法统计了按产业细分行业和总量的外商对华直接投资情况外，还依据非避税地和避税地 FDI 来源国分类了垂直型和水平型 FDI，并比较两者的大小。

（三）对主要变量进行协整和因果检验

在检验贸易、直接投资和垂直专业化生产长期均衡关系时，依次用到了单位根检验、协整分析、误差修正模型以及格兰杰因果关系检验等方法。对中国的中间产品贸易、外商直接投资和垂直专业化生产之间长期的协整关系进行了检验，并得到长期稳定的协整关系式，通过因果检验得出了外商直接投资分别与中间产品贸易和垂直专业化生产具有单向因果关系。

（四）对中国细分工业行业的计量检验

以上用数据统计来描述国际贸易、对外直接投资和国际生产的情况，应该说是最直接和真实有效的方法。当研究诸多变量之间的内在关联性时，统计方法显然不能达到要求，这就需要通过理论模型的推导得到变量间的函数关系，再运用计量方法进行检验。由于本研究的重点在于分析中国工业部门，所以所用的方法主要是面板数据模型。本研究在概念框架部分主要分析贸易（中间产品）、投资和国际生产分割之间的关系，而这里的生产分割主要用垂直专业化程度来表示。根据 Dixit 和 Stiglitz 的效用函数以及 Cobb-Douglas 生产函数，直至推演出一般均衡模型，将诸如投资、垂直专业化生产、贸易壁垒、要素禀赋以及技术进步等因素纳入该模型，作为解释中间产品出口贸易的解释变量。在研究中间产品贸易对中国劳动力需求变化实证中，考虑到跨时效应，还用到动态面板数据模型来分析变量的滞后期问题，对分行业的劳动力需求进行了跨期研究。

（五）基于非竞争型投入产出表的分析

非竞争型投入产出表与竞争型投入产出表的不同之处在于，前者打破了进口投入品与国产投入品可以替代的假设，强调了不同地区生产的同一产品是具有差异性的。在此基础上可以把投入产出表拆分为加工贸易和非加工贸易的投入与产出的构成。本书利用非竞争型投入产出模型准确测算了我国出口贸易中的增加值，进而分析我国在全球价值链上的位置变化，同时还能基于此结果测度我国贸易失衡的真实程度和结构变化。此外，根据上述研究框架，还能测算出我国出口贸易中内涵的 CO_2 结构情况，从碳排放的视角分析了我国贸易结构的变化和转型及其对我国环境的影响。

对于本书的创新之处，盛斌教授在前面的序言中做了详细的归纳总结，主要从六个方面给予了评价，笔者在此处再简要介绍一下。

第一，笔者从理论上梳理了贸易模式、FDI 和国际生产的发展历程和三者的关系。结合前人的研究，利用一般均衡模型解释了三者的内在关系。

第二，本书研究了我国参与垂直化生产的程度。利用投入产出表测算了国内销售和出口贸易中的垂直专业化程度，以及国内生产的技术含量，并分析了垂直化程度与国内技术含量的关系。

第三，笔者利用上述一般均衡模型，实证分析了国内外投资、国家要素禀赋、国际垂直化生产和技术进步等决定因素对我国中间品出口贸易的影响。

第四，笔者从进口视角利用二元边际方法对我国贸易结构进行了分析。此外，还运用一个扩展的引力模型研究了产品内分工下多边进口增长的决定因素。

第五，笔者运用（进口）非竞争型投入产出模型分析了中国的两个现实问题：一个是出口贸易中的内涵 CO_2 及其结构，另一个问题是我国出口价值链的动态变化及其对贸易失衡的影响。

第六，笔者还将中间产品作为一种生产要素参与全球化生产，并着重研究了中间产品进出口贸易对我国劳动力需求弹性以及就业市场的影响。

此外，本书还对不同类别的贸易品到行业层面的对接做了大量基础性工作，具体内容可参见本书的附录部分。

第二章　贸易、直接投资和国际生产方式的理论研究综述

近几十年来，国际贸易、对外直接投资与跨国公司的生产方式发生了巨大的变化。国际贸易经历了从产业间贸易到产业内贸易，再到产品内贸易和公司内贸易的不同模式的演变，对外直接投资也从单一的垂直型向水平型和混合型转化，跨国公司的生产方式伴随着从公司内部的垂直专业化生产扩展到水平型投资的国外生产，以及最近所出现的生产、服务和 R&D 的外包。同时，贸易、投资与国际生产体系形成了更加紧密和复杂的关系，从 Mundell 最早提出贸易与投资的替代关系发展为两者之间互补、互动的新型关系。

面对上述情况，国际经济学界提出和发展了大量概念、理论和文献试图来描述与解释贸易模式、对外直接投资形式以及国际生产方式的变化趋势、内在动因以及经济影响。这一学术进程也是相当纷杂和庞大的，许多问题存在相互交织，也存在着争议。本研究的目的在于从理论上梳理并澄清三者在发展历程中的相互关系，对不同研究观点和理论逻辑进行总结和归纳，最后对跨国公司在贸易与投资之间的战略选择进行理论探讨。

第一节　从产业间贸易到产业内贸易

从 18 世纪中叶至 20 世纪 30 年代，在以比较成本为基础的国际

贸易中，国际分工格局以产业间贸易为主，国际交换的对象发生于生产率或要素密集度不同的产业部门。强调国家优势差异的传统比较优势理论和要素禀赋理论解释了这一贸易格局。这些理论强调比较优势和要素禀赋的差异是发生国际贸易的基础，产业间贸易主要发生在技术或要素禀赋差异较大的经济发展水平不同的发达国家与发展中国家之间，国际生产体系因此也形成了“中心—外围”的模式。

一　产业内贸易的兴起

20 世纪 70 年代以来，随着国际分工的不断深化，发达国家之间的产业内贸易的比重逐渐增加，它体现为对同一类产品的同时进口与出口的双向贸易，这些产品在生产的投入要素比例和最终用途方面基本相近。这种新的贸易形式的出现引发了经济学家对市场结构、规模经济、差异产品与贸易之间关系的思考。Grubel 和 Lloyd（1975）率先提出了衡量产业内贸易的指数，并解释了运输成本、转口贸易、贸易季节性、消费者偏好、政府干预或企业销售策略均可导致同类产品的产业内贸易。

Balassa（1986）对产业内贸易进行了跨国分析，发现产业内专业化程度随着经济发展和国内市场规模水平的提高而增加，此外，产业内专业化与国家经济的开放程度也密切相关。

Krugman（1979）提出了第一个水平型产业内贸易的数理模型，开辟了不完全竞争贸易理论的先河。该理论说明了在封闭经济条件下，生产中存在的固定成本会阻止一国在国内生产品种多样的差异产品，因此追求规模经济是产生产业内贸易的根本原因。当两个国家具有相似的要素禀赋时，会发生产业内贸易，并使两国可以从贸易中获益（来自消费多样化的效用的提高），也不会像传统贸易那样引起较大的收入分配效应。

与此同时，Falvey（1981）对垂直型产业内贸易进行了研究。他认为发生垂直型产业内贸易实质上是不同国家的厂家生产的不同质量的相似产品之间的交换，它仍然与要素密集度存在密切的关系，而与规模经济无关。同时，他也论证了垂直型产业内贸易与传统的产业间贸易有相似之处，因此垂直型产业内贸易与产业间贸易可以同时存在。

在不完全竞争市场的另外情况下，Brander 和 Krugman（1983）论证了寡头垄断之间的竞争会引起相互倾销的产业内贸易。具体说就是，如果追求利润最大化的企业发现它在外国的需求弹性高于本国，并且能在外国与本国之间实行差别价格，那么其就会把在外国的销售价格制定在低于本国价格的水平以下。因此，倾销是由于与寡头垄断行为有关的内在市场结构原因而产生的。Eaton 和 Kierzkowski（1984）分析了寡头垄断下，厂商数目、贸易品品种、净收益全部可以内生决定并且都依赖于各国消费者的偏好以及不同偏好的消费者数量。同样由于规模经济，贸易开放后每种产品就会只有一个生产者，当企业位于不同国家时，就必将发生产业内贸易。

二　产业内贸易的特征

多年以来，许多学者对产业内贸易进行了深入的研究，发现它具有如下的显著特点：①产业内贸易不会引起较大的收入再分配，这与产业间贸易的“斯托尔帕—萨缪尔森效应”完全不同；②产业内贸易通过开发规模经济而不是比较优势获取更多的收益，由此贸易使得国家集中于特定产业内的有限产品的生产，节约了生产成本并提高了资源的使用效率；③产业内的专业化也会刺激技术创新和研发，因为生产系列和产品数量的增加既提高了技术，也减少了知识积累的成本；④产业内贸易减少了对保护的需求，因为在这些产业内会有双向贸易，很难在这些保护需求上取得一致。

第二节　水平型直接投资——产业内贸易的替代

一　水平型 FDI 与产业内贸易的替代

长期以来，跨国公司用对外直接投资来替代国际贸易，以此作为进入国外市场的另一种方式。之所以把产业内贸易与水平型 FDI 联系在一起考虑是因为两者之间存在着密切的关系，通过大量的文献可以得出结论：无论是产业内贸易还是水平型 FDI 一般都发生在禀赋相似的国家之间。

对产业内贸易和水平型 FDI 之间关系做出开创性研究的是 Markusen 和 Maskus（2001），他们分别使用产业内国外子公司销售指数（IIAS）和产业内贸易指数（IIT）来研究两者的相互关系，其中使用国外子公司产业内销售作为水平对外直接投资的一个代理变量。实证检验的结果表明，当两国的规模和禀赋变得越相似时，产业内子公司销售指数相对于产业内贸易指数就会有所提高，这说明在一定程度上水平型 FDI 替代了部分产业内贸易。

二　水平型 FDI 产生的原因

产生水平型 FDI 主要有两个原因：一是母国与东道国要素禀赋的相似性；二是较大公司水平的规模经济。水平型 FDI 的主要动机就是避免过高的贸易成本，从而以投资方式进入国外市场。换句话说，跨国公司需在建立新工厂的额外固定成本与避免关税和运输成本等可变成本之间进行权衡。而从要素禀赋的相似性条件可以看出，水平型 FDI 一般发生于发达国家之间。

Markusen（1984）首先运用公司水平的规模经济来解释水平型 FDI 的存在。从固定成本的角度考虑，公司建立两个工厂的固定成本小于建立一个工厂固定成本的两倍，这样就会有建立多个工厂进行生产的动机，向国外扩张生产便成为手段之一。Brainard（1993）运用一般均衡模型讨论了公司和工厂水平的运输成本规模（贸易成本）对贸易的影响。水平型 FDI 作为一种进入国外市场的方式，如果其建立新工厂的固定成本低于贸易成本，就选择这种“邻近—集中”的方法进行投资，服务于东道国市场。是否选择水平型 FDI，在于权衡避免运输成本而就近选择市场的优势与在同一工厂集中生产的规模效应之间的大小。Markusen 和 Venables（1998）把以上模型扩展至多个国家，允许在每个国家存在跨国公司和当地公司。通过水平型 FDI，较大的跨国公司能够进入市场规模、要素和技术禀赋相似的国家，所以国家间的相似性是促使水平型 FDI 产生的必要条件。

通过以上论述可以看出，Markusen 和 Brainard 的主要观点是固定成本的大小是进行水平型 FDI 首要考虑的问题。如果固定成本低于贸易成本，公司会进行水平型 FDI，并且这种投资不会造成知识与技术的外溢。需要强调的是，水平型 FDI 一般利用总部服务在东道国进行生产活动，这样也会降低固定成本，增加跨国公司的收益。

第三节　产品内贸易与垂直型 FDI 和垂直专业化生产的关系

20 世纪 70 年代以来，以垂直专业化国际生产为基础的产品内分工日渐显著，其主要是通过垂直型 FDI 和外包两种方式进行生产。前者是把产品的生产过程按不同阶段安排在具有比较优势的国家进行投资和生产，形成了跨国公司内部的垂直生产体系；外包形成的是企业间贸易，在生产方式上称作垂直非一体化的专业化生产。[①] 由此可见，三者之间

① 国外学者以不同名称对其进行描述，如“生产的非地方化”“生产非一体化”“生产分割”“全球生产共享”“价值链的切片化”等。

的关系密不可分，相互依存。

从产业内贸易到产品内贸易发展的根本原因是生产全球化的日益加强导致了跨国公司生产的垂直专业化，当然这种专业化是由垂直型 FDI 形成的。跨国公司的垂直专业化生产对国际分工也产生了深刻的影响，即从按产品分工演变为按要素分工，充分体现了跨国公司在全球范围内进行资源整合的目的。正是基于生产要素的国际流动以及生产价值链细分和增值，在产品内贸易与垂直 FDI、垂直专业化生产之间存在着密切的一体化关系。

一 基于中间投入品的产品内贸易

产品内分工是在全球化背景下公司将产品的生产过程分离后安排在不同国家的一种跨国界、分阶段生产的分工方式。相应的产品内贸易也就是以产品内国际分工为基础、以中间投入品为贸易对象的贸易模式。产品内贸易与产业内贸易不同之处在于产品内贸易促进了发达国家与发展中国家之间的贸易往来，因为它可以发生在跨国公司的母公司与国外子公司之间、子公司与子公司之间，也可以发生在跨国公司与其联系密切的其他公司之间，甚至一般公司也能参与垂直专业化生产。

中间投入品贸易在产品内贸易以及世界贸易中发挥着重要作用。Yeats（2001）验证了中间投入品贸易的增长速度比最终产品贸易的增长要快，并计算出制造业中间产品贸易占世界贸易的 30%。Feenstra 和 Hanson（1997）对美国制造行业的情况进行了研究，其结果表明进口中间投入品占总投入品支出的比重由 1972 年的 5.7% 增长到 1979 年的 8.6%，1990 年又增加到 13.9%。Hummels、Rapoport 和 Yi（1998）计算得出 9 个 OECD 国家从 1970 年前后到 1990 年间，进口中间投入品在总产出中的比重均有不同程度的提高，尤其是丹麦提高了 4.7%，他们使用“垂直专业化分工”的概念来描述一个国家在价值链特定部分的分工。[①] 在生产方式上，只要产品的上下游生产环节分布在具有相对比较优势的国家，那么基于产品内部的中间产品贸易就会不断扩大。

Arndt（1999）认为，技术创新和贸易壁垒的下降允许生产分割，并且零部件的生产可以在空间上重新配置，这样可以创造新的国际分工形式，并增加国民福利。发展中国家进口零部件进行专业化生产所带来的福利要高于产品一体化生产所得福利，垂直专业化生产使得这些行业的产出与就业提高，但是工资与租金比率较低。

产品内专业化分工的一个显著优势是在促进工业化国家成为更加先进和高端产品的制造者的同时，使发展中国家成为产品某个环节的熟练制造者。若不存在产品内专业化分工，发展中国家则必须对整个产品的生产具有竞争力，而生产中一个环节或流程的比较劣势就有可能会损害其整体优势，并使得该国无法进入国际市场。

二　垂直专业化分工与垂直型 FDI

垂直型 FDI 的目的是通过生产分割寻求要素成本的国别差异，由此而形成的垂直专业化分工是指不同国家的生产阶段的相互承接，从而形成了一种上下游关系，并导致公司内贸易。一般而言，垂直型 FDI 的去向一般是劳动力禀赋丰裕且工资较低的发展中国家或地区。

跨国公司进行垂直型 FDI 可以看做是投资成本与收益之间权衡的结果。产品生产链被细分为诸多部分组成，每一部分的要素密集度不同，要素价格的差异使得部分生产阶段由东道国转移到要素相对丰裕的国家生产，这样生产环节实现了分离，不过它的前提条件是生产分割的成本低于所节约的成本。一般情况下，生产分割导致的成本由运输成本、在新的国家运行的额外成本所组成。Helpman（1984）解释了因降低生产

① Arndt（1999）使用“产品内分工”描述这种现象。

成本而出现了生产的垂直分离，它具体体现为高技能劳动密集的总部服务与低技能劳动密集的生产、加工、装配活动的分离。因此，只要国家间存在着足够大的要素禀赋差异，跨国公司的产品生产就会形成垂直分离。

关于垂直型 FDI 对国际贸易的影响，Markusen 和 Venables（2000）认为前者对后者起到了创造作用，因为不同阶段生产的中间产品在不同国家间的流动创造了贸易流量。因此，贸易保护造成的成本会对垂直型 FDI 具有负面影响。此外，Zhang 和 Markusen（1997）认为，东道国的市场规模与垂直型 FDI 存在密切的关系，规模较大的东道国吸引的垂直型 FDI 相对较多，原因是建立新工厂的固定成本可以在较大的规模经济中得到抵补。

综上所述，大量学者对垂直型 FDI 理论都围绕着为寻求较低生产成本而重新对生产进行定位的目的，跨国公司之所以把产品的生产过程分离，就是在利用母国资本密集型的总部服务的基础上，把部分中低技术中间产品的生产或产品组装通过垂直型 FDI 的形式，在劳动力成本较低、资源充裕的发展中国家进行，以形成垂直一体化的生产方式。从比较优势角度看，垂直型 FDI 是追求跨国要素差异的结果，并随着这种要素差异扩大而提高收益。

三 垂直专业化生产对东道国经济的影响

垂直专业化生产反映的是不同国家在同一产品价值增值链上的垂直关系，它是利用国家间专业化水平比较优势的差异，而不是用产业水平的比较优势来促进贸易的发展。Hummels、Ishii 和 Yi（2001）将垂直专业化用进口中间产品占总出口的比率来进行衡量，[①] 它体现了出口贸易

① 假设国家 k 和产品或部门 i，定义垂直专业化 VS 如下：

$$VS_{ki} = \left(\frac{\text{进口中间品}}{\text{总产出}}\right) \cdot \text{出口} = \left(\frac{\text{出口}}{\text{总产出}}\right) \cdot \text{进口中间品}$$

中进口中间投入品的含量，或者说体现了出口贸易中外国附加值的大小。① 另外一种测度垂直专业化的方法是衡量基于中间投入品的公司内贸易的大小。

垂直专业化对东道国劳动力成本非常敏感（Hanson、Mataloni 和 Slaughter，2003）。东道国对进口投入品的需求与低技能工人的工资率呈反向关系，而与高技能工人的工资呈正向关系。与垂直型 FDI 理论一致，东道国子公司进口加工的越多，低技能工人相对于高技能工人的工资就越低。

垂直专业化程度还受东道国其他政策与特征的影响（Hanson、Mataloni 和 Slaughter，2003）。比如，它对投入品的进口需求随着东道国公司税率的提高而减少，随东道国出口加工区的增加而增加，并随东道国市场规模的增大而减少。在贸易政策方面，关税保护对垂直专业化具有显著的负面影响，进口中间投入品与东道国关税呈强烈的负相关，即关税微小的变化会导致中间投入品贸易的巨大变化。

在劳动力市场方面，Feenstra 和 Hanson（1999）发现，中间投入品贸易的增长，促进了美国（跨国公司母国）和墨西哥（东道国）对熟练劳动力的相对需求和相对工资的提高。可见，垂直专业化极大地影响了不同国家的劳动力市场。②

第四节　公司内贸易、产品内贸易与外包的关系

产品内贸易与产业内贸易及公司内贸易之间有很大的关联，产品内贸

---

① 北京大学中国经济研究中心平新乔等（2005）根据以上公式，计算了中国总出口和对美国出口的总体以及分行业的垂直专业化比率（*VSS*），具体结果参见其讨论稿。

② Feenstra 的研究还发现，外包与生产环节的分离也会造成劳动力市场结构性的需求变动所产生的结构性工资变动。其运用一般均衡框架，研究了外包对劳动力需求的影响，在 20 世纪 80 年代，外包导致了发达国家非生产工人工资上升中的 30.9%，发展中国家生产工人工资上升中的 51.3%。

易与产业内贸易及公司内贸易都是交集的关系，产品内贸易的显著增长是产业内贸易与公司内贸易增长的重要原因，并且产品内贸易主要发生在发达国家与发展中国家之间。跨国公司垂直专业化生产是以发达国家与发展中国家的要素价格差异为基础，这是三者相互关联的现实经济基础。

在研究了三种贸易模式关系之后，进而要研究其与生产外包的联系。早在20世纪80年代初，外包被定义为“从外部公司购买生产投入品”的行为。Marchant和Kumar（2005）把外包分为两种形式：离岸外包和通过垂直型FDI的公司内贸易（UNCTAD，也称其为公司内部的离岸），由此绘制了基于外包、垂直型FDI和公司内贸易的关联图，如图2－1所示。美国公司可以在本国公司内部（垂直一体化）或者在国外的分支机构生产中间投入品。当然，公司也可以把部分中间投入品外包给国内的其他公司（称作内部的离岸外包），或者国外的其他公司（通过外部市场贸易的离岸外包）。

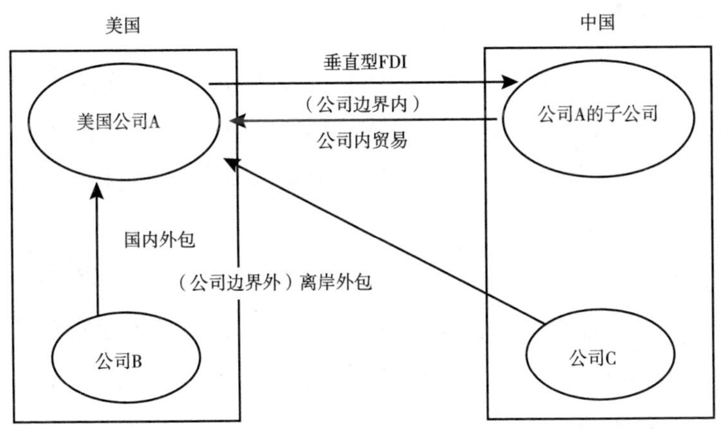

图2－1　离岸外包、垂直型FDI和公司内贸易的产品流向

一　公司内贸易的产生和影响因素

公司内贸易主要是指跨国公司母公司与国外子公司、子公司与子公司之间的商品进出口贸易。其经常出现在市场集中度较高的产业或部门，很可能成为具有高度竞争力产业的国际贸易主导力量。公司内贸易的形成主要有三方面原因：为绕过高成本的外部市场而在公司内部进行交易，可以降低交易成本；为垄断技术优势，消除知识资本在市场转移中的各种不确定性；利用转移定价追求高额利润。通过公司内贸易，跨国公司加强了在公司内部协调国际经济活动的实力，以内部市场取代外部市场，从而能够根据各国生产要素的比较优势，在全球范围内构建其生产、销售、供应的分工体系，以达到生产要素的最优配置和利润最大化目标。

公司内贸易的产品构成主要是最终产品，以及需要加工或者组装的中间产品。在垂直专业化战略中，公司内贸易的流向受国外子公司在跨国公司国际生产体系增值链中定位的影响：如果子公司位于生产下游，公司内贸易主要是母公司对子公司的出口。如果子公司位于上游供应商的位置，公司内贸易就会导致母公司的进口。

公司内贸易与行业或公司的R&D强度密不可分。在早期公司内贸易研究中，Lall（1978）运用美国跨国公司1970年的贸易数据分行业检验了美国母公司出口到国外子公司的贸易模式。在这些子公司销售中，公司内贸易比重与行业的R&D强度同向增长。Zejan（1989）分析了所属瑞典的子公司从母公司进口占其销售比率的变化，发现对于发达或者发展中国家的子公司而言，公司内进口占销售的比重正相关于跨国公司的R&D强度。比较垂直的公司内贸易与水平贸易，Anderson和Fredriksson（2000）运用瑞典子公司的公司内进口数据，分别检验了中间产品公司内进口和最终产品公司内进口的决定因素。对于两种公司内贸易，子公司从母公司进口中间产品的倾向性与母公司的R&D强度正相关，说明母公司完成的产品附加值活动的技术复杂程度较高。

Borga和Zeile（2004）研究表明，中间产品的公司内贸易与母公司和子公司的特征相关，这说明了内部化交易协调了生产过程的各个阶段。与以上学者的研究一致，子公司从母公司进口中间产品的倾向与母公司的 R&D 强度正相关，① 并随着母公司资本密集度的提高而增强，这表明母公司提供的投入品拥有较高的技术知识含量。此外，这种倾向也与子公司向母公司的销售正相关，表明子公司与母公司的生产一体化程度较高。另一方面，子公司从母公司获取中间投入品与子公司销售到母国其他公司呈负相关，这显示了子公司产品在母国市场的分配在跨国公司内部化了，目的是从提供给子公司投入品的无形资产中获益。

通过以上国外学者对公司内贸易的研究表明，跨国公司内部贸易体现在母公司与其国外子公司之间的进出口主要受母子公司各自 R&D 强度的影响。通过子公司从母公司进口产品的倾向可以看出，母公司生产的最终产品的技术含量要高于子公司，所以母公司参与跨国公司的总部活动，而子公司进行低端产品的生产与组装，说明母、子公司间的专业化是基于技术差异的垂直专业化。

二　基于契约理论的生产外包

构成另一种垂直专业化生产的垂直非一体化的投资方式就是跨国外包，转让部分产品在国外公司进行生产，通过契约、购买满足跨国公司的需要，形成企业间贸易。Feenstra 和 Spencer（2005）研究了契约外包和普通外包的关系，即通过不完全契约购置某种特定投入品和通过现货市场交易购买某种普通投入品的形式。根据产品生产技术的复杂程度以及特殊关系投资（RSI）水平的高低，可以把投入品的生产分为几种类型：技术最复杂且 RSI 水平较高的投入品在高工资国家的公司生产；随着技术复杂程度降低，部件可以通过契约外包到低工资国家的公司生产，或者通过 FDI 方式生产；较简单的投入品由普通外包生产或直接购买。

① 国外子公司从母公司进口中间投入品的倾向表现为：子公司从母公司进口的中间投入品占总产出（销售减去库存的变化）减去从母公司进口的中间和最终产品值的比例。

（一）外包的动因

跨国公司之所以进行外包，主要涉及六个动因：①国外较低的生产成本是其最重要的动机。②国外购买者的要求是外包的次要原因（Grossman 和 Helpman，2003）。③FDI 也可以导致外包，近半数的外包公司指出，国外拥有子公司，使它们更易于外包，这是因为 FDI 提供给跨国公司不同于母国工厂所具有的生产基础（Hanson、Mataloni 和 Slaughter，2003），这样会形成基于垂直 FDI 的公司内贸易。④灵活性促使公司进行外包，公司有时接受一定产品的出口订单，而这些产品公司已不再生产或者由于在国内失去了竞争优势而把生产线转移到国外，再者就是接受的订单超过了生产能力，所以公司决定把生产外包到国外。⑤为了保护中间产品的安全、节约运输成本并加快运送，公司可能会安排出口产品的生产地点靠近于原料、部件、辅件的供应地。⑥外包国家与外包目的地之间贸易壁垒的降低是进行外包的一个催化剂。公司外包不仅减少了公司与外包目的地之间的贸易成本，更有助于公司以较低的关税壁垒把产品卖到第三方市场。

（二）跨国公司对垂直 FDI 和外包的权衡

在外包与垂直一体化生产之间做出选择，主要取决于两者比较成本的大小，一体化生产具有较高的固定成本和生产管理成本（Overhead Production Cost），而外包则需要一定的交易成本，交易成本的大小又取决于投入品生产者与最终产品生产者对专有生产能力的供给与需求的差异。这种差异越大，跨国公司就越倾向于利用垂直 FDI 在东道国组织生产；反之，就会采取外包。

Kogut 和 Zander（1993）研究发现，FDI 带给东道国的主要是先进的知识、潜在的技术、产品、市场和其他活动；[①] 另外，就是跨国公司把技术转移到接受国所付出的转移成本。Teece（1977）进一步研究得

---

① 创造工作机会是 FDI 带来的另一个益处。

到，约占 FDI 总成本 2% ~59% 的是技术转移成本，主要是传授给接受国先进技术的成本。这表明，技术转移成本的大小依赖于跨国公司所在母国与接受国之间知识的差异，以及内在技术能力的差异。

Helpman、Melitz 和 Yeaple（2004）讨论了异质公司采取外包还是 FDI，取决于沉没成本与单位成本的大小。相对于 FDI，外包需要较低的沉没成本，但是有较高的单位成本。在服务东道国市场的跨国公司中，产出最多的公司无论契约是否完备，都会参与 FDI，而产出较少的公司才进行外包。Grossman 和 Helpman（2003）也研究了 FDI 与外包的选择问题。他们假设最终产品生产者位于北方，在南方购买中间投入品，这种假设的前提是南方的工资低于北方。此外，南方中间产品供应商由于专业化生产使其单位生产成本低于北方，所以采取在南方购买中间产品的外包方式。由于两者之间契约关系的不完备，对于最终产品生产者而言，这就需要在外包与最终产品生产者通过垂直 FDI 在南方建立工厂进行生产，根据两者所获收益大小做出选择。

从产业生命周期角度分析，产量最多的公司偏向于进行跨国 FDI，而产量较少的公司更易于实施外包。当一个产业处于成熟阶段时，生产率较高的公司更偏好于国际外包，原因是较高的技术转移成本阻碍了 FDI。相反，生产率较低的公司可能偏好于实施 FDI，这样可以得到政府补贴。

（三）外包对劳动力需求和工资的影响

Feenstra 和 Hanson（1996）第一个研究了生产外包对劳动力市场的影响，他们把外包定义为国内进口的原材料中中间产品所占的比重，由于公司把低技术的劳动力密集型的生产转移到发展中国家，母国降低了对低技术劳动力的需求，而对高技术劳动力的相对需求有所增加，所以对劳动力结构的需求变化又会引起结构性的工资变动。研究发现 20 世纪 80 年代，美国对发展中国家的外包造成了其国内对制造业高技术工人的需求增加了 31% ~51%，而到 90 年代中期该影响下降到 15% ~33%。相对应的是，非生产工人的相对工资收入也急剧上升，在1979 ~

1990 年，外包增长导致了非生产工人的工资在工资总额中的比重增长了 18% ~29%。Slaughter（2000）实证研究表明，外包导致了母国和东道国之间熟练工人和非熟练工人工资的差异，而 FDI 不会造成这种影响。熟练工人与非熟练工人要素价格的巨大差异反映了在不同的对外投资形式中对两种劳动力需求的差异。

出于企业内部化动机，跨国公司一般选择对外直接投资，而不是采取外包。这样，在东道国经营子公司的跨国公司把本国的熟练工人作为公司的产业秘密，并把这种技术优势投入分支机构，于是子公司在东道国就可以雇佣较少的熟练工人。相对于外包，FDI 在东道国需求较多的是低技术水平的劳动力。

第五节　评述：贸易、投资和国际生产的关系

上文全面地概述了贸易、投资与国际生产方式的发展变迁，理清了三者的内在联系及对应关系，以此为依据，整理并归纳出表 2 - 1。

表 2 - 1　贸易、投资和国际生产方式的分类及关联

<table>
<tr><th colspan="2">国际贸易</th><th colspan="2">对外直接投资</th><th colspan="2">国际生产</th></tr>
<tr><th>理论基础</th><th>模式</th><th rowspan="2">理论基础</th><th rowspan="2">形式</th><th>理论基础</th><th>方式</th></tr>
<tr><td>要素禀赋理论
比较优势理论</td><td>产业间贸易</td><td rowspan="2">国家间要素禀赋比较优势的差异</td><td rowspan="2">单独生产</td></tr>
<tr><td>规模经济
不完全竞争
差异产品需求偏好相似论</td><td>产业内贸易（水平型、垂直型）</td><td>邻近—集中理论
避免贸易成本提高
边际产业扩张理论</td><td>水平型 FDI</td></tr>
<tr><td>中间产品为贸易对象
比较优势</td><td>产品内贸易</td><td rowspan="2">交易费用
成本最小化
垄断优势论
产品生命周期理论
生产折中理论</td><td rowspan="2">垂直型 FDI

外包</td><td rowspan="2">国家间专业化水平比较优势差异</td><td rowspan="2">垂直专业化生产</td></tr>
<tr><td>内部化理论
交易成本理论</td><td>公司内贸易</td></tr>
</table>

资料来源：笔者根据文献归纳整理。

一　投资替代贸易的理论依据

赫克歇尔—俄林定理认为，不同要素禀赋、商品和要素价格的差异是两国发生贸易的直接原因。国际贸易会使各国同类要素价格均等化，成为国际要素流动的替代；相反，国际要素的跨国流动，又使得国家间的要素价格不等，从而又促使国际贸易的发生。

表2－2是国外相关学者分别从要素流动、内部化理论和跨国公司理论以及需求理论阐述了贸易与投资之间的替代性。将水平一体化的FDI

表2－2　相关学者对国际贸易与对外直接投资替代关系的论点

学者及代表性文献	主要观点	理论基础
Mundell(1957)	最早提出贸易与FDI的替代关系，国家间要素价格差异导致的要素流动消除了产品和要素市场上的价格差异。贸易障碍刺激要素的流动，而要素流动障碍的增加会产生贸易	要素禀赋差异
Buckley 和 Casson (1976)	因为存在公司内部和市场机制，公司和市场是组织生产的选择方式。如果内部化成本低于出口或其他进入形式成本（交易成本）时，跨国公司将通过FDI在东道国内部化其生产活动。内部化理论认为，当存在与外部交易相联系的足够成本时，FDI会替代出口	Coase 和 Williamson 的内部化理论和公司理论
Hymer(1976)	跨国公司在东道国必须拥有其国内所不具有的一些特殊优势。比如所有权优势一定有益于跨国公司，通过FDI在公司内使其内部化，只要外国较本国拥有区位优势，进行FDI比出口更具有收益，这就是Dunning(1977)提出的OLI理论	直接投资理论
Lipsey 和 Weiss (1984)	提出了正向影响公司国外需求的理论，允许FDI与出口之间存在负的关系，即出口与国外生产相互替代。通过提供重要的售后服务可以刺激国外的需求。如果公司生产最终产品以及用以生产这些产品的中间部件和材料，很可能国外生产的较高水平的中间产品出口会替代最终产品出口	需求理论
Helpman、Melitz 和 Yeaple(2004)	在研究异质公司的出口和FDI时得出结论：当国际贸易成本较高且规模报酬相对较小时，公司就会以FDI替代出口贸易	贸易成本 规模经济

资料来源：笔者根据文献归纳整理。

纳入国际贸易理论，水平型 FDI 理论假定，对外直接投资的动机之一就是 R&D 及其他总部活动的成本太高，另外一个动机就是为了减少运输成本，克服地理、文化差异和绕过所有贸易障碍，包括关税壁垒和非关税壁垒。

二 投资与贸易互补的理论依据

贸易和 FDI 的互补关系，可以从日本对东南亚国家直接投资的实例中得到检验。鉴于日本的劳动、资源密集型产业处于比较劣势地位，小岛清提出了“边际产业扩张理论”，主张日本在发展本国资本、技术密集型产业的同时，大量向拥有廉价劳动力及自然资源的东南亚国家输出资本，投资生产劳动、资源密集型产品。

表 2－3 是相关学者对贸易和对外直接投资互补性关系所持的不同观点。跨国公司根据相对成本优势把生产过程的每一阶段定位于不同国家所形成的垂直型 FDI，会导致贸易与 FDI 形成互补关系。将生产分为上游生产和下游生产的理论认为，一旦企业决定对下游生产进行投资，就会产生母公司对国外子公司的中间产品出口，此理论为 FDI 和贸易间互补性提供了依据。

表 2－3 不同学者对国际贸易与对外直接投资互补关系的论点

学者及代表性文献	主要观点	理论基础
Schmitz 和 Helmberger (1970)	指出蒙代尔主要考虑的是第二级制造品，而国际贸易和对外直接投资大部分与初级产品和初级制造品有关。他们是第一个运用理论模型证明国际资本流动和初级产品贸易是互补的而非相互替代的	产品差异性
Purvis(1972)	出口可能会导致在东道国市场进行 FDI，因为出口的目的就是开发东道国所固有的优势，并尽力满足市场的特殊需求。因此，FDI 是一种加强和扩大出口的手段	比较优势理论
Markusen(1983)	国际要素价格差异产生的要素流动，导致了贸易量的增加。要素流动导致的要素比例的差异，也是产生贸易的另外一种动机。所以，蒙代尔的产品和要素的贸易替代理论可能是一种特殊情况，只有贸易在相对要素比例存在差异的情况下才是正确的	技术差异性 外部规模经济

续表

学者及代表性文献	主要观点	理论基础
Helpman 和 Krugman (1985)	在水平差异产品的垄断竞争模型中，运用所有权和区位优势，跨国公司开发一些特殊和专业化程度高的投入品，如管理、市场营销和特殊产品的 R&D。如果要素禀赋存在差异，总部服务相对丰裕的公司就会成为跨国公司，产生差异产品的产业内贸易和投入品的公司内贸易	垄断竞争 OLI 理论
Ethier(1986)	跨国公司决策进行内部化，公司面临的国家间要素禀赋较大的不确定性和较强的相似性，使得 FDI 更容易发生，并导致双向的 FDI 和相对较高的产业内和公司内贸易	内部化原理

资料来源：笔者根据文献归纳整理。

三　国际贸易与对外直接投资的互动关系

国际贸易和对外直接投资是跨国公司进行跨国经营、开展国际化生产的两种手段。对外直接投资与国际贸易之间存在显著的互动关系，即投资带动贸易、贸易诱发投资，两者相互促进。在经济全球化进程中，跨国公司会充分利用产品价值链中任何一个增值环节，获取企业最佳的收益，因此，公司在选择采取国际贸易还是对外直接投资手段时，会同时运用两种进入国外市场的方式，所以具有同步性。对于跨国公司而言，国际贸易与对外直接投资关系不仅仅只考虑替代性和互补性，而在于跨国公司如何更好地协调安排好两者的关系、运用好这两种手段，以便在东道国占领更广阔的市场。

第六节　进一步研究及总结

一　贸易与 FDI 战略的选择

上文单独对三种贸易模式进行了深层次分析，图 2－2 绘制了产业

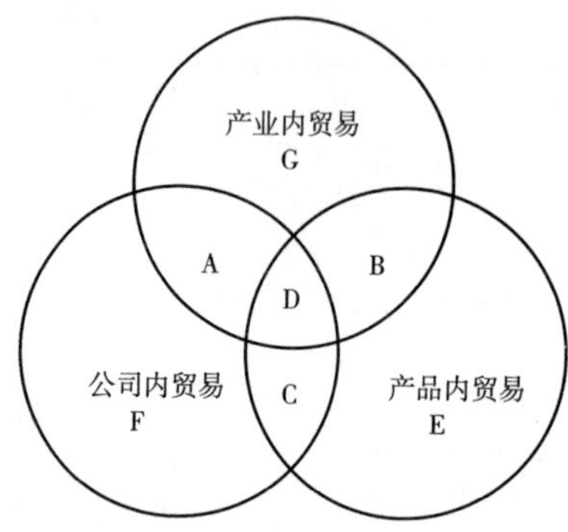

A：垂直型产业内贸易（不同质量和价格的相似产品）
B：中间零部件和组件
C：由垂直型FDI产生的公司内的产品内贸易
D：基于垂直型FDI的不同质量、价格的中间产品
E：以外包形式的市场购买
F：公司内贸易的初级产品、资本品和最终产品贸易
G：水平型产业内贸易

图2－2　三种贸易模式的关系

内、公司内和产品内贸易的交叉关系，三种贸易模式之间的关系彼此交错，既有共同之处，也存在相互区别的部分。

（一）产业内贸易、公司内贸易及FDI

发达国家之间的相互直接投资及相伴而生的公司内贸易可能提高彼此间的产业内贸易水平。发达国家之间的产业内贸易主要是水平型产业内贸易，而发达国家与发展中国家之间的产业内贸易主要是垂直型产业内贸易。

两种贸易的交叉部分A和D，主要是不同质量和价格的相似产品或者中间产品，是由垂直型FDI所产生的。跨国公司一般用水平型FDI替代部分产业内贸易，目的就是绕开较高的贸易成本，这种投资战略也可以防止技术的外溢。

（二）公司内贸易、产品内贸易及FDI

产品内贸易与公司内贸易一样，可以发生在跨国公司母子公司、子子公司之间进行。而产品内贸易也可以在跨国公司与其存在紧密联系的企业之间进行，甚至一般企业也能进行垂直专业化生产，也就是说，产品内贸易可以采取公司内贸易的方式，也可以采用市场购买的方式，选择的标准是看垂直专业化生产所受市场交易成本的大小。

产品内和公司内贸易相交部分的贸易，都是基于垂直型FDI形成的公司内部的中间产品贸易，C 和 D 之间不同之处在于贸易的内容有所不同。跨国公司采取母子公司或者子子公司之间的贸易形式做出投资的选择，这种内部贸易来源于垂直型 FDI。无论是静态比较优势的产品内贸易，还是垂直专业化分工的公司内贸易，都是由跨国公司的垂直型 FDI 形成的。

（三）产业内贸易、产品内贸易及 FDI

产品内贸易的增长带动了产业内贸易的增长，成为产业内贸易中增长最快的部分，产品内贸易额最高的产业或产品往往同时也是产业内贸易额最高的产业或产品。产品内贸易中的一部分属于产业内贸易，而另外部分不属于该产业内，是按产品的类、章、组产业内划分定义的。

跨国公司所进行的产品内贸易，一部分是基于垂直型 FDI 的产品内贸易，另一部分是跨国公司对其他企业的非股权投资——外包，形成的是垂直非一体化分工，实现的形式是通过合同的外部市场购买。选择外包的战略，跨国公司主要考虑到本公司的比较劣势，或者是由于市场需求的特殊性与暂时性，把生产业务转包给其他公司生产。

二 总结

通过对贸易、直接投资和跨国公司生产方式的理论概述可以看出，国内外学者的诸多理论从不同的视角进行研究，对认识和研究此领域有深刻影响。本研究较为全面地分析了三者的内在联系，通过其相互影响的关系把本研究内容联系在一起，这种相互关联表现在，跨国公司国际生产方式的转变以及生产的重新配置是形成不同类型直接投资以及不同贸易模式的动因，而贸易和直接投资只是国家间要素流动的两种外在表现形式。贸易与对外直接投资的相互替代、促进乃至互动，这些都引导着贸易与投资方式的不断演变。当然，在此过程中，跨国公司的运作与生产方式起着执行和推动的作用。

跨国公司的运作是一个非常复杂的系统，要想对其理解得更为深刻，还要对以下方面做进一步的研究：首先，对外直接投资对跨国公司的生产方式起着内在的决定性作用，对外直接投资的形式决定着跨国公司的生产方式，投资形式的多样化必然会导致跨国生产的复杂化。其次，贸易模式也随着跨国公司生产方式与投资形式而变化。目前，跨国公司的垂直专业化生产导致了更多的公司内贸易与产品内贸易。总之，无论是贸易、投资还是跨国生产的细微变化，都会对国际经济产生深刻影响。

本章小结

在经济全球化和专业化分工不断深化的进程中，贸易、投资与跨国生产之间的关系经历着复杂而深刻的变化。本章在阐述近几十年来国际贸易、对外直接投资（FDI）和跨国公司的国际生产方式变迁的基础上，从理论上梳理和澄清了三者在发展历程中的相互关系，对不同研究观点和理论逻辑进行总结和归纳，最后对跨国公司在贸易与投资之间的战略选择进行了理论探讨。

第三章　贸易、投资和国际生产方式的经验研究综述

本章是在第二章理论综述的基础上，对相关国外文献实证部分的经验研究综述，通过大量学者对国际贸易、对外直接投资以及跨国公司生产方式所做的实证分析来支持他们的理论。从始于比较优势的产业间贸易到占主导地位的发达国家间的产业内贸易，以及现在所盛行的产品内贸易和公司内贸易，大量学者都能找到相关解释变量来验证这些贸易模式产生的原因，或者很好地解释了这些贸易模式与国家特征和产业特征等解释变量间的内在联系。

关于对外直接投资的类型本研究只涉及水平、垂直及其混合型对外直接投资，Markusen 和 Maskus（2001）运用一个统一的方法研究了水平型 FDI 与产业内贸易的替代关系，得出了明确的结论：跨国公司的国外子公司销售部分替代了产业内贸易。而对垂直型 FDI 的研究，多是与垂直专业化分工理论和中间投入品贸易紧密相连的，本研究着重以 Hummels、Ishii 和 Yi 等学者的理论为代表，介绍了垂直专业化生产的理论、模型和衡量方法，通过大量的统计分析和实证检验来支持这方面的理论。

外包作为一种新的对外投资形式，在近些年受到众多经济学家的重视，他们纷纷运用产业组织理论、制度经济学理论和模型对外包进行分

析和解释，其中经济学家 Grossman 和 Helpman 对外包的理论解释十分深奥，他们建立了大量的理论模型解释了外包与一体化生产和垂直型 FDI 的权衡关系；而经济学家 Feenstra 和 Hanson 对外包的实证研究较为深入，这主要体现在外包对跨国公司母国和东道国对不同劳动力的需求变化和收入分配的影响。

第一节　产业内贸易在贸易中的主导地位

20 世纪 70 年代以来，随着生产力的发展和国际分工的不断深化，发达国家之间的产业内分工、产业内贸易比重逐渐增加。根据克鲁格曼的新贸易理论，它主要是发达国家的企业在产品差别基础上为了追求规模经济效益而产生的贸易。产业内贸易在发达国家之间，尤其是在欧洲经济共同体国家以及美国所占的份额和发展程度较高。

一　欧共体国家的产业内贸易分析

Grubel（1967）对欧洲经济共同体国家（EEC）的产业内贸易进行了分析。欧洲的贸易在 1955 年受到关税和外汇管制的制约，1958 年，《罗马条约》颁布。1963 年，共同体内贸易关税率水平大幅下降。在这 9 年中，EEC 国家间的贸易迅速扩大，共同体内产业出口总量从 1955 年的 35 亿美元上升到 1963 年的 93 亿美元，增长了 166%。

如果贸易通过国家专业化生产和所有分类产品的出口得以扩大，那么国家就会努力扩大具有比较优势产业的产量和出口，并增加不具有优势产业产品的进口，以减少其产出量。这也意味着欧共体国家中部分国家的出口上升，而其他国家的出口下降。从表 3－1 可以看出，只有意大利一国出口份额的变化在 1958～1963 年间有所增加，而其他国家的变化是下降的，这充分表明此期间贸易的扩张是发生在相同产业内部的

表 3－1 EEC 国家之间全部出口贸易份额的变化

单位：%

国 家	1955 年	1958 年	1963 年
比利时—卢森堡	4.39	4.27	3.36
法国	2.12	1.76	1.75
德国	6.16	5.57	3.47
荷兰	1.94	1.58	0.95
意大利	1.63	1.54	1.82
全部国家	4.27	4.01	2.56

资料来源：采编于 OECD 国家统计报告、对外贸易和产品贸易。

产品上，而不是产业间的产品之上。

产业内贸易反映在贸易的统计数据上，就是国家同时进口和出口相同产业的产品。进出口的数据统计更进一步说明了贸易自由化可以导致产业内专业化分工，同时，贸易自由化也可以使国家利用其低成本的生产提高其净出口。

为了进一步验证贸易自由化导致产业内贸易，Grubel 通过比较两类产品贸易的增加情况加以说明。第一类产品是差异制造品，其在样式、质量和性能上具有很大差别。第二类产品是原材料产品，包括一些制造业中间产品，如化工产品、润滑剂等。理论上，如果贸易自由化更容易导致产业内专业化分工，而不是产业间专业化分工，那么，专业化产品贸易的增长比起较难进行专业化的产品的贸易量要大得多，此结论的有效性可以得到表 3－2 的支持。在 1959～1963 年期间，EEC 内部贸易（包括全部产品）增长了 95.1%，而制造品贸易增长了 116.4%，通过最后一栏的计算，其相对于原材料产品的贸易增长了 91.7%。我们发现 EEC 国家之间的贸易要远远高于共同市场国家与美国和其他国家之间的贸易，美国和其他国家的制造品和原材料贸易的增长分别为 EEC 国家贸易增长的 1/3 和 1/10。

表 3－2 1959～1963 年共同市场国家贸易的增长

单位：%

贸易对象	所有产品(1)	原材料和中间材料(2)	制造品(3)	[(3)－(2)]/(2)·100
其他 EEC 国家	95.1	60.7	116.4	91.7
美国	51.4	42.6	57.2	34.3
世界其他国家（除 EEC 和 U.S.）	36.7	35.1	38.3	9.1

注：表中第（2）栏包括：*SITC* 0，2，3，4，5；第（3）栏包括：*SITC* 1，6，7，8，9。
资料来源：采编于 OECD 国家统计报告、对外贸易和产品贸易。

二 产业内贸易的跨国分析

Balassa（1986）利用 38 个国家的数据对制造业的产业内贸易和经济发展做了检验，发现：产业内专业化程度随着经济发展和国内市场规模水平的增长而提高；产业内贸易也与国家经济的开放程度正相关；贸易伙伴国之间存在共同边界以及在地理上邻近都有助于产业内贸易的发生。

通过表 3－3 分别对发达国家和发展中国家进行回归分析的结果可以看出，多数解释变量与产业内贸易是具有相关性的。笔者分别使用了普通最小二乘法和非线性最小二乘法进行回归，得出两组结果。首先分析发达国家的产业内贸易，人均 GNP 与产业内贸易相关，而市场规模变量（以 GNP 替代）在回归中不显著。邻近距离变量在 5% 水平上统计显著，而边界虚拟变量与产业内贸易的相关性不显著，在发达国家中，除了日本和澳大利亚，其他国家都与其贸易伙伴具有共同边界。贸易方向变量在 10% 的水平上不显著，是由发达国家之间的相似性所导致的。

发展中国家的估计结果与发达国家有很大的差异，其中只有人均

表 3－3 对发达国家和发展中国家制造业产品出口的产业内贸易的估计

变量	发达国家		发展中国家	
	普通最小二乘法	非线性最小二乘法	普通最小二乘法	非线性最小二乘法
常数项	0.1276(1.08)	－1.5872(3.21)	0.2204(3.99)	－1.3648(3.21)
邻近距离	0.1527(2.41)	0.6236(2.25)	0.1414(3.99)	0.6708(3.02)
边界虚拟变量	0.0268(0.27)	0.1423(0.33)	0.0762(2.25)	0.5787(1.81)
人均 GNP	0.1219(1.55)	0.5254(1.61)	0.0198(0.99)	0.1093(0.74)
GNP	0.0209(0.80)	0.0813(0.48)	0.0917(5.25)	0.5101(4.22)
贸易方向	0.2342(1.25)	1.1302(1.42)	0.1485(5.29)	0.9036(4.10)
新加坡虚拟变量	—	—	0.4570(6.03)	2.205(4.96)
R^2	0.8122	0.9886	0.9104	0.9681
$\hat{\sigma}$	0.0643	0.0624	0.0446	0.0489
N	18	18	20	20

注：变量邻近距离、人均 GNP、GNP 的单位分别为 10000 英里、1000 美元和 100000 美元，并表示成自然对数的形式。括号中为 T 统计值。

GNP 变量与产业内贸易的相关性不显著，贸易方向变量在 1% 水平上显著，同样达到统计显著的变量还有邻近距离变量、国内市场规模和新加坡虚拟变量，人均收入变量在 10% 水平上并不显著，边界虚拟变量在 5% 水平上显著。早在 1966 年，Balassa 就表明了产业内贸易具有重要的政策含义。究其原因，在产业内分工程度提高而产业间资源重新配置减少的情况下，贸易壁垒的削减可以导致调整成本的降低，这样就促进了产业内贸易的增长。

第二节 水平型对外直接投资替代产业内贸易的例证

跨国公司利用对外直接投资来替代国际贸易，以此作为进入国外市场的一种方式。无论产业内贸易还是水平型 FDI 一般都发生在禀赋相似的发达国家之间，而且两者都是进入国外市场的手段。跨国公司的目标如果是发达国家市场，那么就会进行水平型 FDI，在东道国建立跨国公司的分支机构、利用当地资源进行生产，并服务于东道国市场。

Markusen 和 Maskus（2001）分别使用产业内国外子公司销售（IIAS）和产业内贸易（IIT）来研究产业内贸易与对外直接投资的相互替代关系，而其中使用国外子公司产业内销售作为对外直接投资（FDI）的一个代理变量，需要说明的是 IIAS 指标的计算形式与 IIT 的 G－L 公式相似。实证检验的结果是，当两国的规模和禀赋变得越发接近时，产业内子公司销售指数相对于产业内贸易指数会有所提高，这说明在一定的产业内，这种水平型对外直接投资在一定程度上比产业内贸易更有增加的趋势，或者说在一定程度上水平型 FDI 替代了部分的产业内贸易。同时给出了 1987 年和 1997 年的 IIAS 和 IIT 的指标（见表 3－4）。

表 3－4　主要产业部门 Grubel－Lloyd 指标

单位：%

产业类别	IIAS(1987 年)	IIT(1987 年)	IIAS(1997 年)	IIT(1997 年)
全部制造品(TMFG)	73.4	69.4	82.9	84.4
食品(FOOD)	71.3	66.6	73.5	86.1
化工(CHEM)	97.4	80.4	86.8	86.5
初级金属产品(PRIM)	82.3	39.8	71.5	68.5
机械(MACH)	32.6	93.9	52.3	93.2
电子(ELEC)	93.6	75.5	98.4	90.9
运输设备(TRAN)	17.2	66.9	52.6	86.9
其他	93.0	41.4	81.6	63.0

资料来源：Markusen 和 Maskus（2001）。

对于表 3－4 中的多数部门，1987 年的产业内子公司销售比超过了产业内贸易比（机械和运输设备行业除外），这说明 1987 年美国跨国公司的产业内国外子公司销售量超过了与其他国家的产业内贸易量。可见，这期间美国产业内贸易在总贸易中并不占主导地位，而逐渐被水平型对外直接投资所替代。而1997年每个产业部门的产业内子公司销售指数和产业内贸易指数都变得更加接近，说明水平型FDI只是部分替代了产业内贸易，而产业内贸易在美国进出口贸易中仍然十分重要。

Markusen和Maskus还对产业内贸易指数和产业内子公司销售指数做了计量检验。这两个指标与国家特征紧密联系，IIAS/IIT比率作为被解释变量。回归结果中，整体市场规模SUMGDP的符号是正的，这时水平型跨国公司将替代民族企业，这一结果是非常具有说服力的。技能差异变量SKDIFSQ的影响应该是负的，估计结果也恰好证实了这一点。因此，随着国家变得越富有（市场规模SUMGDP越大），以及国家规模越相似，产业内子公司销售相对于产业内贸易将会提高。因此，随着国家之间的相对禀赋变得越相似，IIAS指数相对于IIT指数是上升的。

第三节　垂直专业化生产与中间投入品贸易

一　垂直专业化生产的迅速发展

Hummels、Ishii和Yi（2001）定义垂直专业化为进口的中间产品占国家总出口的份额，即出口中进口投入品的含量，换句话说，体现在出口中的国外产品的附加值。

其计算了14个样本国家和地区的*VS*比率，此比率1990年占到世界出口的63%。从表3－5中的第一栏，我们发现*VS*比率在1970年是0.165，1990年是0.211，在过去20年中增长了28.4%。当计算1990年的*VS*比率时使用初始年的出口权重，得到的是0.204。这表明，14

个国家和地区的 *VS* 比率增长的 86% 是归因于国家和地区 *VS* 比率的增长，而 14% 是归因于高 *VS* 比率的国家和地区增长的出口份额，其中高 *VS* 比率的国家包括韩国和爱尔兰等。

表 3－5　世界 *VS*（垂直专业化）出口

项　目	国家和地区集合 1		国家和地区集合 2	
	世界出口中国家和地区所占比率	*VS* 所占出口比率	世界出口中国家和地区所占比率	*VS* 所占出口比率
1970 年	0. 60	0. 165	0. 74	0. 180
1990 年	0. 63	0. 211	0. 82	0. 236
VS 比率的增长（%）	28. 4		31. 3	
VS 出口对出口/GDP 增长的贡献（%）	30. 1		32. 5	

注：国家和地区集合 1 包括：OECD 的 10 个国家，此外还有爱尔兰、韩国、墨西哥和中国台湾。国家和地区集合 2 包括：集合 1 中的国家和地区，还有欧洲其他国家以及其他新兴的东亚国家和地区。新兴的东亚国家和地区包括中国、中国香港、印度尼西亚、马来西亚、新加坡和泰国。

资料来源：1970 年和 1990 年的出口源于 UNCTAD《国际贸易和发展统计手册》。

二　垂直专业化产品出口的多国统计

一般使用“总出口中的 *VS* 比率”来测量垂直专业化的程度。表 3－6 给出了 OECD 国家出口的 *VS* 比率，发现国家之间存在较大差异。其中，在各国家的起始年和截止年间，美国、日本和澳大利亚的 *VS* 比率将近 5%～10%，而加拿大、丹麦和荷兰的 *VS* 比率将近30%～35%，说明规模较小的国家有着较高的 *VS* 比率，或者说这些国家的垂直专业化程度比较高。

表 3－6 中的最后一行给出了从初始年到截止年份的 *VS* 比率的增长情况。除了日本以外的其他国家，*VS* 比率在此期间都有所增长。在所有国家中，加拿大、法国、英国和美国的 *VS* 增长了 25% 以上，其中美国在 1972～1990 年，以每年 3. 4% 的增长率发展最快。

表 3-6 商品出口中 *VS* 出口的比率：基于 OECD 数据库的结果摘要

第一年	澳大利亚(1968)	加拿大(1971)	丹麦(1972)	法国(1972)	德国(1978)	—	日本(1970)	荷兰(1972)	英国(1968)	美国(1972)
全部	0.09	0.20	0.29	0.18	0.18	—	0.13	0.34	0.20	0.06
化工产业	0.17	0.17	0.35	0.21	0.24	—	0.12	0.30	0.23	0.05
机械产业	0.19	0.37	0.31	0.18	0.15	—	0.10	0.36	0.15	0.06
其他	0.08	0.11	0.27	0.17	0.22	—	0.18	0.33	0.25	0.06
最后一年	澳大利亚(1989)	加拿大(1990)	丹麦(1990)	法国(1990)	德国(1990)	意大利(1985)	日本(1990)	荷兰(1986)	英国(1990)	美国(1990)
全部	0.11	0.27	0.29	0.24	0.20	0.27	0.11	0.37	0.26	0.11
化工产业	0.21	0.21	0.33	0.27	0.24	0.33	0.18	0.42	0.26	0.09
机械产业	0.23	0.44	0.33	0.25	0.17	0.24	0.09	0.42	0.29	0.12
其他	0.10	0.15	0.27	0.22	0.22	0.28	0.16	0.34	0.22	0.10
出口中全部 *VS* 比率的增长（%）	24.8	35.2	2.2	34.0	6.3	—	-18.2	9.8	27.8	81.9

资料来源：Hummels、Ishii 和 Yi 基于 OECD 投入—产出数据库的计算。

三 垂直专业化生产和美国的国际贸易

Hogan Chen、Kondratowicz 和 Yi（2005）研究了美国跨国公司国外子公司的销售和美国的出口问题，认为这两种行为是服务国外市场的主要方式。跨国公司理论表明，有许多潜在的力量影响着公司的决策，包括规模经济、运输成本和关税税率的大小以及其他贸易成本，还有国家间要素禀赋的差异和生产技术要素密集度的差异。

笔者把美国出口到国外的产品分成四类，分别是产品和服务的出口、国外子公司产品销售和服务销售。从表 3-7 中的数据计算可以看出，出口占美国国外销售和出口总和的近30%，在2002年的这一比率为28%。1986～2002年，出口和子公司销售以每年近似相同的增长率增长。

表3－7 1986年和2002年美国的国外销售：出口和国外子公司销售

单位：十亿美元

项目	1986年			2002年		
	产品	服务	全部	产品	服务	全部
出口	227	78	305	693	279	973
子公司销售	637	83	720	2034	420	2455
全部	864	161	1025	2728	700	3427

注：子公司为跨国公司所属子公司。

资料来源：原文作者基于 Survey of Current Business 和 BEA 数据的计算。

表3－8是笔者根据公司的四种出口类型，进行的三大地区的分析。这三个地区分别为欧盟、日本和北美自由贸易区（NAFTA）。数据是1986年和2002年的，通过比较三个地区从美国获得的销售和出口可以看出，1986～2002年美国对欧盟的产品出口和销售都有所减少，而向欧盟的服务出口和销售有大幅度提高；与此形成对比的是，美国对NAFTA国家的产品出口和销售在此期间反而提高了，而服务的出口和销售却略微下降；美国对日本的产品和服务的出口、销售变化的幅度并不是很大，保持着稳定的贸易关系。

表3－8 1986年和2002年按地区分析美国全部出口和国外销售情况

单位：十亿美元，%

地区	1986年				2002年			
	产品出口	产品销售	服务出口	服务销售	产品出口	产品销售	服务出口	服务销售
美国全部	227	637	78	83	693	2034	279	420
欧盟占比	23.4	48.9	26.8	42.9	20.7	44.2	34.2	49.1
日本占比	11.8	4.6	13.2	5.9	7.4	4.9	10.6	9.4
NAFTA占比	25.4	18.7	16.8	17.5	37.3	19.0	14.4	12.1

资料来源：原文作者基于 IMF 的贸易统计、Survey of Current Business 和 BEA 的数据计算。

从表3-9可以看出，美国为产品深加工而出口到国外子公司的总量1977~1999年增长了10倍之多，其相应占美国总出口的比例也从1977年的15.6%增长到1999年的近22%，这说明美国将越来越多的中间产品出口到其国外的子公司进行深加工，最终产品的出口比例逐渐减少。这部分出口占子公司全部销售的比例也有所增长，从1977年的5.3%最高增长到1994年的12.2%，说明美国出口到子公司的力度不断加强。而国外子公司深加工的产品有很大比例是出口到母国以外的其他国家市场（另一部分销售回美国），这一部分的比例增长也很快，从1977年的31.1%增长到1999年的41.1%。

表3-9　美国深加工出口到国外子公司和国外子公司的出口情况

单位：十亿美元，%

年份	总量	美国深加工出口到国外子公司		用于出口的子公司销售比例
		其占总出口比例	占全部子公司销售比例	
1977	12.4	15.6	5.3	31.1
1982	26.6	18.8	9.8	33.9
1989	53.9	21.5	10.6	37.8
1994	84.9	21.3	12.2	40.7
1999	126.0	21.9	11.5	41.1

资料来源：BEA，美国商务部。

我们发现，垂直专业化生产方式愈发显得重要，主要是美国跨国公司逐渐增加出口到国外子公司产品进行深加工。这些子公司也不断增加对产出的出口，这其中也包含了进口投入品的出口。由此可见，正是垂直专业化生产的出现，美国出口到其国外子公司进行深加工的产品的比重增加了，说明出口和国外子公司销售成互补关系。在过去15年中，美国出口和美国跨国公司的国外子公司销售以近似的比率增长，国外子公司销售继续成为美国跨国公司服务国外市场的主要手段。

四　产品内贸易：以中间投入品为贸易对象的垂直贸易

Hummels、Rapoport 和 Yi（1998）对垂直贸易（产品内贸易）做了研究，并把贸易的增长做了分解，力图得到产品内贸易对总出口增长贡献的大小。通过表 3－10 可以看出，加拿大和荷兰从第一年到最后一年出口的增长中，将近 50% 是由垂直型贸易的增长造成的。丹麦、法国和英国这三个国家垂直型贸易的增长占出口增长的比例相当，都在 25% ～30% 。而澳大利亚、日本和美国的垂直型贸易所占的这一比例却较低。表 3－10 中还提供了水平型贸易增长在出口增长中所占的份额，可见每个国家的水平型贸易还是占主导地位。而只有加拿大和荷兰特点较为突出，其垂直型贸易和水平型贸易的水平十分接近，比较来看，垂直型贸易（产品内贸易）增长的势头十分强劲。

表 3－10　部分国家产品内贸易与总产出中的出口比例的关系

单位：%

国家	垂直型贸易(产品内)占总出口的比例				出口占总产量比例变化	两者变化的百分比	
	第一年	占比	最后一年	占比		垂直型贸易	水平型贸易
澳大利亚	1968	0.8	1989	1.6	0.06	13.4	86.6
加拿大	1971	4.4	1990	8.1	0.08	43.7	56.3
丹　麦	1972	7.7	1990	12.4	0.17	27.3	72.7
法　国	1972	2.3	1990	5.4	0.11	28.4	71.6
德　国	1978	3.0	1990	4.7	0.09	19.4	80.6
日　本	1970	0.6	1990	0.7	0.03	3.2	96.8
荷　兰	1972	12.3	1986	16.8	0.10	47.4	52.6
英　国	1968	2.6	1990	6.9	0.15	29.6	70.4
美　国	1972	0.2	1990	1.0	0.07	11.9	88.1

资料来源：Hummels、Rapoport 和 Yi 基于 OECD 投入－产出数据库的计算。

通过分析可以发现，垂直型贸易在总贸易中的比重迅速提高，垂直型贸易的增长会引起世界贸易增长，并且两种贸易模式之间存在着紧密联系。第一，垂直贸易占总贸易的比重和贸易占全部商品产出的比重，长期以来在所研究的 OECD 国家是高度相关的。第二，统计说明总出口增长占 GDP 比重增加的产业，如化学和机械产业也可以解释垂直型贸易的增长及其在总贸易中的比重的增加。第三，对于多数国家，垂直型贸易的增长占到总贸易增长份额的 25% 甚至更多。这些研究把国际化生产的提高与 GDP 中贸易份额的增长联系起来，有助于我们理解全球化生产体系的变迁。

多数经济学家认为，关税贸易壁垒和非关税贸易壁垒的降低以及通信技术和产品运输条件的改善，促进了世界贸易的增长，也促使了国家相对更有效地专业化生产产品。专业化的概念原本是指在一国之内的产品生产和贸易的平行关系，而垂直专业化把这一概念深入化，特指国家对产品某一特殊阶段的专业化水平生产。这就需要国家把产品的生产按阶段分离，以至于可以更有效率地集中生产产品阶段。产生垂直专业化的一个原因是，当一个产品跨越国界一次，关税和运输成本仅发生一次。而当产品跨越多国的边界而产生垂直专业化贸易时，即使 2% ~ 4% 的低关税，因为不断往返于国家间，也会使得最终关税提高。这种重复的关税会导致更高的保护率，因此，关税税率的降低将会刺激垂直专业化生产而非水平专业化生产。

第四节　公司内和产品内贸易的发展与外包的影响

一　公司内贸易与产品内贸易的发展

公司内贸易对象包括最终产品和中间产品，制造业使用进口中间投入品主要依赖于产业组织和国际贸易要素，以及控制需求、供给和质量可变性的供应链管理工具。全球经济一体化使得跨国公司通过把中间投入品的生产活动安置在世界的不同地点，而创造出生产过程分离和连续生产的模式。伴随着生产分割，为达到生产最终制造品的目的而产生了中间投入品贸易的日益频繁。

Anderson 和 Fredriksson（2000）运用瑞典子公司的公司内进口数据，分别检验了中间产品公司内进口和最终产品公司内进口的决定因素。从表 3－11 可以看出，公司内贸易的组成会因子公司对不同产品的进口而有很大的差异。通过四个年份的数据统计，可以发现最大特点是子公司进口中间产品和最终产品的比重都有所下降。1990 年，对中间产品和最终产品的进口为 21%，而中间产品的进口为 17%，子公司从母公司购买最终产品的比重为 21%。同时，1978～1990 年，子公司不从母公司进口部分的比例从 23% 增长到 40%，说明瑞典制造业公司的公司内贸易的比重有所下降，但从数据上仍可看出，公司内贸易还是占到了 60%，所占比重还是很大。

表 3－11　1974～1990 年主要年份瑞典制造业的子公司从其母公司进口的组成

单位：%

子公司进口类型	1974 年	1978 年	1986 年	1990 年
仅中间产品	31	28	21	17
仅最终产品	28	30	22	21
中间和最终产品	17	18	26	21
不从母公司进口部分	24	23	32	40
全部	100	100	100	100

资料来源：瑞典经济和社会产业研究所（IUI）数据库。

表 3－12 说明，制造业子公司的贸易行为依据进入模式而有所变化。在 20 世纪 80 年代，通过兼并成立的子公司一般对母公司供给的依赖性较弱，并且越来越多的子公司并不进口任何产品。对于绿地式投资，一般而言，进口占了其销售的 1/5，其中中间产品的份额逐渐增加。

表 3-12　瑞典子公司从母公司进口的倾向性及全部进口中的中间产品比例（按进入模式划分）

单位：%

测量方法	1974 年	1978 年	1986 年	1990 年
绿地式投资				
从母公司总的进口/销售	21	21	20	20
中间产品的比重	44	46	53	78
未从母公司进口的子公司比重	18	11	16	19
接管				
从母公司总的进口/销售	10	10	7	7
中间产品的比重	59	66	52	63
未从母公司进口的子公司比重	28	30	38	47

资料来源：IUI 数据库。

二　外包对劳动力需求及收入分配的影响

（一）外包对美国劳动力及工资收入的影响

Feenstra 和 Hanson（1996）认为外包有助于母国提高对熟练劳动力的需求，美国在 20 世纪 80 年代，外包对制造业熟练劳动力需求的增长达到 31% ~51%。如何衡量一个国家乃至一个产业外包的程度，不同研究者有不同定义，Feenstra 和 Hanson 把外包定义为制造业购买的全部非能源原材料中中间产品进口的比例。

从表 3-13 中的两个期间 1972 ~ 1979 年和 1979 ~ 1990 年可以看出，外包与非生产工人相对雇佣变化是正相关的。原材料购买中进口中间产品的比例从 1972 年的 5.34% 提高到 1990 年的 11.61%，翻了一番，说明美国把国内低技术密集的中间产品的生产外包到劳动力资源丰裕的发展中国家，对发展中国家而言，增加了对低技术劳动力的相对需求。相对应的是，美国产业中非生产工人的人数比例会有大幅增长，即外包极大地提高了对非生产劳动力的相对需求。

表 3－13 1972～1990 年制造品情况

单位：十亿美元，%

变量的年份	进口	S_M	S_O	S_N	按年份变化	ΔS_M	ΔS_O	ΔS_N
1972	48.77	5.02	5.34	34.24	1972～1979	0.250	0.331	0.109
1979	143.73	6.74	7.69	35.39	1979～1987	0.585	0.422	0.432
1987	355.97	10.53	11.47	41.33	1987～1990	0.436	0.313	0.389
1990	407.02	10.65	11.61	42.44				

注：比例变量是由总的制造业工资账单的产业比例衡量，Δ 表示变量的年份变化，比例变量的变化是由初始年和终止年的制造业工资账单的平均产业比例来衡量。变量定义为：进口＝制造品进口；S_M＝进口/（进口＋船运），即总消费中的进口比重；S_O＝进口/总的非能源材料购买；S_N＝工资账单中用非生产工人的比例，用以衡量对熟练劳动力的相对需求。

资料来源：NBER 生产率数据库（Eric Bartelsman 和 Wayne Gray，1994），NBER 数据库（Feenstra，1996）。

（二）外包对英国劳动力及工资收入的影响

Feenstra 和 Hanson（1996）对美国外包研究的结论是，外包生产使得美国高技术工人在工资账单中的比重增加了 15%～50%。而 Anderton 和 Brenton（1998）就中间产品对英国技术工人的雇佣和工资收入的变化进行了研究。计量回归结果表明，从低工资国家的中间产品进口对英国低技术工人的经济财富状况产生了损害，而同时使高技术劳动力的收入比重提高了 40%，并且后者的就业比重也增加了约 1/3。研究还发现，低技术部门（如纺织业）比高技术部门（如非电子机械行业）更易于进行外包生产，因而也更容易受到不利的就业冲击。

由于一些产品外包到低工资水平国家生产，导致了英国对高技术工人的相对需求并提高了他们的工资水平。Anderton 和 Brenton 得到两个结论：第一，低技术密集产业比高技术密集产业更容易进行外包，所以外包根据产业的技术密集度不同而有差异。第二，英镑在 20 世纪 80 年代早期出现的较大幅度的升值对外包具有深刻影响。

本章小结

本章作为第二章理论文献的经验分析，旨在利用发达国家真实可靠的数据统计和实证检验来支持众多学者的理论。我们可以看到这些理论都是当今欧美主要发达国家在20世纪80年代至90年代末的重要理论，例如，产业内贸易在欧共体国家之间，尤其是相同产业内部产品的出口规模不断扩大，而这与国家的市场规模、经济开放程度以及地理相邻都密切相关；水平型FDI以替代产业内贸易的形式削减了相同行业的进出口，有力地证明了Mundell提出的替代关系；中间产品贸易伴随着垂直专业化生产而得到迅速发展，当然这种跨国生产把发达国家和发展中国家紧密联系在一起，形成了垂直型的产品价值链；公司内贸易（伴随着大量产品内贸易）和生产外包以垂直一体化和非一体化的形式影响着东道国和母国经济的发展，无论是对劳动力市场还是其他要素市场所形成的影响都是深刻的。

上述结论说明了经济全球化不仅仅只在发达国家间进行，随着国际化生产在全球范围的深入，发展中国家也不断参与其中。随着跨国公司对外直接投资的发展和国际生产体系的变迁，大量发展中国家以及经济欠发达国家都融入了经济全球化的体系。垂直专业化和生产分割为发展中国家融入世界经济、促进出口竞争力和发挥比较优势有效配置资源提供了重要的途径。发达国家在国际生产和国际贸易中受益颇丰，发展中国家是否也会从一体化的国际生产中使其国家的经济福利提高，且这种提高又有多大，这些都是我们所感兴趣的研究。

中国在新的国际生产体系中发挥着举足轻重的作用，加工贸易的飞速发展使其“世界工厂”的角色愈发明显，不可否认中国是全球化进程中最大受益者之一，但中国在国际生产中的地位和作用究竟如何，能否用一些指标来衡量，我们将在第四章做详细研究。

第四章　新型国际生产体系下中国贸易与FDI的现状分析

新的国际生产体系萌芽于20多年前，其中大的国际生产背景是东亚“四小龙”中的一些企业为了打入世界市场，采取分包、OEM（贴牌定制）等形式，建立与跨国公司的联系，进行制造业生产。而所谓新型国际生产体系是指若干个国家参与一个特定产品的不同生产阶段的制造过程，从而以跨国公司为中心形成的国际化生产网络。在这个过程中，跨国公司将不同的生产阶段按价值链分布在最有效率和成本最低的国家或地区，利用不同区位上资源、物流和市场的差别，获取最高收益。

本章正是在这样的国际生产大环境下，对中国的贸易、投资和生产进行全方位的现状描述，立足点就是对这三者进行基于产品内国际分工的细化分析。文中不仅按行业统计出了中间产品的进出口额，更是测算出了垂直专业化生产程度与国内产品技术含量之间的关系，以及不同形式FDI的情况，力图能充分反映出当今贸易、投资和生产的最新发展情况。

第一节　国际生产体系的发展及对国际分工的影响

新型国际生产体系与早期的跨国公司组织结构和战略不同，在地区和全球两个层面上，国际生产体系的一体化程度更高，而且更强调整个生产体系的效率。这样，国际市场上的竞争就更多地改变为跨国公司主导的生产体系之间的竞争，而不再是单个企业或厂商之间的竞争。国际生产体系的形成方式主要有：外国直接投资、海外及本地筹供、许可生产或销售、分包、OEM、ODM（参与初始设计和制造）、战略性技术合作、跨国并购等。在国际生产体系中，外国直接投资已不是跨国公司实现国际生产的唯一方式，非股权形式投资的作用日益强大。

一　国际生产体系的发展趋势及主要特点

传统的国际生产体系运行在一个由国家和地区构成的国际市场内，是基于民族国家生产过程之上的国际贸易和国际投资的结合体。当代新的国际生产体系则运行在一个地区与国土边界日益弱化的全球市场内部，从生产主体的组织方式到所有权联系、从空间分布到治理结构，呈现出与传统国际分工模式所不同的特征（金芳，2007）。

一体化国际生产体系的形成反映了跨国公司在全球化经济环境中对所有要素变化的反应，特别是通过最优化的全球配置，增强了跨国公司的竞争优势。而以下两个因素共同驱动了这种生产体系的形成。

（1）国际贸易和投资壁垒的迅速下降。跨国公司国际生产体系的创新是由于货物、服务和知识流动的自由化，这些因素以最低的成本把公司实体联系在一起，即使这些因素广泛地分散于不同的地点。

（2）商品、服务等国际流动的便利性，降低了跨界协调经营的成本费用。运输和通信技术在近几年得到了飞速发展，并且跨国公司已经启用新系统来提高内、外部的生产协调能力，以及互联网的出现极大地降低了跨界之间的信息交流的成本，这些都有利于新国际生产体系的形成。

上述两个要素共同导致了跨国公司的激烈竞争。在不断扩大的产业范围内，主要生产者必须抢占竞争者的市场，并吸引各地有竞争优势的资源。一个动态的公司不再仅仅把目光集中在熟悉的市场上，因为它的竞争者可能跨越全球而获取利润和资源。于是，新型的国际生产体系具有以下三个主要特征。①

（一）按照全球产品价值链进行资源配置

价值链是指产品设计、制造、分销、服务等一系列相互关联的增值活动，它覆盖技术开发到生产，再到分销和营销。随着业务功能细分为各种更加专业化的活动，价值链也逐渐变得细分化。功能的专业化使跨国公司可以通过甚至是在同一产业或生产过程中不断变化的投入物、产能要求和经济回报来区分其活动。近年来，在许多产业中，跨国公司更加倾向于价值链中的知识密集型的、更具有无形的功能，如产品定义、研发、管理服务以及营销和品牌管理等。在该产业中，领先的跨国公司几乎完全集中于设计和营销。然而，即使在许多高技术产业，制造、物流和分销已变得十分标准化，更加容易进行。

当前跨国公司以产品价值链为纽带的国际生产体系取代以股权为纽带的传统国际生产体系。传统的跨国公司是以股权控制进行国际化经营，利用对产权技术和专利的保护，对整个生产链加以控制。而基于产品内的国际分工打破了以往的生产体系，它是以产品的价值链为纽带，把上、下游生产分割，按照专业技术的比较优势进行配置，多个国家或地区参与产品的制造。现在，非股权式的离岸外包已成为国际生产体系加速向全球一体化生产转移的重要承接形式，外包生产的地理分布不断扩大，外包的环节和项目也逐渐增加。

跨国公司国际生产体系发展的趋势之一是走专业化道路，集中资源以加强核心能力的开发。在产品价值链的技术开发、产品制造、市场营销三大环节中，跨国公司更多的是抓住“微笑曲线”的两端：一端抓技术创新、技术标准的制定和推广、新产品的开发和升级；另一端抓产品销售渠道，在品牌管理、市场营销、售后服务等环节上加大投资力度。而把中间环节外包给发展中国家的制造商。

---

① 参见联合国贸易与发展会议《世界投资报告》，中国财政经济出版社，2002，第56~58页。

（二）公司治理的生产组织体系

公司治理是指跨国公司确定业务活动的地理范围和功能分配，确保它们之间的协调的控制结构。跨国公司国际生产体系治理的形式多种多样，不仅包括提供直接监管的所有权（或产权）的联系，也包括各种非股权的联系。在非股权的联系中，原先独立的供应商、制造商和分销商，通过诸如特许经营、发放许可证、分包、共同技术标准或稳定的、基于信任的业务关系等各式各样的关系联系起来。所以，国际生产体系治理的连续性反映了公司行为的控制程度。基于产权的治理体系将内部化，并且允许对各公司特有的利益，如技术等公司特定的优势给予更强有力的保护。

另外一个趋势是，许多制造业和服务业的国际生产体系的一个显著的治理趋势是向其他国家或地区外包业务，这不仅包括诸如客户服务和后勤业务，甚至包括研发活动。这充分反映了跨国公司努力专注于它们的核心业务，即它们能利用其特有优势，行使生产权力或者要么能够享受高额回报的那些活动。这种趋势尤其显示出，技术进步和竞争压力已经改变了跨国公司所寻求的内部化与专业化这两种对立的公司特定优势之间的平衡，而它们更加倾向于后者。外包的趋势对全球产业结构来说具有复杂的影响，它创造了全新的生产方式。在一系列产业内，领先的跨国公司已经全部开始退出制造领域。与此相对应的是，合同制造商的出现，专门提供承包服务的制造服务。

（三）全球生产分割布局取代集中式的单独生产[①]

根据专业化生产水平的比较优势而形成的生产分割取代了以地理区域为界限的集中生产。当代国际生产体系的最新特点是一件产品的生产不仅仅局限在一个国家或地区，而是把产品的生产分割成若干环节分布

① 笔者认为早先的国际分工使得产品生产在一个国家内完成，不涉及公司内和产品内分工，可以说是一个单独的生产过程（Production Alone）。

在具有专业化比较优势的不同国家或地区生产，于是形成了国际生产分割（Fragmentation of Production）。产品价值链的分解带动了生产分割，并促使价值链上的特定生产环节按地理布局，同以往独立、集中生产的格局有很大差异。

通过全方位的生产布局，国际生产体系可以获得使整个公司体系的竞争优势最大化的区位资产组合。过去数年中，确定跨国公司业务最优区位选择的因素发生了巨大变化，国际生产体系内部的技术、生产和营销活动的地理布局也随之发生了巨大变化。价值链分解带动生产分割和各生产点专业化于价值链上特定环节的功能性布局特征，取代了以往依照国别或地区进行投资布局、各国或各地区的投资特点相互独立、集中生产的格局。与此相关的是最近的“邻近”倾向，即零部件尽可能地在最终销售地点处进行生产和组装，以减少运输费用，这对许多产品来说还是很重要的。

总之，国际生产体系这三种新的推动力量影响着跨国公司及其国际生产体系伙伴的区位决策。在选择生产活动的区位时，成本差异仍然是一个基本因素。治理模式和职能差异的变化使得包括研发、会计、信息系统开发和营销等管理过程，越来越遵循成本最优化的原则。

二 新型国际生产体系对国际分工格局的影响

由于跨国公司利用国际生产体系，通过一系列股权和非股权联系影响着东道国地方制造商的活动，一国在特定产业的优势地位往往得益于该产业世界主要跨国公司在当地的集聚效应。建立了国际生产体系后，跨国公司不仅避免了依赖单一、分散的国家资源的传统限制，而且体现了一种在全球范围有效利用并整合全球要素的分工体系和分工协作关系，从而令当代国际分工呈现出日趋深化的特征。

从传统国际分工理论创立至今，国际分工已经经历了由产业间国际分工到产业内分工，再到产品内和公司内国际分工不断深化的过程。国际分工不断深化的过程与经济全球化密切相关。主要的背景条件包括通信和信息技术的发展、使用全球资源的成本降低和远距离多时空经营交易日益可行。此外，投资政策自由化消除了要素流动的障碍，也使得跨国公司的活动范围与能力大大增加。跨国公司国际生产体系的发展改变了国际分工的主体构成。古典贸易理论强调了国家为主体的国际分工。如今，各个跨国公司而不是国家成为国际分工的主体。跨国公司出现专业化生产的倾向，即将越来越多的功能外包给分布在世界各地的子公司或独立公司；跨国公司日益倾向于生产知识密集、非有形功能的增值环节，而将更多的生产性环节外包给世界各地的合同制造商，甚至完全退出生产。

在这种情况下，国际分工内容与形式均出现与以往不同的特征。首先，在国际分工内容上，呈现出多层次性的特征。具体表现为不同产业之间、相同产业不同产品之间和同一产品内不同工序、不同增值环节之间等多个层次的分工。国际分工已经细化到产品价值链。价值链分工的基础是生产活动和其他功能性活动更加专业化的细分，从而导致从最终产品的分工向价值增值全过程的分工转移。其次，国际分工实现方式呈现多样性特征。传统定义的国际分工实现方式是通过国际交换，主要发生在不同国家、不同企业、不同产品之间。而在当前新型国际分工模式下，国际交换也可发生在同一国家、同一企业（跨国公司内部）、同一产品（不同生产环节）内。这样，国际的生产联系从主要依赖外部市场，转向外部市场与内部市场并存。在内部市场上，国际分工既可能通过股权投资方式进行，也可以通过非股权式的外包方式进行。选择哪种方式更多由产业特征或公司战略决定，而不是由各国生产者决定（金芳，2003）。

三　新型国际生产体系对中国国际分工地位的影响

在当今国际生产体系下，国际分工呈现出新的特征，国际分工的形式从产品分工向要素分工转变，这说明国际分工朝着细化的方向发展。自从我国加入 WTO 后，我国面临的国际环境发生了很大的变化，也逐步适应产品内分工、跨国公司生产价值链上的不同生产环节的专业化分工等国际分工的主要形式。

在华跨国公司正通过其经营战略和组织战略的调整对中国的国际分工地位产生影响。20 世纪 80 年代中国开放外商直接投资以来，跨国公司在华主要以两种方式进行投资，其一是委托加工，其二是直接投资。20 世纪 90 年代中期以来，扩大在华直接投资规模和系列化产品制造是跨国公司全球化运作的重要组成战略，从战略性投资到应用性研发机构的设立、从分散设点到系统化布局，跨国公司不断强化着中国在其全球经营战略中的地位，中国也在有意无意间已被纳入跨国公司的国际生产体系之中（金芳，2003）。

中国产业在新的国际生产体系中仍处于较低层次。由于中国具有劳动力资源丰富且成本低廉的比较优势，跨国公司更倾向于对中国进行直接投资，中国在跨国公司内部化国际分工系统中被作为低增值环节生产基地以完成国际分工的任务，承接着国际产业的转移。由于劳动密集型生产环节极易在国际转移，并且低端的生产环节所产生的附加值较低，这也直接影响着中国劳动力要素的价格，但中国劳动力价格的提高并未想象的那样高，这种提高主要是由高技术工人工资水平的提高带动的。

在国际分工新体系下，我国不仅在劳动密集型制造业具有比较优势，而且随着高新技术制造业的生产环节向中国外包，我国在资本和技术密集型产品加工装配环节的优势也日益凸显。如果说改革开放之初，中国在引进跨国公司直接投资的首要目的是后者带来的资金以及后者带动的出口的话，那么目前我们的目标应该升级为 FDI 所能带动的技术进步和对中国产业结构的调整和提升作用。

第二节　中国工业部门中间产品贸易的结构与发展趋势

对产品内国际分工的关注从 20 世纪 70 年代就开始了，Helleiner

(1973) 认为发展中国家制成品出口大幅上升和制造业的国际纵向一体化以及发展中国家在劳动密集型环节具有比较优势相关。Finger (1975) 对美国20世纪60年代出现的“离岸组装操作”进行了研究。Dixit和Grosssman (1982) 建立一个理论模型，考察多区段生产系统如何在不同国家分配工序区段，并分析了关税等政策变动对这类国际分工的影响。20世纪90年代以来，对产品内国际分工现象的研究进入一个快速发展期，对产品内分工赋予了不同的名称，最早Jones和Keirzkowski (1990) 把它叫做生产的分割化（Production Fragmentation），而Krugman (1996) 称之为价值链的切片化（Slicing the Value Chain），Feenstra和Hanson (1996) 以及Grossman和Helpman (2002) 把它定义为外包（Outsourcing），Leamer (1996) 把它形容为生产的非当地化（Delocalization），直至目前盛行的垂直专业化（Vertical Specialization）、中间产品贸易（Intermediate Product Trade）等。以上的概念表达的应该是同一种国际化生产现象，一般指美国、欧洲和日本等发达国家的跨国公司通过在亚洲、拉美新兴工业化国家和地区新建的大量加工组装业的投资，进而在公司内部产生大量零部件和半成品贸易。初次使用产品内国际分工（Intra-product Specialization）概念的应该是Seven W. Arndt，但是他并没有对这个现象进行深层次的理论分析。而中国学者卢峰 (2004) 较为全面地回顾了“生产工序国际分工”的发展历程并从全球生产分工体系的角度概括和提炼了产品内国际分工的概念，从其给出的产品内国际分工的定义来说，基本涵盖了西方学者所提出的“外包”“垂直分工”“生产分散化”等现象。

产品内国际分工主要指产品生产过程中不同工序、不同区段、不同零部件通过空间分散到不同的国家，形成跨国性的生产链条或体系，从而使越来越多国家或地区参与产品生产过程不同区段或环节的生产或供应活动。从某种意义上说，产品内分工是国际分工的进一步深化，是同一产品的不同生产环节之间的国际分工，既可以在跨国公司内部实现，也可以通过市场在不同国家间的非关联企业间完成。

而发生国际分工由产业内到产品内分工变化的原因有很多。首先，随着科学技术的进步和社会生产力的发展，产品的生产过程越来越复杂，投入要素越来越多，且各种投入要素在生产过程中的地位也不断发生变化。特别是在知识也是资本、科学技术成了核心生产力的全球化时代，资本、知识、智能、信息等再生性要素成为生产过程的主导因素。其次，全球化进程的加快和知识经济的发展，推动着国际产业的梯度转移。知识的迅速膨胀和科技成果的加速积累与转化，促使大批新兴产业在发达国家不断涌现，这就使传统产业的对外转移成为必然，结果一批发展战略比较成功的国家将不断融入工业领域的国际分工体系，世界作为整体走向工业化，工业在各国经济中比重的提高将使彼此间的分工表现为工业生产本身的国际分工。

一　中间产品贸易部门的确定

联合国国民核算体系（SNA）把所有产品分为资本货物、中间产品和最终消费品三大类别，本研究选取其中的中间产品大类进行分析。结合联合国经社理事会统计司“按经济大类分类”（BEC）的16个基本类型，[①] 通过国际贸易标准分类（SITC，第3版）五位数产品分类和BEC的16个基本类型编码的转换，重新集结为SITC三位数的中间产品

① 联合国经济及社会理事会统计司：《按经济大类分类》，《统计丛刊》，2002。BEC（按经济大类分类）中的16个基本类型与国民核算体系（SNA）中的资本货物、中间产品和最终消费品三类的对应关系如下：（1）资本货物：41. 资本货物（运输设备除外），521. 工业用运输设备；（2）中间产品：111. 工业用初级食品和饮料，121. 工业用经加工的食品和饮料，21. 未另归类的初级工业品，22. 未另归类的经加工的工业品，31. 初级燃料和润滑剂，322. 经加工的燃料和润滑剂（不包括汽油），42. 资本货物（运输设备除外）零配件，53. 运输设备零配件；（3）最终消费品：112. 用于家庭消费的初级食品和饮料，122. 用于家庭消费的经加工的食品和饮料，522. 非工业用运输工具，61. 未另归类的耐用消费品，62. 未另归类的半耐用消费品，63. 未另归类的非耐用消费品。

生产部门，其中参考了盛斌（2002）的分类标准，经过筛选确定了 33 个生产中间产品的工业部门（见表 4－1）。[①] 其中每一部门由若干 SITC 五位数中间产品组成（见附表 1），通过 COMTRADE 数据库可以得到各部门中间产品的进出口贸易值。

此外，为了进行结构分析和下文的分部门检验，还在 UNCTAD（2002）研究分类的基础上，根据技术、技能、要素密集度和规模特征的差异，将这些中间产品生产部门划分为初级产品部门、劳动和资源密集制造部门、低技术制造部门、中等技术制造部门、高技术制造部门和未分类部门六种类型的部门（见表 4－1）。

表 4－1　根据国际贸易标准分类（SITC 3.0）集结的六类中国中间产品工业部门

A. 初级产品部门	B. 劳动和资源密集制造制造部门	C. 低技术制造部门
01. 煤炭采选业	10. 纺织业	25. 黑色金属冶炼及压延加工业
02. 石油和天然气开采业	12. 皮革毛皮羽绒及其制品业	27. 金属制品业
03. 黑色金属矿采选业	13. 木材加工及竹藤棕草制品业	
04. 有色金属矿采选业	14. 家具制造业	
05. 非金属矿采选业	15. 造纸及纸制品业	
06. 木材及竹材采运业	18. 石油加工及炼焦业	
07. 食品加工和制造业	24. 非金属矿物制品业	
21. 化学纤维制造业		
26. 有色金属冶炼及压延加工业		
D. 中等技术制造部门	**E. 高技术制造部门**	**F. 未分类的部门**
22. 橡胶制品业	19. 化学原料及化学制品制造业	16. 印刷业记录媒介的复制
28. 普通机械制造业	20. 医药制造业	17. 文教体育用品制造业
29. 专用设备制造业	23. 塑料制品业	34. 工艺品及其他制造业
30. 交通运输设备制造业	32. 电子及通信设备制造业	35. 电力热力的生产供应业
31. 电气机械及器材制造业	33. 仪器仪表及文化办公机械制造业	36. 煤气的生产和供应业

资料来源：盛斌（2002），UNCTAD（2002）。

---

① 在 33 个部门中，只有部门编号为 01、02、05、18、21、25、26、35、36 的 9 个工业部门生产的产品全部为中间产品，其余部门生产的产品中还包括部分资本品和最终消费品。

二　中国中间产品贸易的发展概况

本节计算了 1996～2005 年 33 个中间产品生产部门进出口贸易的增长情况与趋势。进出口总额以平均 21.5% 的速度快速增长，尤其在 2001 年之后增长尤为迅速。同期，中间产品的出口与进口的增长速度分别为 21.94% 和 21.32%，其贸易逆差由 1996 年的 351 亿美元增长到 2005 年的 1765 亿美元。表 4－2 详细计算了六种类型的中间产品生产部门的贸易额，结果表明：在中间产品进口中，增长幅度较大的是初级产品部门、中等技术制造部门和高技术制造部门，而占进口额比重最大的则是中等技术制造部门；在中间产品出口中，增长幅度较大的是劳动和资源密集制造部门、中等技术制造部门和高技术制造部门，占出口额比重最大的则是高技术制造部门。中间产品贸易这种格局和模式反映了中国在国际分工与国际生产体系中的功能与地位，即充分利用丰富的劳动力资源的比较优势生产和出口中低技术附加值的中间产品。

表 4－2　中国 6 种类型中间产品生产部门的进出口额

单位：亿美元

年份	A. 初级产品部门		B. 劳动和资源密集制造部门		C. 低技术制造部门	
	进口额	出口额	进口额	出口额	进口额	出口额
1996	144.91	87.06	224.00	150.04	88.53	65.84
1997	171.46	101.68	247.89	177.92	84.16	80.96
1998	145.82	81.62	225.02	161.77	82.26	72.02
1999	188.40	77.62	241.93	165.26	92.02	68.06
2000	345.02	100.22	292.59	219.38	127.44	93.67
2001	323.70	105.94	287.91	242.67	157.79	51.17
2002	365.71	117.21	308.97	282.22	163.25	78.08
2003	540.56	156.59	370.23	374.30	259.19	137.03
2004	892.50	221.09	451.06	494.96	286.40	270.45
2005	1184.66	259.16	472.92	609.50	324.19	375.46

续表

年份	D. 中等技术制造部门		E. 高技术制造部门		F. 未分类的部门	
	进口额	出口额	进口额	出口额	进口额	出口额
1996	171.05	89.71	256.64	140.62	13.41	14.75
1997	202.46	114.21	285.45	169.53	18.79	20.48
1998	236.31	128.63	300.31	184.68	14.21	19.80
1999	308.93	167.09	352.33	197.23	13.57	20.29
2000	424.40	232.62	463.63	256.25	16.92	21.61
2001	471.66	248.01	502.99	307.59	14.93	22.44
2002	638.04	318.41	604.40	406.02	16.35	24.16
2003	937.67	429.33	782.79	550.40	12.88	27.07
2004	1284.01	623.42	1056.35	737.38	14.93	31.59
2005	1558.85	817.56	1268.46	960.86	16.31	37.49

资料来源：根据联合国COMTRADE数据库计算得到。

三　分部门中间产品贸易的发展情况

表4－3统计出了同类部门中间产品进出口的情况，如果进行细分部门的数据描述中间产品贸易的发展情况，可以更清晰地看出各部门对中间产品的依存程度。这里分别使用中间产品的进口渗透率和出口导向率来计算两者的变化情况。其中，进口渗透率为中间产品的进口值占消费额的比重，公式表示为进口/（产出＋进口－出口）；出口导向率为中间产品出口值占部门总产出的比重。

从表4－3中1996年和2005年的变化率可以看出，中间产品进口变化率最大的行业为电力、热力的生产和供应业与非金属矿采选业、家具制造业，这三个行业10年间的增幅达到了5～13倍，可以说国内对这三个行业的中间产品需求量非常大；而也有13个行业在这10年间的进口是下降的，如煤气的生产和供应业、木材加工及竹藤棕草制品业等，其下降幅度均在60%以上。另一方面，各部门的中间产品出口变化也各不相同，其中家具制造业、有色金属矿采选业和化学纤维制造业的出口10年间增长幅度最大，增幅在300%～1000%；而煤气的生产和供应业、黑色金属矿采选业的出口导向率的下降幅度约为100%。

表4-3 1996年和2005年分部门中间产品进出口变化趋势

单位：%

工业部门	中间产品进口渗透率			中间产品出口导向率		
	1996年	2005年	变化率	1996年	2005年	变化率
01. 煤炭采选业	0.0090	0.0241	167.8	0.0646	0.0708	9.6
02. 石油和天然气开采业	0.1832	0.4431	141.9	0.1431	0.0441	-69.2
03. 黑色金属矿采选业	0.4617	0.6675	44.6	0.0061	0.0001	-98.4
04. 有色金属矿采选业	0.2776	0.5822	109.7	0.0185	0.0952	414.6
05. 非金属矿采选业	0.0384	0.2712	606.3	0.1708	0.1946	13.9
07. 食品加工和制造业	0.0371	0.0267	-28.0	0.0283	0.0246	-13.1
10. 纺织业	0.2010	0.1295	-35.6	0.1664	0.2299	38.2
12. 皮革毛皮羽绒及其制品业	0.1408	0.0956	-32.1	0.0276	0.0503	82.2
13. 木材加工及竹藤棕草制品业	0.1391	0.0509	-63.4	0.0927	0.2217	139.2
14. 家具制造业	0.0050	0.0291	482.0	0.0045	0.0514	1042.2
15. 造纸及纸制品业	0.2106	0.2000	-5.0	0.0462	0.0718	55.4
16. 印刷业记录媒介的复制	0.0612	0.0287	-53.1	0.0087	0.0218	150.6
17. 文教体育用品制造业	0.0186	0.0178	-4.3	0.0495	0.0370	-25.3
18. 石油加工及炼焦业	0.0918	0.0911	-0.8	0.0653	0.0764	17.0
19. 化学原料及化学制品制造业	0.2613	0.3304	26.4	0.1223	0.1559	27.5
20. 医药制造业	0.0105	0.0172	63.8	0.0900	0.0742	-17.6
21. 化学纤维制造业	0.1397	0.0653	-53.3	0.0030	0.0130	333.3
22. 橡胶制品业	0.0252	0.0580	130.2	0.0646	0.1922	197.5
23. 塑料制品业	0.0902	0.1033	14.5	0.0642	0.1178	83.5
24. 非金属矿物制品业	0.0287	0.0555	93.4	0.0510	0.1073	110.4
25. 黑色金属冶炼及压延加工业	0.1488	0.1126	-24.3	0.0806	0.0850	5.5
26. 有色金属冶炼及压延加工业	0.1625	0.1898	16.8	0.0971	0.1304	34.3
27. 金属制品业	0.0731	0.1065	45.7	0.1262	0.2637	109.0
28. 普通机械制造业	0.1099	0.1512	37.6	0.0532	0.1210	127.4

续表

工业部门	中间产品进口渗透率			中间产品出口导向率		
	1996 年	2005 年	变化率	1996 年	2005 年	变化率
29. 专用设备制造业	0.0861	0.0722	-16.1	0.0199	0.0620	211.6
30. 交通运输设备制造业	0.0400	0.0497	24.3	0.0188	0.0582	209.6
31. 电气机械及器材制造业	0.2234	0.5622	151.7	0.1452	0.3409	134.8
32. 电子及通信设备制造业	0.0960	0.0784	-18.3	0.0697	0.0908	30.3
33. 仪器仪表及文化办公机械制造业	0.5001	1.1891	137.8	0.4159	1.1441	175.1
35. 电力热力的生产供应业	0.0001	0.0014	1300.0	0.0070	0.0038	-45.7
36. 煤气的生产和供应业	0.3098	0.0066	-97.9	0.0279	0.0001	-99.6

资料来源：根据 COMTRADE 数据库，经过公式计算得到。

第三节　中国工业部门的垂直专业化生产与国内技术含量*

随着跨国公司对外直接投资的发展和国际生产体系的变迁，垂直专业化和生产分割为发展中国家融入世界经济、促进出口竞争力和发挥比较优势有效配置资源提供了重要的途径。中国是这一进程的最大受益者之一，但另一方面，长期形成的贸易、FDI 和生产模式也对突破产业升级、攀升价值链和实现自主创新提出了新的挑战。因此，如何科学、准确地考察进口中间品贸易和国内增值对出口的影响对于认识中国参与国际生产分工的垂直专业化水平具有重要的意义。此外，国内销售产品和出口贸易中进口中间品和国内增值的作用有无区别？垂直专业化水平受哪些决定因素的影响？特别是它与产品技术含量有什么关系？这些问题都非常值得理论与经验的探讨。

本节的研究目的是利用相关文献的方法测算中国工业行业国内销售

* 本节部分内容曾发表在《世界经济研究》2008 年第 8 期上。

产品和出口贸易的垂直专业化程度以及分行业的产品国内技术含量，并通过计量模型考察它们之间的关系，最后就中国深化传统的贸易和生产模式的改革提出本研究的政策含义。

一　垂直专业化生产的概念及相关文献

垂直专业化生产反映的是不同国家在同一产品价值增值链上的垂直关系，它是利用国家间专业化水平比较优势的差异，而不是依靠产业水平的比较优势来促进贸易的发展。Hummels、Ishii 和 Yi（2001）把垂直专业化生产解释为位于多个国家且具有多个生产阶段的产品的生产安排。这种产品是中间投入品贸易的重要组成部分，即在一个生产网络或供应链中，最终产品生产是由数个附加值生产阶段而组成的，在不同生产环节上要素（如资本或 R&D）密集度存在着差异。

在量化指标上，Hummels、Ishii 和 Yi（2001）把垂直专业化定义为进口中间产品占国家总出口的比率，这体现了出口产品中进口中间投入品的含量，或者说体现了出口中外国附加值的大小。自 20 世纪 90 年代以来，国际上大量学者关注对垂直专业化生产的研究，提出了生产分割（Arndt 和 Kierzkowski，2001）、外包（Grossman 和 Helpman，2002）、切分价值链（Krugman，1996）、生产的非地方化（Leamer，1996）等一系列新的概念和理论，其共同的核心思想是国家间在产品生产上更加具有连续性和承接性。在这种新型的产品内分工的国际生产体系中，一国使用进口中间产品来制造新产品或者进行产品的深加工，再把最终产品出口到其他国家或在本地销售。一般来说，垂直专业化生产应具备以下三个条件：①产品由两个或多个阶段生产。②在产品生产过程中，两个或多个国家提供附加值。③至少一个国家在生产过程使用进口投入品，并且一些后续的产出必须出口。

值得注意的是，垂直专业化涉及进口和出口两个方面。在进口方面，垂直专业化基本是中间产品贸易的子集。在出口方面，垂直专业化涉及最终产品。图 4-1 说明了一个涉及三个国家的垂直专业化链。国家 1 生产中间产品并出口到国家 2。国家 2 组装中间产品、资本和劳动力（附加值），或者在国内生产中间产品来加工最终产品（总产出）。最后，国家 2 把最终产品出口给国家 3 或在本国销售。

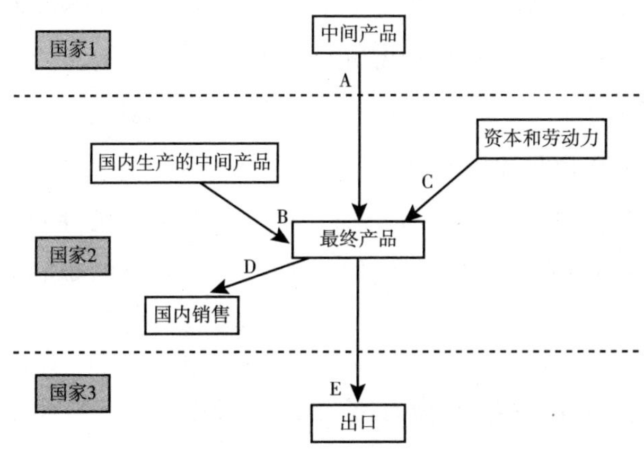

图 4-1　垂直专业化生产流程

资料来源：David Hummels，Jun Ishii，Kei-Mu Yi，"The Nature and Growth of Vertical Specialization in World Trade"，*Journal of international economics*，2001，54（1）：75-96。

关于中国的垂直专业化生产的文献还比较有限。国内学者中，平新乔等（2006）对 Hummels 等的方法进行了深入扩展，全面地测算了中国总出口和中美贸易之间的垂直专业化比率，按细分行业计算了出口贸易的垂直专业化比率，得出了较为准确的衡量中国参与国际分工的指标，以此解释了中美贸易中的利益分配等问题，并深入分析了来自东亚国家（特别是日本和韩国）的进口对中国垂直专业化生产的贡献。

刘志彪和刘晓昶（2001）从理论上分析了垂直专业化水平与制度、技术、交易成本和新兴市场等因素的关系，并从实证角度测算了包括中国在内的多个国家和地区的垂直专业化水平。其研究表明，新兴市场经济国家和地区总出口的垂直专业化程度呈现不断增长趋势，反映出它们深度参与国际化生产和严重依赖对外贸易的基本状况。

赵伟和马征（2006）基于产品内国际分工的角度，测算了中国三个年份贸易的垂直专业化程度，并对一些影响因素进行了回归分析。结论表明，机械设备制造业占我国垂直专业化贸易份额的30%以上，纺织业居其次；关税与垂直专业化贸易呈明显的负相关；产业规模较小、中小企业居多的部门一般具有较高的垂直专业化程度。

本节正是在此理论基础上，力图对中国分行业的垂直专业化生产以及国内生产的技术含量进行分析和对比，从中发现一些内在的联系，更好地表明中国在当前新的国际生产体系中的地位以及发挥的作用。

二　国内销售产品的垂直专业化程度的测算

（一）公式的推导和计算方法

根据 Hummels 等（2001）的方法，假设一个国家参与一个垂直专业化链，此国使用进口中间品和国内生产的中间品来生产最终产品。假设国家 k 和行业 i，我们定义国内销售最终产品的垂直专业化值 I_{ki}如下。

$$I_{ki} = (\frac{\text{进口中间品}}{\text{总产出}}) \cdot \text{国内销售} = (\frac{\text{国内销售}}{\text{总产出}}) \cdot \text{进口中间品}$$

图 4－1 中在国家 2 的销售，有 $I_{2i} = A/(D+E) \cdot D = (D/(D+E)) \cdot A$。如上面所提的，这是进口中间产品 A 的子集。简单地说，I_{ki}就是国内销售中中间投入品的含量，它可以作为衡量国内要素禀赋的一个变量，如同生产函数中的资本和劳动力一样。

假设一国经济中有 n 个部门，我们用 M_i^I 表示 i 部门使用的进口中间产品投入，Y_i 表示 i 部门的总产出，S_i 表示 i 部门产品在国内的销售量。根据上面的表达式，得到：

$$I_i = \left(\frac{M_i^I}{Y_i}\right) \cdot S_i = \left(\frac{S_i}{Y_i}\right) \cdot M_i^I \tag{4.1}$$

其中，$M_i^I = \sum_{j=1}^{n} M_{ji}^I$，$M_{ji}^I$是 i 部门进口的 j 部门提供的中间产品。对于国家 k 而言，I 仅仅是所有部门 i 的加总，$I_k = \sum_i I_{ki}$，我们发现它有利于计算：

$$国内总销售中垂直专业化比率 = \frac{I}{S} = \frac{\sum_i I_i}{\sum_i S_i} \tag{4.2}$$

这里 S 定义为国内的总销售。国内总销售 IS 比率也可以表示为：

$$\begin{aligned} 国内总销售中 IS 比率 &= \frac{I}{S} = \frac{\sum_i I_i}{\sum_i S_i} = \frac{\sum_i (I_i/S_i)S_i}{\sum_i S_i} \\ &= \sum_i \left[\left(\frac{S_i}{S_k}\right)\left(\frac{I_i}{S_i}\right)\right] \end{aligned} \tag{4.3}$$

把式（4.1）代入式（4.3）中，可得：①

$$\begin{aligned} 国内总销售中 IS 比率 &= \frac{\sum_i I_i}{S} = \frac{1}{S}\sum_{i=1}^{n}\left(\frac{M_i^I}{Y_i}\right) \cdot S_i = \frac{1}{S}\sum_{i=1}^{n}\frac{S_i}{Y_i}\left(\sum_{j=1}^{n} M_{ji}^I\right) \\ &= \frac{1}{S}\sum_{i=1}^{n}\sum_{j=1}^{n}\frac{S_i}{Y_i}M_{ji}^I = \frac{1}{S}\sum_{j=1}^{n}\sum_{i=1}^{n}\frac{S_j}{Y_j}M_{ij}^I \end{aligned} \tag{4.4}$$

令 $a_{ij} = \frac{M_{ij}^I}{Y_j}$，即生产一单位 j 行业产品，需要从 i 部门进口 a_{ij} 单位的中间产品。于是，（4.4）式可以写成：

$$国内销售中 IS 比率 = \frac{1}{S}(1,1,\cdots,1)\begin{pmatrix} a_{11} & \cdots & a_{1n} \\ \vdots & \ddots & \vdots \\ a_{n1} & \cdots & a_{nn} \end{pmatrix}\begin{pmatrix} S_1 \\ \vdots \\ S_n \end{pmatrix} = \frac{1}{S}\mu A^M S^V$$

---

① 以下的数学表达方式借鉴了北京大学中国经济研究中心课题组平新乔等（2006）关于垂直专业化比率计算的表述，但此处所求的最终目标与之不同。

其中，$\mu = (1, 1, \cdots, 1)$；$A^M = \begin{pmatrix} a_{11} & \cdots & a_{1n} \\ \vdots & \ddots & \vdots \\ a_{n1} & \cdots & a_{nn} \end{pmatrix}$是对进口的中间产品的依存系数矩阵，又称进口系数矩阵；$S^V = \begin{pmatrix} S_1 \\ \vdots \\ S_n \end{pmatrix}$为各部门在国内的销售向量。

Hummels 等对式（4.4）进行了修正，运用完全系数矩阵，则可以写成：

$$\text{国内销售中 } IS \text{ 比率} = \frac{1}{S}\mu A^M (I - A^D)^{-1} S^V \tag{4.5}$$

其中，A^D 为国内消耗系数矩阵，$(I - A^D)^{-1}$ 是里昂惕夫逆矩阵，它反映了进口中间产品作为初始投入在国内各部门循环使用的效果。

实际上，A 是投入产出表中的直接消耗系数矩阵，并且有 $A^D + A^M = A$ 。借鉴平新乔等（2006）的方法，也做两点假设。

第一，国民经济所有部门使用的 i 部门的中间产品中，进口投入品的比例在各部门间相同。

第二，对于某部门的产品，定义为只有中间产品和最终产品。这样可以假设，中间产品中进口与国内生产的比例等于最终产品中进口和国内生产的比例。

用 C_i^M 和 C_i^D 表示 i 行业的最终产品中进口的和国内生产的数量，用 I_i^M 和 I_i^D 表示 i 行业的中间产品中进口的和国内生产的数量。假设二就是 $\frac{C_i^M}{C_i^D} = \frac{I_i^M}{I_i^D} = \frac{I_i^M + C_i^M}{I_i^D + C_i^D}$，故而有：$\lambda_i = \frac{I_i^M}{I_i^M + I_i^D} = \frac{I_i^M + C_i^M}{I_i^M + I_i^D + C_i^M + C_i^D}$

λ_i 就是进口的 i 行业产品中，中间产品所占的比例，其值等于 i 行业的总进口/（总产出 + 进口 - 出口）。

（二）数据与部门的选择

本研究选取 1992 年、1997 年和 2002 年的投入产出表及其直接消耗系数矩阵进行计算，同样采取替代的方法，即用 1992 年的进口系数矩阵 A^M 来替代 1993～1996 年的 A^M 矩阵，用 1997 年的 A^M 矩阵来替代 1998～2001 年的，用 2002 年的 A^M 矩阵替代 2003 年的。需要说明的是，由于 2002 年中国投入产出学会只给出了投入产出表的流量表，而本研究也需要直接消耗系数表，所以笔者根据流量表计算出了 2002 年的直接消耗系数表。[①]

选择中国工业的 19 个部门（见表 4－4）对其进行垂直专业化另一个方面（IS_{ki}）的测算，需要说明的是这 19 个行业的组成与投入产出表是一致的，行业产品组成基于国际贸易标准分类（SITC3.0），其中一

表 4－4 19 个工业部门的选择与组成

1. 煤炭采选业	11. 化学工业：化学原料及化学制品制造业、医药制造业、化学纤维制造业、橡胶制品业、塑料制品业
2. 石油和天然气开采业	12. 非金属矿物制品业
3. 金属矿采选业：黑色金属矿采选业、有色金属矿采选业	13. 金属冶炼及压延加工业：黑色金属冶炼及压延加工业、有色金属冶炼及压延加工业
4. 非金属矿采选业	14. 金属制品业
5. 食品制造及烟草加工业：食品加工和制造业、饮料制造业、烟草加工业	15. 机械工业：普通机械制造业、专用设备制造业
6. 纺织业	16. 交通运输设备制造业
7. 服装皮革羽绒及其他纤维制品制造业：服装及其他纤维制品制造业、皮革毛皮羽绒及其制品业	17. 电气机械及器材制造业
8. 木材加工及家具制造业：木材加工及竹藤棕草制品业、家具制造业	18. 电子及通信设备制造业
9. 造纸印刷及文教用品制造业：造纸及纸制品业、印刷业记录媒介的复制、文教体育用品制造业	19. 仪器仪表及文化办公用机械制造业
10. 石油加工及炼焦业	

资料来源：行业的划分标准借鉴了“投入产出表”中的行业划分，其中部分较小行业合并成一个大行业。

① 2002 年直接消耗系数表由于篇幅较大，未列在论文中。

些行业合并了与之相关的较小行业。这 19 个行业的进出口贸易数据可以从联合国 COMTRADE 数据库获得，由于进出口统计是以美元为单位，因此选取年度中间汇率（国际货币基金组织出版的《国际金融统计（IFS）》及相关网站）折算成为按当年价格计算的人民币值。

在计算中间产品的比例 λ_i 时，用到公式 λ_i = 行业 i 的总进口/（总产出 + 进口 - 出口）。其中，总产出的数据采用投入产出流量表中的总产出值，进口和出口采用 COMTRADE 数据库中国各行业的进出口数据。在得到比例 λ_i 的向量后，用此向量乘以直接消耗系数矩阵 A，得到进口系数矩阵 A^M，再由公式 $A^D + A^M = A$，可以得到国内消耗系数矩阵 A^D。

（三）计算结果分析

表 4-5 显示了计算的中国 1992～2003 年间 19 个工业行业的国内销售产品的垂直专业化比率。图 4-2 还显示了 19 个行业 12 年间的平均数值。结果表明，从总体水平上看，石油加工及炼焦业的国内销售垂直专业化程度最高，平均值为 8.97%，其次分别为仪器仪表及文化办公用机械制造业和电子及通信设备制造业，平均值分别为 8.64% 和 6.94%，反映出这些行业在生产制造过程中进口中间投入品的比例较大，即国外投入品的附加值贡献较大。根据平新乔等（2006）的研究，这些进口中间投入品主要来自日本、韩国、美国等国家。另一方面，煤炭采选业、石油和天然气开采业、非金属矿采选业、食品制造及烟草加工业和非金属矿物制品业的平均国内销售垂直专业化比率则较低，均小于 3%。

表 4-5　中国 1992～2003 年工业行业国内产品销售的垂直专业化比率

单位：%

年　　份	1992	1993	1994	1995	1996	1997
1. 煤炭采选业	2.58	2.52	2.59	2.58	2.59	2.15
2. 石油和天然气开采业	2.90	2.83	2.91	2.90	2.90	1.84
3. 金属矿采选业	4.77	4.65	4.78	4.76	4.77	4.67
4. 非金属矿采选业	2.47	2.41	2.47	2.47	2.47	2.33

续表

年　　份	1992	1993	1994	1995	1996	1997
5. 食品制造及烟草加工业	0.93	0.90	0.93	0.93	0.93	2.36
6. 纺织业	3.99	3.89	4.00	3.99	4.00	4.00
7. 服装皮革羽绒及其他纤维制品制造业	4.48	4.36	4.49	4.47	4.48	4.35
8. 木材加工及家具制造业	3.50	3.42	3.51	3.50	3.51	2.48
9. 造纸印刷及文教用品制造业	3.28	3.20	3.29	3.28	3.29	3.79
10. 石油加工及炼焦业	6.65	6.48	6.67	6.65	6.65	10.14
11. 化学工业	4.07	3.97	4.08	4.07	4.07	4.52
12. 非金属矿物制品业	2.34	2.28	2.35	2.34	2.34	2.28
13. 金属冶炼及压延加工业	4.23	4.13	4.25	4.23	4.24	5.00
14. 金属制品业	4.26	4.15	4.27	4.25	4.26	3.76
15. 机械工业	5.42	5.29	5.44	5.42	5.43	5.63
16. 交通运输设备制造业	6.46	6.30	6.48	6.46	6.46	5.35
17. 电气机械及器材制造业	5.33	5.20	5.35	5.33	5.33	5.96
18. 电子及通信设备制造业	6.82	6.65	6.84	6.82	6.82	6.22
19. 仪器仪表及文化办公用机械制造业	8.56	8.35	8.58	8.55	8.56	7.65
年　　份	1998	1999	2000	2001	2002	2003
1. 煤炭采选业	2.24	2.25	2.29	2.29	2.31	2.48
2. 石油和天然气开采业	1.92	1.93	1.96	1.96	2.23	2.40
3. 金属矿采选业	4.86	4.87	4.97	4.97	3.60	3.86
4. 非金属矿采选业	2.43	2.43	2.48	2.48	2.63	2.82
5. 食品制造及烟草加工业	2.45	2.46	2.51	2.51	4.03	4.34
6. 纺织业	4.17	4.18	4.27	4.26	4.33	4.65
7. 服装皮革羽绒及其他纤维制品制造业	4.53	4.55	4.64	4.63	5.02	5.39
8. 木材加工及家具制造业	2.58	2.59	2.64	2.64	2.20	2.37
9. 造纸印刷及文教用品制造业	3.95	3.96	4.04	4.03	3.79	4.07
10. 石油加工及炼焦业	10.56	10.59	10.80	10.79	10.47	11.25
11. 化学工业	4.71	4.72	4.81	4.81	5.17	5.56
12. 非金属矿物制品业	2.38	2.39	2.43	2.43	2.74	2.95
13. 金属冶炼及压延加工业	5.21	5.22	5.33	5.32	4.88	5.24
14. 金属制品业	3.91	3.92	4.00	4.00	4.04	4.34
15. 机械工业	5.87	5.89	6.00	6.00	6.53	7.02
16. 交通运输设备制造业	5.57	5.59	5.70	5.69	5.56	5.97
17. 电气机械及器材制造业	6.21	6.22	6.35	6.34	7.48	8.04
18. 电子及通信设备制造业	6.48	6.50	6.63	6.62	8.16	8.77
19. 仪器仪表及文化办公用机械制造业	7.96	7.99	8.15	8.14	10.22	10.98

资料来源：笔者根据公式计算而得。

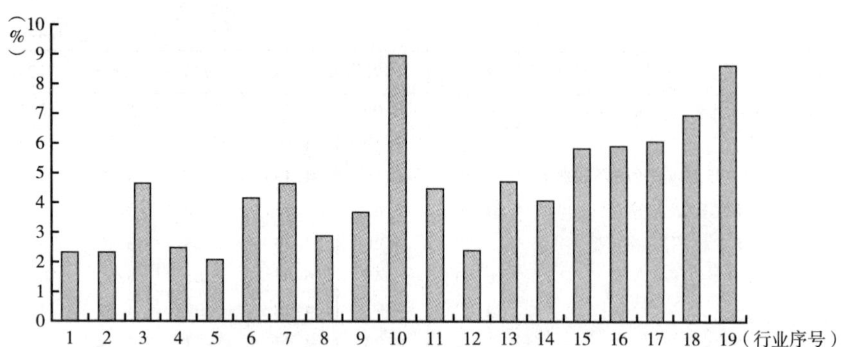

图4-2 分行业国内销售中垂直专业化比率的12年平均值(1992~2003年)

资料来源：笔者根据表4-5绘制，行业编号与表4-1中的一致。

从不同行业的时间序列上看，表4-5的测算结果表明12年间绝大多数的工业行业的国内销售产品的垂直专业化程度在总体趋势上是不断提高的，有的行业提高的幅度很大（如石油加工及炼焦业，2003年比1992年提高了近69%）。这说明随着产品内国际分工的深化，中国参与国际生产体系的程度也在不断深入，中国的加工贸易模式、引进外资模式和承接生产外包模式使得其对国外中间投入品的依存程度越来越强。

三 出口贸易垂直专业化程度的测算及比较

（一）出口贸易垂直专业化程度的测算

依据上一部分的计算方法，对中国分行业出口贸易的垂直专业化程度进行计算，可以得到中国分行业出口产品对进口中间产品的依存程度，具体计算公式如下：

$$\text{出口贸易垂直专业化比率}\ VSS = \frac{1}{X}\mu A^{M}(I - A^{D})^{-1}X^{v} \tag{4.6}$$

其中，X 为总出口，X^{v} 为分行业出口向量，其他变量与上文相同。与前文国内销售产品的垂直专业化比率的区别在于，它测算的是出口产品对进口中间产品的依存程度。此处选取的是分行业的出口贸易额，行业的划分与组成亦按照表4－4。分行业的出口贸易数据源自联合国COMTRADE数据库，进行汇率折算以后，得到以人民币计算的贸易值。出口贸易垂直专业化比率具有与*IS*相似的行业特征，并且多数行业的垂直专业化程度是逐年提高的，计算结果如表4－6所示。

表4－6　中国1992～2003年工业行业总出口的垂直专业化比率

单位：%

年　份	1992	1993	1994	1995	1996	1997	1998
1. 煤炭采选业	2.16	2.11	2.13	2.23	2.16	1.83	1.77
2. 石油和天然气开采业	2.42	2.36	2.39	2.51	2.43	1.57	1.52
3. 金属矿采选业	3.98	3.88	3.92	4.12	3.99	3.97	3.84
4. 非金属矿采选业	2.06	2.01	2.03	2.13	2.07	1.98	1.92
5. 食品制造及烟草加工业	0.77	0.75	0.76	0.80	0.78	2.00	1.94
6. 纺织业	3.33	3.25	3.29	3.45	3.35	3.40	3.30
7. 服装皮革羽绒及其他纤维制品制造业	3.74	3.65	3.69	3.87	3.75	3.70	3.58
8. 木材加工及家具制造业	2.93	2.85	2.89	3.03	2.93	2.11	2.04
9. 造纸印刷及文教用品制造业	2.74	2.68	2.70	2.84	2.75	3.22	3.12
10. 石油加工及炼焦业	5.55	5.42	5.48	5.75	5.57	8.62	8.35
11. 化学工业	3.40	3.31	3.35	3.52	3.41	3.84	3.72
12. 非金属矿物制品业	1.95	1.91	1.93	2.02	1.96	1.94	1.88
13. 金属冶炼及压延加工业	3.54	3.45	3.49	3.66	3.55	4.25	4.12
14. 金属制品业	3.56	3.47	3.51	3.68	3.57	3.19	3.09
15. 机械工业	4.53	4.42	4.47	4.69	4.54	4.79	4.64
16. 交通运输设备制造业	5.40	5.26	5.32	5.59	5.41	4.55	4.40
17. 电气机械及器材制造业	4.45	4.34	4.39	4.61	4.47	5.06	4.91
18. 电子及通信设备制造业	5.70	5.56	5.62	5.90	5.71	5.29	5.12
19. 仪器仪表及文化办公用机械制造业	7.15	6.97	7.05	7.40	7.17	6.50	6.30
总　和	69.36	67.65	68.41	71.8	69.57	71.81	69.56
年　份	1999	2000	2001	2002	2003	2004	2005
1. 煤炭采选业	1.76	1.76	1.74	1.79	1.77	1.81	1.82
2. 石油和天然气开采业	1.51	1.51	1.49	1.73	1.71	1.75	1.76
3. 金属矿采选业	3.81	3.81	3.77	2.79	2.75	2.81	2.84
4. 非金属矿采选业	1.90	1.90	1.89	2.04	2.01	2.06	2.08

续表

年　　份	1999	2000	2001	2002	2003	2004	2005
5. 食品制造及烟草加工业	1.93	1.93	1.91	3.13	3.09	3.16	3.18
6. 纺织业	3.27	3.27	3.24	3.35	3.31	3.39	3.42
7. 服装皮革羽绒及其他纤维制品制造业	3.55	3.56	3.52	3.89	3.84	3.93	3.96
8. 木材加工及家具制造业	2.03	2.03	2.01	1.71	1.69	1.72	1.74
9. 造纸印刷及文教用品制造业	3.10	3.10	3.07	2.93	2.90	2.96	2.99
10. 石油加工及炼焦业	8.28	8.28	8.20	8.11	8.00	8.19	8.26
11. 化学工业	3.69	3.69	3.66	4.01	3.96	4.05	4.08
12. 非金属矿物制品业	1.87	1.87	1.85	2.12	2.10	2.15	2.16
13. 金属冶炼及压延加工业	4.08	4.09	4.05	3.78	3.73	3.82	3.85
14. 金属制品业	3.07	3.07	3.04	3.13	3.09	3.16	3.19
15. 机械工业	4.60	4.60	4.56	5.06	5.00	5.11	5.16
16. 交通运输设备制造业	4.37	4.37	4.33	4.30	4.25	4.35	4.39
17. 电气机械及器材制造业	4.87	4.87	4.82	5.80	5.72	5.86	5.91
18. 电子及通信设备制造业	5.08	5.08	5.03	6.32	6.24	6.39	6.44
19. 仪器仪表及文化办公用机械制造业	6.24	6.25	6.19	7.92	7.81	8.00	8.07
总　　和	69.01	69.04	68.37	73.91	72.97	74.67	75.3

注：由于第五章实证部分要做关于垂直专业化比率的协整检验，故此比率多计算了 2004 年和 2005 年这两年的数据。

资料来源：笔者根据公式计算而得。

（二）国内销售产品和出口贸易垂直专业化程度的测算比较

通过对国内销售产品和出口产品垂直专业化程度的计算，我们可以得到以下几点。

首先，两个指标的数值都不是很高，各工业行业的比率平均值都在 1%～10%。这说明我国产品国内生产和出口贸易中对国外中间投入品的依赖程度从总体上看依然较低，产品增值的大部分是在国内完成的。而许多先前的研究只是用加工贸易额占中国总贸易的比重或者加工贸易的总增值率［即（出口加工贸易总额－进口加工贸易总额）/进口加工贸易总额］来粗略地反映对国外中间品的依赖程度或国内增值程度，2006 年这两个指标分别是 47.3% 和 58.8%。显然由于方法上的不科学和不准确，它们未能真实反映中国的垂直专业化程度，从而造成对国内增值程度的低估和对进口中间品依赖程度的高估。

其次，工业行业的两个垂直专业化比率的数值很接近，有些部门的国内销售产品比率甚至略高于出口贸易的比率。这与国内一般认为出口产品中要更多地使用进口的外国中间品和零部件的武断认识截然相反。

再次，需再次强调的是绝大多数工业行业的两个垂直专业化比率在 1992～2003 年间是逐年提高的（煤炭采选业、石油和天然气开采业、木材加工及家具制造业和交通运输设备制造业四个行业的两个比率都略微有所下降），反映出中国工业在总体上参与产品内分工和要素分工的新型国际生产模式的不断深化趋势。

最后，从工业行业的指标数值排序上比较发现国内销售产品和出口贸易的垂直专业化程度存在紧密的相关关系。在 19 个行业中至少前 10 位的排序是完全一致的，依次分别为石油加工及炼焦业、仪器仪表及文化办公用机械制造业、电子及通信设备制造业、电气机械及器材制造业、交通运输设备制造业、机械工业、金属冶炼及压延加工业、金属矿采选业、服装皮革羽绒及其他纤维制品制造业、化学工业。两指标中全部 19 个部门的相关系数为 0.99。

四　分行业产品国内技术含量的测算

（一）测算方法

上文我们测算了国内销售产品和出口贸易的垂直专业化程度，而中国的产品技术含量是如何变化的，并且如何衡量产品内的技术含量，这是本节所要考虑的问题。Michael（1984）提出了衡量技术含量的产品技术复杂度的方法，即某一产品的全部技术含量不仅是由所在环节的技术附加含量决定，也由其中间投入品决定，也就是要计算中间产品的国内生产部分所占的比重。

Hausmann 等（2005）把产品复杂度指数定义为，以各国某种产品出口额占世界贸易额的相对比重作为权数，乘以各国人均 GDP 得到的加权平均和，作为表示该产品等级的技术复杂度指标。

本研究对此测算方法加以修改和扩展，以利于计算出国内不同行业产品的技术含量，即不是以世界层面的产品技术含量为标准，而是以国内不同行业的整体产品为出发点，来测算行业产品的整体技术复杂度指数（TSI）。① 若用 j 表示某一行业全部的产品，*R&D* 表示各行业的人均研发的支出，t 表示年份，则有：

$$TSI_{jt} = R\&D_{jt} \tag{4.7}$$

公式（4.7）中，选用各行业的人均 *R&D* 内部支出值作为行业技术复杂程度的代理变量，可以更好地体现出不同行业产品间的技术复杂程度的差异，这是与 Hausmann 等采用的方法的不同之处。

借助于公式（4.7），我们就可以计算各行业产品的国内技术含量。首先，定义产品的复合技术含量，j 表示各行业的最终产品，i 是各行业的中间产品，α_{ij} 是直接消耗系数，那么行业 j 产品的复合技术含量定义为：②

$$v_j = \alpha_{ij} TSI_i + (1 - \alpha_{ij}) TSI_j \tag{4.8}$$

（4.8）式的含义是，某一行业产品的复合技术含量是由它的中间产品的技术含量和生产它的工序技术含量构成，前者是中间投入品的技术复杂度指数，后者是行业产品本身的技术复杂度指数，其加权平均后就是产品的复合技术含量。

以 β_i 表示第 i 种投入品的进口占全部使用量的比例，行业 j 产品的

① Hausmann 等计算技术复杂度指数（TSI），使用的是世界各国的某种产品的出口占该国全部出口比重的加权平均值与人均 GDP 的乘积，使用出口的显性比较优势方法的目的是消除国家间贸易的比较优势所导致的技术复杂度的偏差。

② 此公式借鉴了姚洋、张晔（2007）关于国内产品技术含量的测算公式与表述。

国内技术含量为：

$$v_j^D = \alpha_{ij}(1 - \beta_{ij})TSI_i + (1 - \alpha_{ij})TSI_j \tag{4.9}$$

式（4.9）度量的是行业 j 产品在国内制造内容的技术含量，当然，这是一个绝对量，下文将比较各行业的国内技术含量，并以此进行排序。

同样，为了与上文的行业划分取得一致，本部分也选择并采用表 4－4中 19 个行业的划分方式，鉴于投入产出表的限制，研究的年份选择 1992 年、1997 年和 2002 年。分行业的 *R&D* 内部支出数据可以从历年的《中国科技统计年鉴》获得，除以各行业的在岗职工人数（数据来自《中国劳动统计年鉴》）就可以得到分行业的人均 *R&D*，鉴于时间跨度较长，用固定资产投资价格指数对其进行平减。α_{ij}是直接消耗系数，我们选取 1992 年、1997 年和 2002 年的直接消耗系数矩阵 A，β 表示中间投入品的进口占全部使用量的比例，就是上文已经计算过的这三个年份的进口系数矩阵 A^M 。

（二）计算结果

根据公式（4.9）的计算，表 4－7 列出了所计算的三年的中国工业分行业产品国内技术含量数值。可以看出，产品国内生产部分的技术含量较高的行业为化学工业、金属冶炼及压延加工业、纺织业、机械工业和电子及通信设备制造业等，这与 UNCTAD（2002）对行业技术程度划分结果比较接近，即上述多数行业均属于中高技术制造行业。而非金属矿采选业、仪器仪表及文化办公用机械制造业、食品制造及烟草加工业和服装皮革羽绒及其他纤维制品制造业等行业的产品国内技术含量则较低。这说明资本和技术密集型行业的国内技术含量较高，而劳动密集型行业的国内技术含量较低的基本规律。从同一行业指标的发展上看，所有工业行业的产品国内技术含量都有大幅度的提高。

表 4－7　1992 年、1997 年和 2002 年中国工业分行业产品国内技术含量

单位：元/人

年　份	1992	1997	2002
1. 煤炭采选业	6491	11584	38134
2. 石油和天然气开采业	8650	14516	51493
3. 金属矿采选业	6871	12815	38604
4. 非金属矿采选业	6937	12136	36813
5. 食品制造及烟草加工业	6552	11525	38451
6. 纺织业	11287	18502	54523
7. 服装皮革羽绒及其他纤维制品制造业	6210	11711	38760
8. 木材加工及家具制造业	6826	12554	42408
9. 造纸印刷及文教用品制造业	7618	13627	45491
10. 石油加工及炼焦业	6614	12260	42746
11. 化学工业	12245	22712	78259
12. 非金属矿物制品业	8110	13431	39926
13. 金属冶炼及压延加工业	13637	21306	74088
14. 金属制品业	7678	14280	45467
15. 机械工业	10552	16590	52749
16. 交通运输设备制造业	7375	13239	45611
17. 电气机械及器材制造业	8098	13365	43567
18. 电子及通信设备制造业	8206	15144	52272
19. 仪器仪表及文化办公用机械制造业	6595	10775	36367

资料来源：笔者根据公式计算而得。

五　垂直专业化程度与国内技术含量关系的检验

（一）计量回归分析

通过对分行业出口贸易垂直专业化程度的计算，我们发现多数技术、资本密集型行业的垂直专业化程度不断提高，而几个资源密集型行业的垂直专业化程度下降了。为了考察出口贸易垂直专业化程度的决定因素，特别是它与国内技术含量之间的关系，建立以下多元回归模型，并使用面板数据模型对其进行估计：

$$VSS_{it}(IS_{it}) = \alpha_0 + \alpha_1 TAR_{it} + \alpha_2 v_{it}^D + \alpha_3 k_{it} + \alpha_4 FDI_{it}^h + \alpha_5 FDI_{it}^f + \varepsilon_{it} \quad (4.10)$$

其中，$i=1, 2, \cdots, n$ 表示各行业部门，t 代表考察期的年份。解释变量包括：TAR_{it} 为各个行业的平均关税税率；v_{it}^D 为各个行业的产品国内技术含量；k_{it} 为各个行业的人均资本；FDI_{it}^h 为港澳台企业对行业 i 的 FDI 投资额；FDI_{it}^f 为非港澳台企业对行业 i 的 FDI 投资额。

这些自变量对出口垂直专业化比率的预期影响如下：关税税率的提高会增加交易成本，从而抑制中间产品的进口，随之会降低垂直专业化程度，因此两者呈负相关；产品技术含量由进口中间产品的技术含量和国内生产的技术含量构成，产品的国内技术含量越低，就越需要进口外国中间产品、零部件和原材料，对外国技术的依赖程度也就越高，从而使垂直专业化程度越高的行业；行业的人均资本代表了行业的技术水平和规模经济等情况，一般与垂直专业化呈正相关；在外商类型中，多数港澳台投资企业从事劳动密集型和低技术的加工贸易与装配生产，从而使它们所占投资额较高的行业的垂直专业化水平更高，而以欧美跨国公司为主导的非港澳台外商企业更加注重国内市场的开发与生产的当地化，故而垂直专业化程度较低。

在数据获得方面，为了取得各个变量数据上的一致，对计量模型做 1992 年、1997 年和 2002 年的面板数据。平均关税税率借鉴了不同学者计算的结果;[①] 各行业的国内技术含量采用表 4 - 7 的数值；各行业的人均资本为行业的固定资产投资除以行业的在岗职工人数；港澳台商经济的投资额（源自历年《中国固定资产投资统计年鉴》），由于数据年限较少并且不连续，这里就以 1992 年为基期，以后年份扣除上一年

① 分行业的平均关税税率借鉴俞会新（2003）和盛斌（2002）中计算的数据，较大行业的关税税率为小行业的简单平均值，由于数据的限制，用 1996 年代替 1997 年的数据，用 2000 年代替 2002 年的数据。

10%的折旧率，然后再进行加总，得到每年的投资实际存量；非港澳台商的投资额处理方法与港澳台商的相同；*VSS* 采用表 4－6 中的数据。

（二）计量结果分析

表 4－8 影响垂直专业化程度的计量回归结果（被解释变量为 *VSS*）

解释变量	固定效应		随机效应	
	系数	t 统计值	系数	t 统计值
常数项	3.43	23.26 ***	3.64	6.451 ***
TAR_{it}	-0.01	-1.86 *	-0.002	-0.118
v_{it}^{D}	-0.16	-1.83 *	-0.029	-0.110
k_{it}	0.03	1.61	0.001	0.207
FDI_{it}^{h}	0.21	3.38 ***	0.069	0.447
FDI_{it}^{f}	0.002	1.41	0.003	0.304
R^2	0.9881		0.9199	
修正 R^2	0.9798		0.8641	
F 值	119.38		16.48	
DW	2.3983		2.2923	
Hausman 检验 χ^2 值	11.9864 采用固定效应模型			

注：对估计方程分别做了个体固定效用和随机效应的估计，经 Hausman 检验采用固定效应模型。*** 表示 1% 显著性水平，** 表示 5% 显著性水平，* 表示 10% 显著性水平。

通过对方程（4.10）的估计结果可以看出，多数解释变量的检验符号与预期是一致的，而且具有显著性水平。首先，关税税率对垂直专业化程度呈负影响，说明中国在加入 WTO 进程中削减关税壁垒的贸易自由化改革有力地推动了垂直专业化生产的深化，为中国更紧密融入国际生产创造了有利条件。其次，国内技术含量与垂直专业化程度为负相关，这印证了上文所预测的两者关系：国内技术含量水平较低的行业垂直专业化程度越高，对外国增加值贡献的依赖程度也越大。最后，港澳台企业的外商投资对推动行业的垂直专业化水平具有显著的促进作用，这与我国改革开放以来吸收大量港澳台商的投资、大力发展加工贸易和

“三来一补”贸易的事实是完全吻合的。加工贸易的发展正是垂直专业化生产在中国资源禀赋和技术条件下的集中体现。而其余两个变量——行业的人均资本和非港澳台企业的投资对垂直专业化程度的影响并不显著。笔者还对国内销售产品的垂直专业化作为因变量的情况进行了回归检验，其结果与上述结论一致，这里就不再赘述。

六 结论和政策含义

本节通过理论与实证分析，测算出了1992～2003年中国工业分行业的国内销售产品和出口贸易的垂直专业化水平，以及通过改进的方法测算了行业产品的国内生产技术含量指标。结果表明，两种垂直专业化比率都是逐年提高的，说明我国在垂直专业化国际生产体系中的参与程度不断提高。但另一方面，两个垂直专业化比率都在1%～10%，远远低于按粗略方法估计的中国参与国际分工的程度，反映出国内创造的价值链增值的比重被低估了。此外，国内销售产品的垂直专业化比率不低于出口的比率，这与传统上认为的出口产品对进口中间投入品依赖较高的观念并不一致。通过多元计量模型和面板数据的检验发现，影响工业行业垂直专业化水平的显著因素包括贸易壁垒、产品国内技术含量和外商企业的投资国（或地区）结构，其中特别值得注意的是，产品的国内技术含量对垂直专业化程度具有负影响，表明了我国当前在国际生产体系中的地位与作用深受产业技术水平限制的情况。

通过以上研究，我们认为我国在未来促进产业升级发展和生产与贸易方式的转变中，应该积极参与国际垂直专业化分工，顺应国际分工从产品层次转向要素层次的趋势与规律，充分享用外国投资与生产外包、价值链细分和地理配置与丰裕资源禀赋相结合的巨大收益，形成和壮大生产集聚和规模经济效应。同时，也要认识到随着国际分工由产品分工转向要素分工，发展中国家不断深入参与的垂直专业化国际生产体系是由发达国家和跨国公司所主宰和控制的，在价值创造的分配上很不平衡，因此对于中国来说，若真正实现经济崛起就必须改变生产低端产品、过度依赖 FDI 和以加工贸易为主的贸易、投资与生产的传统模式，通过研发和创新转向生产和出口高附加值产品的新型工业化道路。

第四节　中国吸收外国直接投资的发展现状

全球 FDI 流量在 2006 年连续第三年增长，达到了 13060 亿美元，创下了仅次于 2000 年的较高水平。无论是发达国家、发展中国家，还是转型经济国家（东南欧和独联体国家）的 FDI 都连续增长。虽然流向三个类型国家的 FDI 都增长了，但是地区和国家间的差异较大。2006 年流向发达国家的 FDI 提高了 45%，高于前两年的增长率，达到 8570 亿美元。其中，美国超过了 2005 年吸收外资最多的英国，跃居 2006 年首位。而欧盟依然是最大的外资流入地区，占到全部 FDI 流入量的 41%。发展中国家和转型经济国家吸收的 FDI 分别增长了 21% 和 68%，达到历史最高水平，其中亚洲发展中国家继续成为最具吸引力的投资地区，占到全部发展中国家吸收外资的 2/3 以上。纵观 2006 年全球外国直接投资的总体发展，跨国公司的外国直接投资是平稳增长的，联合国贸易与发展会议预测 2007 年的全球外国直接投资的流入量将达到 1.4 万亿 ~ 1.5 万亿美元，突破 2000 年的最高水平，这也能表明 2008 年会沿着这个轨迹继续提高。

从跨国投资理论和我国现实两方面看，我国利用外资已经进入了一个新的阶段。对外资的需求开始从以数量为主转向以质量为主，资金流动从流入为主转向流入流出双向并重，吸收外资的方式从新建投资为主转向新建投资和跨国并购两种方式并重。

一　外商对华直接投资的产业分布

产业主要是指国民经济内部的各个行业和部门，通常将这些行业和部门之间的比例关系称为产业结构。产业结构是各个产业生产能力的配置构成方式，我国经济成分按产业结构划分为第一产业、第二产业和第三产业。目前，我国吸收利用外商直接投资产业结构的基本格局是：第一产业吸收的外商直接投资比重较小，第二产业所吸收的外商直接投资的比重占主导地位，而第三产业吸收的外资不断上升，这是我国目前外商直接投资的产业特征。具体从数据的变化来看，第二产业吸收的外商直接投资在 1992～1995 年有些缩减，1996 年开始其所占的比重又逐渐增大，由于第一产业的比重保持稳定，于是第三产业的变化和第二产业呈相反趋势。

进入 20 世纪 90 年代以来，外商对华直接投资有了较大的发展，主要体现在对华投资的规模急剧扩大和投资的行业多元化。外商直接投资继续集中在制造业和服务业的同时，投资的行业结构又向技术、资本密集型行业转移，形成了投资多元化的趋势。

表 4－9　1979～2004 年外商直接投资的产业结构

单位：%

年份	第一产业	第二产业	第三产业
1979～1990	1.10	62.44	36.46
1991	2.11	82.02	15.87
1992	1.26	59.66	39.08
1993	1.07	49.40	49.53
1994	1.18	55.99	42.83
1995	1.90	69.64	28.46
1996	1.55	71.63	26.82
1997	1.39	71.75	26.87
1998	1.37	68.91	29.72
1999	1.76	68.9	29.34
2000	1.66	72.64	25.70
2001	1.92	74.23	23.85
2002	1.95	73.48	24.57
2003	1.98	74.05	23.98
2004	1.84	74.98	23.18

资料来源：历年《中国统计年鉴》。

以下是对中国工业各行业的外商直接投资的数据，这里对19个大的工业行业1999～2004年的吸收外商直接投资进行统计，多数行业的外商直接投资额在此期间是不断递增的。国外对中国分行业工业部门的投资可以从历年的《中国统计年鉴》获得，这里的投资主要指“三资”工业企业所吸收的国外直接投资额。[①] 因此，这里的分行业吸收FDI就为“三资”工业企业的固定资产净值年平均余额。

表4－10 1999～2004年“三资”工业企业吸收国外直接投资

单位：亿元

年　份	1999	2000	2001	2002	2003	2004
1. 煤炭采选业	1.67	1.4	10.22	10.1	3.71	3.56
2. 石油和天然气开采业	—	—	57.59	63.12	60.55	56.15
3. 金属矿采选业	1.22	0.93	1.16	1.38	3.13	3.06
4. 非金属矿采选业	7.35	6.85	7.11	8.1	8.25	9.77
5. 食品制造及烟草加工业	894.81	916.99	954.07	990.99	1104.7	1215.79
6. 纺织业	489.18	507.82	540.59	595.05	698.84	810.52
7. 服装皮革羽绒及其他纤维制品制造业	354.97	371.22	385.33	431.49	488.48	561.08
8. 木材加工及家具制造业	141.03	163.11	177.12	190.75	213.21	242.63
9. 造纸印刷及文教用品制造业	475.89	639.58	720.42	794.44	877.36	968.14
10. 石油加工及炼焦业	97.11	98.15	187.69	221.15	244.73	266.34
11. 化学工业	1393.87	1545.64	1594.16	1720.38	1954.6	2225.58
12. 非金属矿物制品业	593.99	617.02	599.57	643.75	649.46	733.12
13. 金属冶炼及压延加工业	316.99	359.08	376.34	390.42	483.76	578.47
14. 金属制品业	339.15	357.27	417.99	412.53	375.72	424.12
15. 机械工业	385.86	418.34	453.17	516.1	626.53	729.75
16. 交通运输设备制造业	613.52	682.32	752.94	797.87	957.19	1151.15
17. 电气机械及器材制造业	472.04	499.96	556.64	572.86	652.73	743.16
18. 电子及通信设备制造业	844.23	940.09	1286.5	1512.1	1909.1	2628.46
19. 仪器仪表及文化办公用机械制造业	88.85	92.2	90.74	111.23	182.55	212.46

资料来源：历年《中国统计年鉴》。

① 港澳台资本严格来说应该不属于外资范畴，但由于我国前一阶段时期统计中将外国资本和港澳台资本一起列入“三资”企业中，同时，港澳台资本在技术水平上与一些新兴工业国家或地区属于同一类型，因此本研究分析外商直接投资时仍将港澳台列入其中。

二　外商对华直接投资中垂直型 FDI 和水平型 FDI 的测算

在第一章的文献综述中，我们详细分析了垂直型 FDI 和水平型 FDI 的形成和特征，前者是根据不同国家之间比较优势的差异，把生产环节分布在不同的国家进行生产，东道国的产品用于出口，后者通常发生在资源禀赋相近的发达国家之间，对东道国进行投资生产，产品一般服务于东道国市场。

Brainard（1993）提出了衡量垂直型 FDI 的测算方法，即用国外分支机构出口到母国的产品数量作为垂直型 FDI 的数量。这种方法建立在微观层面上，无法得到中国在这方面的数据，所以这种方法在中国是不可行的。

中国学者薛漫天、赵曙东（2007）根据众多前人的研究成果，并考虑到中国实际利用 FDI 总额中来自避税地的 FDI 已占 60% 以上并且在进一步提高，试图寻找一个合适的变量来判别来自避税地和非避税地以及总体 FDI 的性质。根据 Markusen 等（1996）和 Yeaple（2003）的一般均衡理论，得出国际贸易成本（仅指运输成本）与垂直型 FDI 成反比，而与水平型 FDI 成正比。所以，确定使用国际海运的价格作为判别是垂直型 FDI 还是水平型 FDI 的变量，通过严格的计量检验，得出来自非避税地国家的 FDI 为垂直型 FDI，来自避税地国家的 FDI 为水平型 FDI。[①] 这些国家（地区）具有如下的选择标准：①样本国（地区）在各年对中国的实际直接投资均大于 5 万美元；②可以得到样本国（地区）的各种经济特征值。

---

① 非避税地 FDI 来源国家（地区）包括日本、比利时、丹麦、英国、德国、法国、意大利、西班牙、奥地利、芬兰、瑞典、加拿大、美国、澳大利亚、新西兰、以色列、新加坡、中国台湾、韩国、印度尼西亚、马来西亚、泰国、匈牙利、罗马尼亚、俄罗斯、阿根廷、巴西、巴拉圭、秘鲁等 29 个；避税地 FDI 来源国家（地区）包括中国香港、中国澳门、菲律宾、荷兰、瑞士、巴拿马、开曼群岛、维尔京群岛、百慕大、萨摩亚、毛里求斯、巴哈马等 12 个。

表 4-11 1999～2006 年外商对华直接投资额（按垂直型和水平型划分）

单位：万美元

年份	1999	2000	2001	2002	2003	2004	2005	2006
垂直型 FDI	1879209	1813559	2095618	2354737	2413229	2646423	2486806	2199662
水平型 FDI	2120458	2217897	2551190	2856173	2791214	3180235	3354804	3845943

资料来源：历年《中国统计年鉴》。

本研究根据上述划分方法，把外商对华直接投资分为垂直型 FDI 和水平型 FDI。通过这些分类方法得出的数据，我们不难发现垂直型 FDI 在 1999～2004 年是不断递增的，尽管 2005 年和 2006 年较 2004 年有一定的下降，但总体上仍说明发达国家的跨国公司对其在中国分支机构的直接投资不断增强，[①] 形成了公司内部的直接投资。同时，水平型 FDI 在研究期间呈明显的上升趋势，并且是平稳的增长，鉴于避税地 FDI 来源国家（地区）中多数为发展中国家或欠发达国家（地区），从概念上判断也应该属于水平型的直接投资，与中国同属于发展中经济体，双方的禀赋差异不大，在东道国投资经营并在东道国占有一定的市场份额。最后，通过两种类型的直接投资数据比较，可以看出流入中国的水平型 FDI 要大于流入中国的垂直型 FDI，说明中国与多数发展中国家之间的投资在规模和发展潜力上具有很大优势。

三 金融危机下的中国对外直接投资*

从 2007 年美国发生次贷危机到后来全球金融危机不断蔓延，先是贝尔斯登和雷曼兄弟等投资银行的破产，到后来的美国国际集团（AIG）等保险公司的崩溃，大量商业银行纷纷破产及被国有化，甚至有的制造业公司倒闭，美国乃至整个世界经济陷入衰退。金融危机使得

① 在非避税地 FDI 来源地国家（地区）中多数为发达国家或地区。

* 以下两小节的部分内容曾发表在《国际经济评论》2009 年 7～8 月刊。

风险资产价值发生亏损，这样就在投资者间产生心理恐慌而形成大量的规避风险的行为，导致资本市场的流动性不足并提高了信贷成本。当前金融危机不仅严重影响了全球范围内实体经济的发展，还对跨国公司外国直接投资造成了极大的负面影响。

中国商务部的统计数据显示，金融危机对我国吸收FDI造成的负面影响开始显现。2008年，我国累计实际使用FDI为923.95亿美元，较上年同期增长23.58%，增速低于各月的累计增幅，但这样的增长水平也远远好于全球FDI流入量降低21%的情况。从各月累计看，中国外商直接投资较上年同期增速呈逐月回落的态势。从单月看，2008年后三个月的实际FDI较上年同期均有负增长，11月当月实际外商直接投资53.22亿美元，较上年同期降幅高达36.52%，8~11月各月实际外商直接投资金额也是逐月减少（见表4-12），这不仅与金融危机造成的国际资金紧张有关，还受到人民币暂缓升值波动的影响。2009年1~3月，外商直接投资较上年同期有大幅下降，但比较2008年底，实际投资额还是有较大反弹。

为推动经济稳定增长，应保证投资的稳步提高，正如林毅夫教授所指出的，发展中国家急需各方投资，以推动经济发展，增加具有自身特色、劳动密集型以及能够扩大税收基础的企业投资力度。[①] 作为发展中国家最大的FDI流入国，多年来其他国家对中国的直接投资不断增长。金融危机下，作为“三驾马车”之一的投资，除了要靠政府拉动外，更多还要依靠加大吸收外国直接投资。如何保证外资吸引的力度和外资质量，可以考虑如下做法。

第一，根据全球外国直接投资发展趋势，我国可着重在矿产采掘业、基础设施建设以及服务业上吸收外国直接投资，因为这些领域成了

① 根据新华社2008年11月30日的消息，世界银行副行长林毅夫11月29日在卡塔尔首都多哈指出，发展中国家目前急需各方投资以推动经济发展。

表 4－12　2008 年 1 月至 2009 年 5 月年中国吸收外商直接投资情况

单位：亿美元，%

时　期	累计实际 FDI	累计较同期增长	单月	实际 FDI	同比增长
2008 年 1 月	112	109.78	1 月	112	109.78
1～2 月	181.28	75.19	2 月	69.28	38.31
1～3 月	274.14	61.26	3 月	92.86	39.60
1～4 月	350.17	59.32	4 月	76.03	70.24
1～5 月	427.78	54.97	5 月	77.61	37.94
1～6 月	523.88	45.55	6 月	96.10	44.95
1～7 月	607.24	44.54	7 月	83.36	65.33
1～8 月	677.32	41.60	8 月	70.08	20.38
1～9 月	743.74	39.85	9 月	66.42	26.03
1～10 月	810.96	35.06	10 月	67.22	－0.80
1～11 月	864.18	26.29	11 月	53.22	－36.52
1～12 月	923.95	23.58	12 月	59.8	－5.73
2009 年 1 月	75.41	－32.67	1 月	75.41	－32.67
1～2 月	133.74	－26.23	2 月	58.33	－15.81
1～3 月	217.77	－20.56	3 月	84.03	－9.5
1～4 月	276.69	－20.98	4 月	58.92	－22.51
1～5 月	340.48	－20.41	5 月	63.79	－17.81

资料来源：商务部数据统计。

近年投资的热点，而我国这些行业也急需大量投资以获得发展。

第二，充分吸收发展中国家对中国的直接投资，之所以到目前为止我国外国直接投资受金融危机影响不大，这很大程度上是近年来发展中国家对中国直接投资增加的结果，如中国与东盟国家之间投资就有大幅提高，这和近年来我国与一些国家签订了多项双边和多边与投资有关的协定密切相关。

第三，我国要创造更好、更完善的投资环境，并加强对外国直接投资的保护，取消一些投资限制，扩大开放领域，增加促进投资的措施，提高外国投资的待遇。同时，还应该加强对外国直接投资的监测管理，不能只重视引进而放松了管理，防范国际投机资本扰乱了国内市场。在吸收更多外国直接投资的基础上，要创新利用外资方式，还要依靠国内投资的拉动，双管齐下，以保证我国经济平稳增长。

四　全球背景下中国对外直接投资展望

在当前世界经济普遍低迷的形势下，展望全球外国直接投资的发展趋势，可以确定的是危机后的几年内 FDI 流入量必定是下降的，而下降程度则依赖于世界经济整体形势的变化和各国政府对直接投资的扶持力度。贸发会议的调查报告显示，80% 的公司短期内将削减投资，全球外国直接投资可能从 2011 年开始才会复苏。

其一，由于受金融危机影响国家的资产价格下降，外国投资者获得资产的成本降低，所以会产生更多寻求资本的公司以及并购政策的放宽都会增加 FDI 向受金融危机影响的国家流入。

其二，在全球经济下滑所导致的需求低迷的情形下，大量的以出口为目标的 FDI 虽有所紧缩，但经过这一轮经济周期后，全球经济会重获活力，加之国际成本竞争力增强，这些以出口为目标的跨国公司会加大在国外分支机构的生产投资。

其三，如果世界经济衰退比上述情况还要糟糕，保护主义卷土重来，那么寻求国际融资的公司变得更加谨慎，预计到 2012 年末，FDI 也较难反弹，这样就会出现 L 形的发展趋势。根据以往的经验，经历金融危机后，决定 FDI 流入的制度框架和政策在各国会得到调整或重新制定。从积极的角度分析，较低的资产价格和降低的运作成本对于增加 FDI 的流入具有正面效应，各国为了刺激国家经济的发展，也会朝着积极吸引外资的方向努力。

尽管受到全球金融危机的影响，中国在吸收外国直接投资方面还具有极大的发展潜力，从近几年来国内的投资热可以证实今后几年外商对华直接投资还会持续增长。在全球垂直专业化分工日益深化的今天，中国在自然资源和劳动力等方面所具有的比较优势以及专业化水平的提高，加上目前国际生产外包的盛行，大量产品的低端生产环节（当然也含有技术密集型产品）流入中国进行生产，这成为中国继续吸引外资的根本原因。从国际大的趋势可以看出，近几年投资的热点行业在于煤炭、石油和天然气以及其他矿产品行业，而我国又是自然资源极其丰富的国家，可以预测未来几年，发达国家乃至发展中国家对中国的投资将会继续增长。

同时，作为发展中国家重要的 FDI 输出国，2007 年中国的对外直接投资达到了 225 亿美元，这使中国成为发展中经济体和转型经济体中外国直接投资的重要来源国之一。一方面，中国在国外服务业和采矿行业的直接投资增长尤为迅速，对这些行业的投资占中国全部对外直接投资流量的 60%，根据国际投资的趋势与热点领域，中国应继续加大在发达国家、非洲和拉美国家的采矿行业、服务业和能源领域的投资力度。另一方面，中国企业实施的许多大型跨国并购交易都是通过国外融资来完成的。中国对外输出 FDI，虽然可以充分利用我国巨额的外汇储备，但面对全球严峻的投资环境，还应该审慎投资，以减少投资风险所带来的过大的经济损失。

本章小结

本章是整本书对中国的现状描述部分，基于研究中国贸易、国际生产和对外直接投资的出发点，本章把视角转向了对目前新型国际生产体系下盛行的中间产品贸易发展、垂直专业化生产方式和不同的外商直接投资等领域的研究。作为全书实证研究的一部分，本章主要使用了数据统计和指标计算以及计量检验等方法，对三方面的现状加以衡量，并得出了一系列真实、有效的结论。

本章首先描述了新的国际生产体系的概念、特征以及发展趋势，并阐述了国际生产体系对国际分工所带来的多层次性、多元性和多样性的影响。根据 BEC 分类并结合国民核算体系（SNA），按行业把中间产品进出口贸易额从总贸易中分离出来，同时，总结出了按工业部门分类的中间产品贸易 SITC 3.0 五位码产品的编码表。

文中还测算出了分行业国内销售产品和出口贸易的垂直专业化水平，以及行业产品的国内生产技术含量。结果发现，两种垂直专业化比率都是逐年提高的，且两种比率为 1% ~10%，远远低于按加工贸易测算的结果，此外，国内销售产品的比率略高于出口贸易的比率。通过对垂直专业化程度和国内技术含量的比较，发现垂直专业化程度高的行业，其国内生产的技术含量较低。

最后，对外商对华不同类型的外国直接投资进行了统计分析，发现水平型 FDI 的数量较大。2008 年开始的全球金融危机对中国对外直接投资也造成了深刻影响，这部分也对影响机制、程度以及今后的展望做了全方位解析。

第五章　贸易、投资和国际生产关系的理论模型

“早在13世纪，商人们就开始雇佣农村的劳动力从事一些极其乏味、无需多少技能的活计。其中，这些活计主要集中在纺织业，农妇们用商人提供的原材料，如羊毛、亚麻以及棉花等，干着简单的纺纱工作，最终加工成纱线……”① 这是7个世纪前，欧洲生产模式的一个简单描述，城市生产和农村劳动力的简单结合，形成了现代所谓“生产分割”模式的雏形。当然，在理论上最早提出“生产分割”概念的是Jones 和 Kierzkowski（1990）。生产分割现象的出现是由于贸易壁垒和产品运输、信息成本的下降，而把一体化的生产过程进行分割，把不同生产环节安置在生产成本较低的地点进行单独生产。生产的空间分离不一定会导致跨国行为，因为也会伴随着公司组织的分离，一般利用契约把生产活动外包到公司外部。但生产分割却有助于垂直跨国公司的发展，特殊类型的生产活动集中于一个地点生产，而不是将全部生产在一个国家进行，即生产分割导致上游生产在一个国家进行，下游生产在另外国家进行。同样，生产分割也会引起水平跨国公司的发展。

生产分割主要对各国的要素价格和劳动力的福利产生了深刻影响。

---

① 此段文字节选自 DavidLandes，*The Wealth and Poverty of Nations*，1998。

我们考虑要素价格差异导致的生产分割，当国家位于不同的区域就会产生生产分割，以致产生产品内贸易，这样要素价格差异就存在于彼此之间。在两个不同国家，最终产品的生产分割使得公司从要素价格差异中套利。在赫克歇尔—俄林模型中，要素价格差异越大且两部门的要素密集度越不同，生产分割就越有可能减少成本，即使存在生产协调上的管理或运输成本，只要要素密集度和要素价格差异足够大，生产分割仍然可以使国家获得赢利。

第一节　国际生产分割的贸易模型

一　小型开放国家条件下国际生产分割的李嘉图模型

这里我们只研究单一要素、两种产品的李嘉图模型。根据 Deardorff (1998a)，假设一个国家生产两种产品 X 和 Y，国家只有一种固定要素——劳动力，可以使用劳动力生产这两种产品。每种产品的单位劳动力需求分别为 L_X 和 L_Y。作为一个小型的开放经济体，两种产品的价格遵循世界市场的价格，分别为 P_X 和 P_Y，并且产品的交易数量不受限制。如果国家的工资水平为 w，那么两种产品的供应价格为 wL_X 和 wL_Y，如果产品的成本价格低于世界市场价格就会有赢利。因此，市场的均衡工资为：

$$w_0 = \max\left(\frac{P_X}{L_X},\frac{P_Y}{L_Y}\right) \tag{5.1}$$

假定 1：对于式（5.1），只要国家能专业化生产其中任何一种产品，劳动力就可以获得最高工资，假设有 $P_X/L_X > P_Y/L_Y$，就可以出口产品 X。由于生产单位产品的劳动力工资水平较高，那么国家生产产品 X 具有比较优势，于是出口具有比较优势的产品 X 更有利可图，这是由李嘉图的绝对比较优势原理得到的。

下面假设产品 X 的生产过程可以进行分割。产品 X 的生产分割就是指把一单位产品 X 的生产过程分解成多个阶段，$i=1$，…，n_X，每一阶段需要一定劳动力 L_{X_i}，若不考虑技术进步，可以把这些分离的生产阶段进行合并，于是有 $\sum_{i=1}^{n_X} L_{X_i} \geqslant L_X$。每一生产环节生产一单位中间产品 Z_{X_i}，其作为下一阶段生产一单位产品 Z_{X_i+1} 所使用的中间投入品，直到最后环节生产出一单位最终产品 X，这些生产环节累积起来可以表示为 $\sum Z_{X_n} = X$。

假定 2：我们假设两个相邻的分离环节生产的中间产品能够在不同国家间发生贸易。如果这些中间产品不可进行贸易，那么这种生产分割在一体化竞争的国内劳动力市场的生产中起不到作用，于是，生产分割还会合并成一体化生产。鉴于此，我们假设所有中间产品都是可贸易的。

我们是在两种产品的框架下分析生产分割的一般形式，首先假设 $n_X=2$ 的情形，即把产品 X 的生产分割成两个阶段，两个阶段需要的劳动力数量分别为 L_{X_1} 和 L_{X_2}，前者对应的是中间产品 Z，Z 用于第二阶段来生产产品 X。于是，形成了三个产品的生产模型，而中间产品 Z 的需求量等于运用分离技术所生产的最终产品 X 的数量。另外，由于中间产品 Z 可进行贸易，其在世界市场上的价格定为 P_Z。

下面分析这种生产分割技术对国家两种产品价格的影响，即 P_X 和 P_Y 是否也因生产分割而有所变动。现在简单假设两者不会因为生产分割而变化。实际上，如果世界上所有国家的贸易同处于完全一体化的经济体系内，那么世界上只有一种劳动力价格，① 于是生产分割不会减少对劳动力的需求，亦不会降低 X 的价格。另外，由于仍可采用初始技术（即生产不进行分离，一体化的生产）生产产品 X，所以产品 X 的

---

① 贸易的一体化可以导致国家间劳动力价格相等（要素价格均等化原理）。

价格也不会上升。对一国而言，核心问题是中间产品 Z 的价格，其依赖于其他国家技术分离的程度。

劳动力除了用于单独生产产品 X 和 Y 之外，还可以投入以下两种生产过程中，其一，用于生产中间产品 Z，其劳动力工资为 P_Z/L_{X_1}；其二，从中间产品 Z 生产成最终产品 X，劳动力的工资为 $(P_Z - P_X)/L_{X_2}$。于是，劳动力将从事四种生产活动中的任何一种以获得最高工资报酬，这样，小型开放国家采用生产分割技术的均衡工资为：

$$w_F = \max\left(\frac{P_X}{L_X},\frac{P_Y}{L_Y},\frac{P_Z}{L_{X_1}},\frac{(P_X - P_Z)}{L_{X_2}}\right) \tag{5.2}$$

根据国家的生产和贸易情况，通过假定 1 可以确定生产产品 X 具有比较优势，而不再生产产品 Y。中间产品 Z 的价格决定了是否生产以及如何生产产品 X。我们以产品 X 为分析对象，如果中间产品价格 P_Z 足够低，以致 $P_Z < (L_X - L_{X_2})/L_X$，那么国家可以仅从事产品 X 第二阶段的生产，而从其他国家进口所用中间产品 Z；如果中间产品 Z 的价格较高，有 $(L_X - L_{X_2})/L_X < P_Z < L_{X_1}/L_X$，国家将采用初始技术一体化生产 X；最后，如果中间产品 Z 价格足够高，有 $P_Z > L_{X_1}/L_X$，国家只生产 Z，对于此情形（不生产产品 X），只有出口中间产品 Z。

中间产品 Z 在以下价格情况下，就不必采用分离生产技术。即只要 $L_{X_1}/L_X > (L_X - L_{X_2})/L_X$，也就不会出现生产分割，因为 $L_{X_1} + L_{X_2} > L_X$，说明分离技术比初始技术更消耗资源，于是生产分割的成本较高。如果分离技术的成本太高，意味着福利就会随之下降，这主要是因为国家采用的部分技术是低效率的。实际上，从式（5.2）可以看出，在李嘉图模型中引入生产分割不会使福利下降。

推论 1：以上是对小国经济李嘉图模型的简单分析，进一步对该模型进行扩展，对于较多产品、更多生产分割阶段，均衡工资就可以定义为：

$$w_F = \max_{\substack{j=1,\cdots,n \\ i_j=1,\cdots,n_j}} \left(\frac{P_j}{L_j}, \frac{(P_{ji_j} - P_{ji_{j-1}})}{L_{ji_j}} \right) \tag{5.3}$$

其中，把产品 j 的生产技术分割成 n_j 个部分，最后一部分生产成最终产品。P_j 和 L_j 是使用初始李嘉图技术所生产第 j 个产品的价格和单位劳动力需求，$j=1$，…，n。P_{ji_j} 和 L_{ji_j} 是生产产品 j 的第 i 个中间投入品的价格和单位劳动力需求，$i_j = 1,\cdots,n_j$，并有 $P_{j0} = 0, P_{jn_j} = P_j$。

二　小型开放国家条件下国际生产分割的 H-O 理论模型

下面用赫克歇尔—俄林（H-O）理论对两种产品的生产分割情况进行分析，该理论把要素禀赋的差异强调为产生贸易的原因，国家会出口那些密集使用其相对充裕要素所生产的产品。图 5-1 描述了两产品 X、Y 的 H-O 理论模型，实线是生产分割前的情形，从产品的等成本线可以看出，产品 X 是资本密集型的，Y 是劳动密集型的，把产品 X 作为主要分析对象，图 5-1 中也画出了两种产品的单位等产量线。

所研究的小国与世界其他国家进行产品 X 和 Y 的贸易，其价格在图中给出，是由等成本曲线决定的。图中生产扩张线 k_X 和 k_Y 划分了多个区域，对应的劳动力和资本这两种要素的价格分别为 w_1 和 r_1。[①] 然而，小国的生产并没有在此区域内，其禀赋点是 E，因此以价格 w_0 和 r_0 专业化生产产品 X。

现在考虑产品 X 生产分割的情形，产品 X 是由中间产品 Z 生产而成，其在技术上包括了中间产品 Z 的技术，生产一单位产品 Z 所需要素由图中新的等产量曲线 $Z=1$ 表示。一单位中间产品 Z 与资本、劳动力共同生产一单位产品 X。假设生产分割的成本较低，由中间产品 Z 生

① 生产扩张线（Production Expansion Path）表示能够生产不同数量产品的资本和劳动成本最小化组合，由于假定企业遵循利润最大化即成本最小化决策规则，所以上述组合可以看做是该产品增加产量的实际路径。

产一单位产品 X 的等产量曲线，仅仅是将等产量曲线 $X=1$ 从初始的位置左移得到。由中间产品 Z 生产的产品 X 的等成本曲线就是相对于初始点 O_{XZ} 向左下移动，与等产量线 $Z=1$ 相切的直线。

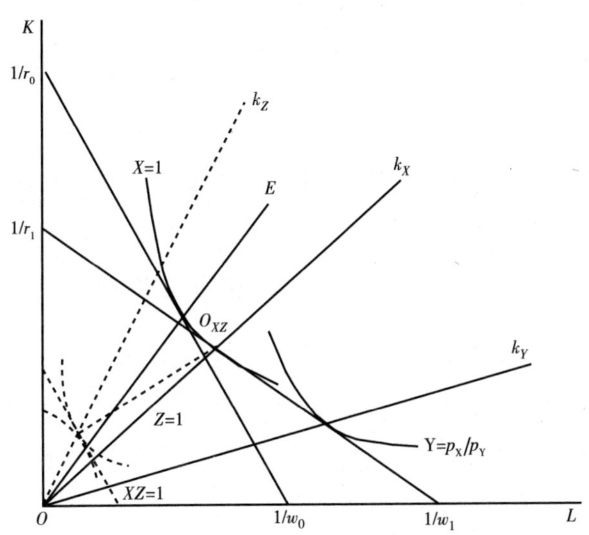

图 5－1　两产品的 H－O 模型

资料来源：Deardorff，Alan，“Fragmentation in Simple Trade Models，” *North American Journal of Economics and Finance*，1998a，12：121－137。

从图 5－1 中可以看出，产品 Z 的技术比产品 X 更具资本密集型（由要素投入的比例射线可以看出产品 Z 所需的资本更多）。于是可以形成这样一个假设，世界上的生产活动可以由生产扩张线 k_Z 决定要素的需求，并且生产的多样化区域也由于生产分割而得以扩大。在这种情况下，小国在此区域中，可以以世界要素价格充分使用要素，于是形成了三种产品、两种要素的 H-O 模型。由此可以确定，小国将在生产中间产品 Z 的同时，还会生产产品 X 或者产品 Y。

假定 3：在生产方式发生改变的同时，要素价格也发生了变化，图

5-1 中的显著变化是生产者工资从 w_0 下降为 w_1，而资本的租金率由 r_0 上升为 r_1。在这种情况下，国家从专业化生产分割中获得更多收益，但并不是国家中所有要素的所有者都分享这种获利。相反，当生产分割成资本密集型和劳动密集型两部分时，劳动密集型生产工人的境遇更糟糕，而只有资本密集型的生产环节在国家生产中才更具有发展潜力。

第二节　国际生产分割的外国直接投资模型

一　国际生产分割与跨国公司的投资与生产

假设有两个国家：母国和东道国，两个国家都有资本和劳动力两种生产要素。我们在东道国的变量上记作一横线，那么两国禀赋分别记为：$K,L,\overline{K},\overline{L}$，其对应的价格是：$r,w,\bar{r},\bar{w}$。若存在两个规模报酬不变且完全竞争的行业，行业 X 假设为衡量标准，它的产出可以自由贸易，其单位成本函数为 c（w，r），并且 X 可以在两个国家生产，于是有：

$$1 = c(w,r) = c(\bar{w},\bar{r}) \tag{5.4}$$

另外一个行业称作 YZ，它的生产分为上游生产和下游生产两个环节，上游生产中间产品 Y，下游生产最终产品 Z。两种生产活动都有固定的要素投入系数，产品 Y 和 Z 的单位成本分别为：

$$b_Y = \alpha w + (1-\alpha)r, \bar{b}_Y = \alpha\bar{w} + (1-\alpha)\bar{r},$$
$$b_z = \beta w + (1-\beta)r + \delta P_Y, \bar{b}_z = \beta\bar{w} + (1-\beta)r + \delta\overline{P}_Y \tag{5.5}$$

其中，系数 α，$1-\alpha$，β，$1-\beta$ 分别为单位产出中初级要素的投入比例，δ 为单位产出 Z 所投入的上游中间产品 Y 的投入量。变量 P_Y，$P_Z,\overline{P}_Y,\overline{P}_Z$ 分别是两个国家对产品 Y 和 Z 供给的最低价格（成本价格），t_i 是从价贸易成本，即当自由贸易时，$t_i=1$。

因为所有市场都是完全竞争的，其可以得到最低成本的供应，如果

t_i 过高，对于产品 Y 和 Z 就没有贸易发生，那么需求就会由当地生产来满足。例如，中间产品 Y 的贸易成本 t_Y 太高，就不会发生中间产品贸易，所以产品 YZ 只能一体化生产，而不能发生生产分割，只有 t_i 足够低，才有条件使生产分割成多个阶段生产。

产品 Y 与 Z 的生产在没有分开之前，是由于贸易成本 t_Y 较高，生产分割难以实现。图 5-2 中，生产曲线由实线描绘，曲线 $\{K, L \mid 1 = X(K, L)\}$ 是 X 部门的单位等产量曲线，曲线 $\{K, L \mid 1 = p_Z \min[(\delta\alpha + \beta)L, (1 - \beta + \delta(1 - \alpha))K]\}$ 是产品组合部门 YZ 的单位等产量曲线，其资本和劳动力的投入比例为 $(K/L)_{YZ}$。在价格为 p_Z 下，产品 X 和产品 YZ 的生产达到均衡时，有两种要素价格，可以由图中虚线的等成本线 $(w, r)^{Home}$ 和 $(w, r)^{Host}$ 的斜率来表示，两者表示了两国生产的要素密集度差别，前者表明母国生产 X 是资本密集型的，后者表明东道国则是劳动力密集型的。通过母国和东道国的要素投入比率射线可以看出，母国是资本密集型的国家，而东道国则是劳动密集型的国家，所以母国会生产产品 X 和 YZ，东道国投入全部要素以价格 $(w, r)^{Host}$ 生产产品 X。

总而言之，生产没有分割之前，东道国以相对较低的工资—租金比率专业化生产产品 X，而母国以较高的工资—租金比率生产产品 X 和 YZ。那么，什么条件下会发生产品 YZ 的生产分割呢？下文将在两种不同的跨国公司形式下，给出两种分析框架。

二　不同类型跨国公司的国际生产分割

根据 Venables（1999）的理论分析，我们研究导致国际生产能否分割的决定条件是中间产品 Y 的运输成本 t_Y 能否降到足够低的水平以致有盈利，只有这样，行业 YZ 的产品生产就可以分割。

（一）垂直跨国公司（垂直型 FDI）的生产分割

降低中间产品 Y 运输成本 t_Y 的大小依赖于生产 Y 和 Z 的相对资本

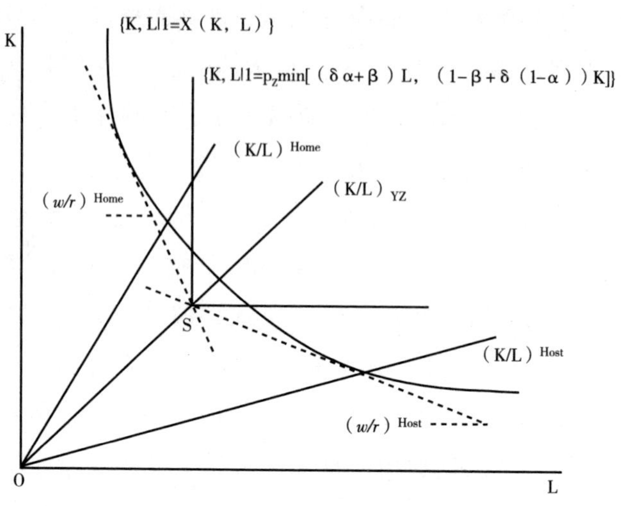

图 5－2　生产技术和要素价格

资料来源：Venables，Anthony J.，“Fragmentation and Multinational Production”，*European Economic Review* 43，1999，935－945。

密集程度。我们假设下游产品 Z 的生产比上游产品 Y 具有的资本密集度要高，公式表示为 $(K/L)_Z > (K/L)_{YZ} > (K/L)_Y$。显然，当运输成本 t_Y 足够低到生产产品 Y 有赢利时，Y 的生产可以从母国转移到低工资水平的东道国。在这种情况下，由垂直型直接投资造成的贸易流动变化可以进行如下效应分析：最开始，产品 Y 没有贸易，母国出口产品 Z（说明母国也生产产品 Y）而进口东道国专业化生产的产品 X。当 t_Y 较高时，上游产品 Y 的部分生产开始转移到母国在东道国的分支机构生产，母国再进口 Y，而产品 Z 仍集中在母国生产。当 t_Y 较低时，产品 Y 全部转移到东道国生产，形成了垂直型的直接投资。东道国收入的提高会导致母国产品 Z 出口的少量增长，但是，母国产品 Y 的完全进口是以减少产品 X 的进口为代价的。

因为 Y 的生产仅在跨国公司内部转移，所以产品 Y 和 Z 的生产分割与公司的垂直型投资和公司内贸易密切相关。假设每个公司的生产都

需要一定量的产品 Y，那么在一定范围内，Y 的进口增加得越多，就会有越来越多的公司把上游产品 Y 的生产转移到东道国，而在母国保留最终产品 Z 的组装。这就是生产分割与垂直跨国公司活动的对应关系。

根据上述推断，我们可以看出，随着产品 Y 运输成本的降低，垂直跨国公司活动增加了总贸易量，增加的原因就是较高比例 Y 产品从两个方向发生了贸易，一方面是从东道国到母国，然后又从母国返回到东道国，后者体现在最终产品的贸易上。总之，国际生产分割导致了垂直跨国公司的发展，这种跨国生产活动与贸易是互补的。

（二）水平跨国公司（水平型 FDI）的生产分割

现在做一个与上文相反的假设：$(K/L)_Y > (K/L)_{YZ} > (K/L)_Z$，相对于下游产品 Z，中间产品 Y 为资本密集型的，并且只在母国生产。在这种情况下，当产品 Y 的运输成本 t_Y 下降时，下游产品 Z 的生产活动（使用中间产品 Y）由母国转移到东道国，而产品 Y 仍在母国生产。运输产品 Z 也存在一定成本，为了把总贸易成本降到最低，意味着东道国生产的产品 Z 仅供应东道国市场的需求，于是就形成了水平型 FDI，而母国生产的产品 Z 只是供给本国。总而言之，所有的产品 Y 在母国生产，下游产品 Z 的组装被分布在母国和东道国，运往东道国的那部分产品 Y 所组装成的最终产品 Z 只供应东道国市场，就形成了水平跨国公司的生产方式。

在贸易成本 t_Y 较低的情形下，母国市场完全由国内公司供给（母国生产 Y 和 Z），东道国生产由垂直跨国公司供应（在母国生产 Y，在东道国生产 Z）。有一个前提是所有的公司都是水平跨国公司，母国所有的公司都生产产品 Y，为了减少产品 Z 的贸易成本，在母国和东道国分别进行产品 Z 的生产组装。当然，发生这种生产分工的前提条件是把产品 Y 的运输成本降到一个合适的水平，这样进行水平型 FDI 才可以使跨国公司有赢利。

综上所述，生产分割可能会导致垂直跨国公司或者水平跨国公司的发展。具体而言，如果上游生产相对较为劳动密集型，那么垂直跨国公司得到发展，由于产生了公司内部贸易，所以总贸易量提高。但是，如果下游生产属于相对劳动密集型，那么公司向水平跨国公司发展，这种生产仅仅是把最终产品组装转移到所销售的东道国，这样就减少了贸易量，因为最终产品贸易被中间产品贸易所代替。所以，跨国公司活动与贸易是替代还是互补，依赖于上游和下游生产的相对要素密集程度。

推论2：综合上述分析，图5－3说明了生产成本变化和生产分割程度的关系，即当收入增加随之对产品的需求量也增加时，生产分割的程度也会随之提高。直线1从原点出发，表明了如果生产在单一区间进行（一体化生产），那么生产成本是规模报酬不变的，直线的斜率为边

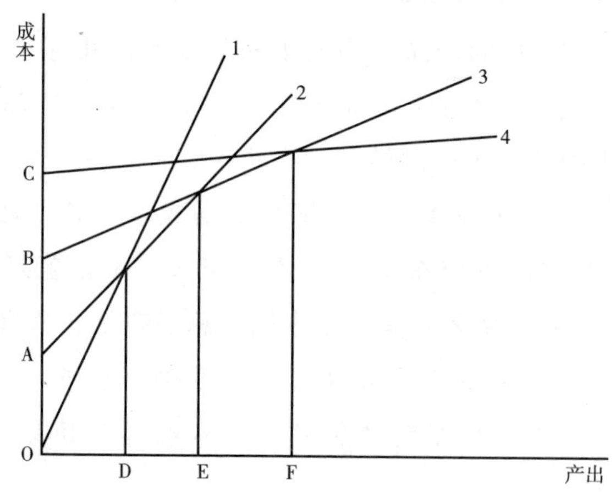

图5－3　生产分割的成本变化效应

际成本。直线2的纵向截距为OA，此时生产分割成两个阶段在不同地点进行，充分利用不同地区的要素和生产率差异进行生产。生产分割降低了总的边际成本（边际成本用直线的斜率表示，直线2的斜率变小），但是因分割生产而用于协调彼此的服务成本也会以固定成本（线段OA）的形式出现，如果产出比生产分割前增加了，那么这种生产分割是成本有效的。直线3和直线4分别代表生产分割成3个和4个生产

阶段，通过两条直线的斜率可以看出，由于充分利用了当地的要素资源和劳动力，生产的边际成本不断下降，但随之也增加了用于协调生产分割的其他服务成本作为固定成本，如运输成本、管理成本等。图 5 - 3 中粗实线描绘的是成本最小的专业一体化生产安排，一体化生产分成了四个阶段，分别在四个地区进行垂直一体化生产。明显可以看出，随着生产分割程度的提高，产出不断增加，而边际成本下降的幅度要远大于形成的固定成本。这说明基于垂直专业化的生产分割能够提高企业乃至国家的赢利水平，原因是这种生产方式更能够有效利用生产要素的比较优势，并提高了这些要素的使用效率。

第三节 贸易、投资和生产分割的一般均衡模型

一 一般均衡模型

假设 I 为国家 j 所拥有的垄断竞争行业的数量，根据 Dixit 和 Stiglitz 的效用函数可以定义每个行业的每一系列产品的消费者需求函数，其效用函数的形式为不变替代弹性函数（CES）形式：

$$U = x_0^{1-\mu}\left(\sum_{i=1}^{n} x_i^{\frac{\sigma-1}{\sigma}}\right)^{\frac{\mu\sigma}{\sigma-1}} \tag{5.6}$$

函数中同质的农业消费品 x_0（也当做计价物）和差异化工业品 x_i 的支出比重分别为 $1-\mu$ 和 μ，工业品之间的替代弹性为常数 σ，消费者的预算可以分解为对工业品的预算和对农业品的预算。对于给定的收入水平 Y（也可以理解为支出水平），基于 Cobb - Douglas 生产函数的工业品和消费品的需求函数分别为：

$$d_i = \left(\sum_{i=1}^{n} p_j^{1-\sigma}\right)^{-1}\mu Y p_i^{-\sigma} = \frac{\mu Y p_i^{-\sigma}}{\sum_{i=1}^{n} p_j^{1-\sigma}};\ d_0 = (1-\mu)Y$$

假设最终产品和中间产品的需求函数形式相同，并考虑国家之间的贸易成本 B 对产品价格的影响。这样，根据上述工业品的需求函数 d_i，国家 m 对国家 j 部门 i 的工业产品的需求函数可以写为：

$$D_i^{jm} = \frac{\mu Y(P_i^j B_i^{jm})^{-\sigma}}{\sum_{k\epsilon j} n_i^k (P_j^k B_i^{km})^{1-\sigma}} \tag{5.7}$$

部门表示为 $i=1, 2, \cdots, n$，其中，μY 是国家 m 对国内和国外同一部门产品的总支出，$P_i^j B_i^{jm}$ 是国家 j 的产业生产的产品种类考虑到贸易成本后，在国家 m 市场上的价格，也就是国外产品在母国的价格上乘以行业的贸易壁垒所得到的价格；n_i^j 是部门 i 中生产一类产品的公司数量，并假设所有行业的替代弹性 σ 都相同。

由于不变替代弹性（CES）效用函数一般被称为“偏好多样化”函数，即在同样的支出水平下，消费的产品种类越多，效用水平越高。或者说，由于消费者偏好多样性，提供的工业品种类越多，工业品的价格指数越低，获得相同效用水平的支出越少。

对于工业行业 i 而言，从国家 j 到国家 m 的工业品出口应满足由李嘉图模型得到的假定 1，根据市场均衡工资的大小可以判断，应该出口具有比较优势的产品，把国家 j 到国家 m 的出口定义为：$x_i^{jm} = n_i^j P_i^j D_i^{jm}$，这样就可以得到两个国家（$j$ 和 k）到国家 m 的相对出口比值［为把公式（5.7）带入出口方程］：

$$\frac{X_i^{jm}}{X_i^{km}} = \frac{n_i^j}{n_i^k}\left(\frac{B_i^{jm}}{B_i^{km}}\right)^{-\sigma}\left(\frac{P_i^j}{P_i^k}\right)^{1-\sigma} \tag{5.8}$$

假设生产的每种产品都是规模报酬不变的，并需要一定量的总部服务，这样就可以为 j 国家行业 i 中每个工厂的生产函数下定义：

$$q_i^j = a_i^j f_i^j \tag{5.9}$$

q_i^j 是工厂的产出，a_i^j 是技术进步的系数（代表生产率的提高），

f_i^j是公司所使用的混合要素的数量，具体来说，f_i^j是工厂所使用的初级要素 $\boldsymbol{v}_i^{pj}$ 和中间投入品 z_i^{pj} 的向量函数，满足公式$f_i^j = \varphi_i(\boldsymbol{v}_i^{pj}, z_i^{pj})$，其中，函数 $\varphi_i(\cdot)$ 是一次齐次函数，并假设国与国之间都相同。以下的一般均衡模型主要借鉴了 Choudhri 和 Hakura（2000）的模型。

一单位的混合要素计算后的成本为：$C_i^j = \chi_i(W^j, P_i^{zj})$，其中，$W^j$ 是初级要素的价格向量，P_i^{zj} 是中间投入品的价格向量。从式（5.9）可以容易获得单位可变成本为 $\dfrac{C_i^j}{\alpha_i^j}$，由利润最大化条件可以得到：

$$\frac{C_i^j}{\alpha_i^j} = \left(\frac{\sigma - 1}{\sigma}\right)P_i^j \tag{5.10}$$

总部服务生产需要固定数量的混合要素，初级要素的函数定义为 $\boldsymbol{v}_i^{hj}$，中间投入品定义为 z_i^{hj}，则 $h_i = \phi_i(\boldsymbol{v}_i^{hj}, z_i^{hj})$。

前面对垄断竞争市场的假设，表明了下面的零利润条件：$\dfrac{h_i C_i^j}{q_i^j} + \dfrac{C_i^j}{\alpha_i^j} = P_i^j$，$\dfrac{h_i C_i^j}{q_i^j}$是总部服务的单位固定成本。利用方程（5.9）和（5.10），可以得到：

$$f_i^j = (\sigma - 1)h_i \tag{5.11}$$

定义 A_i^j 为国家 j 中产业 i 的全要素生产率，定义为 $A_i^j = \dfrac{Q_i^j}{F_i^j}$，其中，$Q_i^j = n_i^j q_i^j$，这是行业产出，$F_i^j = n_i^j(f_i^j + h_i)$ 代表行业对混合要素总的使用量。通过式（5.9）和式（5.11）可以得到技术进步系数 α_i^j 和全要素生产率 TFP 之间的关系：

$$\alpha_i^j = A_i^j \frac{\sigma}{\sigma - 1} \tag{5.12}$$

从方程（5.11）可以推导出国家 j 的 i 行业的公司数量可以作为行

业使用的混合要素总量的一个函数。从 F_i^j 的定义可以得到：

$$n_i^j = \frac{F_i^j}{\sigma h_i} \tag{5.13}$$

对方程（5.8）的出口关系进行扩展，在模型中加入一些假设和生产的效应，联立式（5.10）、式（5.12）和式（5.13），最终得到：

$$\frac{X_i^{jm}}{X_i^{km}} = \frac{F_i^j}{F_i^k}\left(\frac{B_i^{jm}}{B_i^{km}}\right)^{-\sigma}\left(\frac{C_i^j}{C_i^k}\right)^{1-\sigma}\left(\frac{A_i^j}{A_i^k}\right)^{-(1-\sigma)} \tag{5.14}$$

方程（5.14）等号右边的第一项代表两国某行业的公司数量之比，以此来代表两个国家的相对规模。第二项代表两国对第三国的贸易壁垒和贸易成本因素。第三项是混合要素的相对成本。第四项为相对全要素生产率。

二　计量模型的推导

通过方程（5.14）可以计算两个国家相对于第三个国家的出口贸易的比值，其取决于等号右侧的几个变量，右边的第一项 F 代表两国 i 行业的相对规模，即两国的混合要素禀赋，第二项 B 代表两国对第三国的贸易壁垒，第三项 C 是混合要素的相对成本，第四项 A 为相对的技术进步。为了得到线性估计方程式，对式（5.14）两边分别取对数得到：

$$\ln\left(\frac{X_{it}^{jm}}{X_{it}^{km}}\right) \equiv a_1\ln\left(\frac{B_{it}^{jm}}{B_{it}^{km}}\right) + a_2\ln\left(\frac{F_{it}^j}{F_{it}^k}\right) + a_3\ln\left(\frac{A_{it}^j}{A_{it}^k}\right) + a_4\ln\left(\frac{C_{it}^j}{C_{it}^k}\right) + e_{it}^m \tag{5.15}$$

其中，$a_1 = -\sigma, a_2 = 1, a_3 = \sigma - 1, a_4 = 1 - \sigma$，$e_{it}^m$ 是随机误差项。式（5.15）是两国（j 和 k）对第三国 m 出口情况的计量模型，通过方程可以看出，两个国家对第三国的解释变量和被解释变量都是比值的关系。鉴于本部分的研究目的，我们可以改变方程（5.15）的结构，单独考虑一个国家 j 对世界总出口的情况。此时，出口的解释变量都变为绝对量，每个变量都体现了本国的特征和比较优势以及影响贸易的因素。于是，国家 j 对世界总出口的估计方程可以写成：

$$\ln X_{it}^{j} = a_1 \ln B_{it}^{j} + a_2 \ln F_{it}^{j} + a_3 \ln A_{it}^{j} + a_4 \ln C_{it}^{j} + e_{it}^{m} \quad (5.16)$$

我们用垂直专业化比率来表示生产分割的程度，而这个估计方程的解释变量并没有明确考虑垂直专业化生产的效应，因为中间产品也被包括在混合要素的定义之中。[①] 在上述方程中，可以把中间投入品变量从混合要素中分离出来，用柯布—道格拉斯生产函数定义国家 j 的行业所使用的总的混合要素由三部分组成，根据推论 2 可得：[②]

$$\ln F_{it}^{j} = k_i \ln K_{it}^{j} + \omega_i \ln L_{it}^{j} + \sum_r \theta_i^{zr} \ln Z_{it}^{jr} \quad (5.17)$$

式（5.17）中，K_{it}^{j}是使用的总的资本存量（可以进一步分为国内投资和外国直接投资），L_{it}^{j}是劳动力使用量，Z_{it}^{jr}是部门 r 生产的中间投入品用在 i 部门的数量，ω_i、k_i 和 θ_i^{zr} 是生产一单位最终产品所使用的三种要素的比重。在混合要素中，用作生产要素的中间产品的数量可以近似地表示为：

$$\theta_i^{z} \ln Z_{it}^{j} = \theta_i^{z} \ln VS_{it}^{j} \quad (5.18)$$

式（5.18）中，θ_i 为中间产品在混合要素中的全部比重，$\tilde{Z}_{it}^{j}$是中间产品的使用总量，$\widetilde{VS}_{it}^{j}$为出口最终产品中所包含的进口中间产品，也就是所说的出口贸易的垂直专业化程度。[③]

把式（5.18）带入式（5.17），可得：

$$\ln F_{it}^{j} = k_i \ln K_{it}^{j} + \omega_i \ln L_{it}^{j} + \theta_i \ln VS_{it}^{j} \quad (5.19)$$

式（5.19）中，初级要素的组成为资本和劳动力 $\ln PF_{it}^{j} = k_i \ln K_{it}^{j} +$

---

① 中间产品没有单独以 z_i^{pj} 表示出来，而是包含在全部要素 F 中。

② 以下的公式推导借鉴了 Gianfranco De Simone（2003）的方法，但是本研究对计量方程的整体结构做了较大改动。

③ 文中变量顶部的波浪线代表该变量的使用量，而变量函数式为该变量的投入比重与总投入量的乘积。

$\omega_i \ln L_{it}^j$，而中间投入品在混合要素中的组成可以分开考虑，$\ln VS_{it}^j = \theta_i \ln \widetilde{VS}_{it}^j$。其中，资本存量可以分解为国内的固定资产投资 K_{it}^f 和外国直接投资 FDI（主要包括外商和港澳台商的固定资产投资额）。那么，资本存量就可以表达为：$K_{it}^j = K_{it}^f + FDI_{it}$。

为了考虑到技术进步所产生的效应，就要定义索洛余值应包含哪些变量，在这里主要有全要素生产率和 R&D 的投入。假设产出函数可以由柯布—道格拉斯生产函数取对数得到：

$$\ln Y_{it}^j = \ln A_{it}^j + (1 - \omega_i) \ln K_{it}^j + \omega_i \ln L_{it}^j \tag{5.20}$$

式（5.20）中，Y 为部门 i 的产出，K 是资本使用量，L 是劳动力使用量，ω_i 和（$1 - \omega_i$）分别是劳动力和资本两种要素对产出贡献所占的比重。考虑到技术进步（索洛余值）主要由全要素生产率和技术研发两方面组成，可以简单地定义新的函数形式：

$$\ln Y_{it}^j = (\ln TFP_{it}^j + \ln R\&D_{it}^j) + (1 - \omega_i) \ln K_{it}^j + \omega_i \ln L_{it}^j \tag{5.21}$$

混合要素总的使用量与索洛余值通过下式与产出关系联系在一起：

$$\ln Y_{it}^j = \ln A_{it}^j + \ln F_{it}^j \tag{5.22}$$

其中，$\ln A_{it}^j = y_i \ln A_{it}^j$，$y_i$ 是产出值中增加值的比重。于是有：

$$\ln A_{it}^j = \ln TFP_{it}^j + \ln R\&D_{it}^j \tag{5.23}$$

这里，假设索洛余值由两部分组成，等号右侧第一项是全要素生产率，第二项是对研发活动的支出。

由假定 6 可知，生产分割使得生产的边际成本下降，但同时增加了生产的固定成本，若边际成本下降的幅度大于固定成本，生产分割还是有利的。可以用下式计算混合要素投入的单位固定成本：

$$\ln C_{it}^j = k_i \ln R_t^j + \omega_i \ln W_t^j + \sum_r \theta_i^{zr} \ln P_{it}^{jr}$$

其中，R_t^j 是国家 j 的租金率，W_t^j 是国家 j 的工资率，由于存在要素可以自由流动的假设，国家中所有部门的租金率和工资率相同。P_{it}^{jr}是中间产品的价格指数，这个指数受产业生产品种的数量和国内外价格的影响。尽管如此，假设国家间价格差别很小，并且所有国家中间产品的价格相等，所以混合要素单位成本的计算可以进行简化，并且投入品的贸易和生产在垄断竞争部门进行。于是有：

$$\ln C_{it}^j = (1 - \omega_i)\ln R_t^j + \omega_i \ln W_t^j \tag{5.24}$$

由于在中国很难获得分行业的混合要素的单位成本（以上两个指数），故方程中不考虑这两个变量。此外，应该考虑限制贸易增长的所有可能的贸易壁垒变量，如关税壁垒、非关税壁垒和运输成本，由于非关税壁垒一般包含进口许可证和配额等因素，但很难获得分行业的数据，所以模型中将不考虑 $\ln B_{it}^j$对被解释变量的影响。通过式（5.18）、式（5.22），得到影响出口贸易的多元回归方程，如下式：

$$\ln X_{it}^j = c + a_1 \ln K_{it}^f + a_2 \ln FDI_{it} + a_3 \ln L_{it} + a_4 \ln VS_{it}^j + a_5 \ln TFP_{it}^j + a_6 \ln R\&D_{it}^j + e_{it}^m \tag{5.25}$$

式（5.25）中，影响出口贸易的自变量共有六个，我们按照变量的性质将其进行分类。第一、第二、第三项为国家的要素禀赋对出口贸易的影响（资本、*FDI* 和劳动力人数）；第四项为国家的垂直专业化程度对出口贸易的影响（*VS*）；我们把第五、第六项定义为国家的技术优势对出口贸易的影响（*TFP*、*R&D*）。此多元回归方程较为全面地涵盖了影响贸易的诸多因素，这样可以很好地解释产生和影响贸易的内部因素和外在动因，我们将在第五章对其进行实证研究。

本章小结

本章作为全书的理论框架部分，主要是运用外国学者的不同观点对贸易和国际生产分割、跨国公司投资和国际生产分割进行单独分析。李嘉图模型同样适用于说明生产分割也有利于具有比较优势的中间产品的进出口贸易；而赫克歇尔—俄林的理论模型则强调了生产分割条件下，资本密集型生产环节更具有发展潜力，这与要素的资本密集程度相关；垂直型和水平型跨国公司的生产分割，形成了与贸易的互补和替代关系，这依赖于上下游生产的要素密集程度。

借鉴前人的理论模型，本章修正并构建了一个一般均衡模型，试图将诸多自变量纳入该理论模型来分析贸易壁垒、国家要素禀赋、国内外投资、生产分割、技术进步和生产成本等因素对出口贸易的影响，最终得到了基于工业行业的多元回归方程。

第六章　中间品贸易、投资和国际生产关系的中国经验研究

第五章从理论上分析了国际生产分割情况下的贸易与对外直接投资的关系，也研究了其对国际生产的影响。为了获得实证上的支持，我们有必要从多个角度来研究这三者之间的关系，所以本章的立足点不仅要从整体上对三者的长期发展关系做计量检验，而且还要基于行业层面做进一步的分析。于是，本章先对中间产品贸易、FDI 和垂直专业化生产做了协整分析和格兰杰因果检验，得出三者之间存在长期均衡关系以及 FDI 分别与另外两者具有因果关系。此外，还利用一般均衡模型对影响中间产品出口贸易的各个变量做面板数据检验，得出了一系列有意义的回归结果，并基于实证结果提出了具有现实意义的政策和建议。

第一节　中间品贸易、垂直专业化生产与FDI 的协整分析*

基于垂直专业化生产的产品内国际分工现象从 20 世纪 70 年代就开始盛行了，但直到 20 世纪 90 年代，对产品内国际分工的理论研究才进

* 本节内容曾发表在《国际贸易问题》2008 年第 6 期上。

入一个较快发展时期，学者们从不同角度对这种新型的国际分工形式进行了研究。在此基础上提出了各种不同概念，如价值链的切片化、外包、生产的非当地化、生产分割、垂直专业化、中间品贸易等。当然，目前最令人关注的是中间产品贸易的迅速发展，以及垂直一体化国际分工方式进一步深化，这些与外商直接投资是不可分割的，其间必然存在着密切的联系。

Bayoumi 和 Lipworth（1997）对日本及其20个贸易伙伴国家做了实证研究，主要对日本的贸易和 FDI 做了回归分析，得到 FDI 的存量对贸易有长期的影响，而 FDI 的流量对贸易有短期影响，同时日本的对外直接投资对日本出口有短期影响、对进口有长期影响。

国内对贸易和投资关系研究比较全面的是梁琦、施晓苏（2004），他们从整体和分省份、区域分析了中国的对外贸易和外商对华直接投资的关系。利用协整关系检验得到，外商直接投资和中国对外贸易之间的互补作用（长期效应）大于替代作用（短期效应）。此外，外商直接投资在短期内具有滞后性，在两三年后才对贸易发挥促进作用。①

本节的创新之处在于，通过实证分析来研究中国的中间产品贸易以及垂直专业化生产与外商直接投资的关系，与以往国内外学者只研究全部贸易与 FDI 的关系有所不同。首先，根据 BEC（按经济大类分类）的分类，把中间产品贸易从全部贸易中分离出来，并按工业部门进行分行业统计，发现中间产品贸易呈递增发展，并且目前是中间产品进口大于出口。在 Hummels 等（2001）理论基础之上，测算了分行业出口贸易的垂直专业化比率，结果发现各行业对进口中间产品的依存度在加强。最后，对三者的长期协整关系进行检验，得到 FDI 和垂直专业化生

① 关于贸易和 FDI 关系更多的文献综述，可参见梁琦、施晓苏（2004）。本研究主要考虑的是中间产品贸易和 FDI 以及垂直专业化生产之间的关系。

产与中间产品贸易之间有着长期稳定的关系，并且 FDI 分别与另外两者具有单向因果关系。

一　中国中间产品贸易、垂直专业化生产与 FDI 的发展概况

（一）中国中间产品贸易的发展情况

产品内分工是国际分工的进一步细化，是同一产品的不同生产环节之间的国际分工，既可在跨国公司内部实现，也可以通过市场在不同国家间的不同企业间完成。这从根本上改变了以往按产品分工的理论，逐步以要素作为国际分工的基础。

中国中间产品贸易的核算在第三章已经描述过，此处还是采用同样的方法。图 6－1 描绘了 1992～2005 年 33 个中间产品生产部门进出口贸易的整体增长情况与趋势。进出口总额以平均 24.16% 的速度快速增长，尤其在 2001 年之后增长尤为迅速。同期，中间产品的出口与进口的增长速度分别为 26.26% 和 23.28%，可见，出口的增速大于进口增速，其贸易逆差也由 1992 年的 1363 亿元增长到 2005 年的 14264 亿元。中间产品贸易这种格局和模式反映了中国在国际分工与国际生产体系中的功能与地位，即充分利用丰富的劳动力资源的比较优势生产和出口中

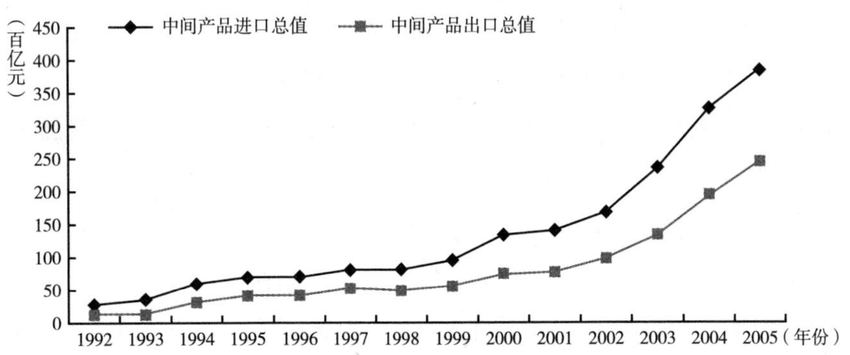

图 6－1　1992～2005 年中国工业部门中间产品贸易

资料来源：笔者根据联合国 COMTRADE 数据库计算。

低技术附加值的中间产品。

（二）中国出口贸易垂直专业化的整体情况

上文主要分析了中国中间产品贸易的发展情况，而本节核心目标是研究中间产品贸易和垂直专业化程度与外商直接投资的关系，垂直专业化生产与中间产品是密不可分的，这种新型的分工和生产方式产生了目前比重越来越大的中间产品贸易。

在第四章第三节中，我们依据 Hummels 等（2001）关于垂直专业化程度的计算方法，对中国分行业出口贸易的垂直专业化程度进行计算，可以得到中国分行业出口产品对进口中间产品的依存程度，具体公式如下：

$$\text{出口贸易垂直专业化比率 } VSS = \frac{1}{X}\mu A^{M}(I - A^{D})^{-1}X^{V} \tag{6.1}$$

本节要用到的是各行业总的垂直专业化程度，也就是 19 个部门比率的加总。在数值上，出口贸易垂直专业化比率的具体计算结果参见第四章的表 4－6。[①]

图 6－2 是根据表 4－6 中的数据，把每个年度的 19 个行业的垂直专业化比率进行加总而得到的 1992～2005 年的 VS 变化趋势图。我们发现，在整个研究期间，虽然有略微的波动，但垂直专业化程度整体上是不断提高的，尤其是 2001 年以后，提高的幅度比较大，说明近几年工业行业生产对进口中间产品的依赖程度加强了，出口中的国外附加值也相应提高。

（三）外商在华直接投资的发展概况

20 世纪 90 年代以来，外商对华直接投资呈现出不同于以往的显著特征：首先，从外商直接投资的项目数量上看，1991 年签订的投资项

---

① 计算过程借鉴了平新乔等（2006）对垂直专业化比率测算的假设和方法，本研究在第四章第三节计算了出口贸易的垂直专业化程度。

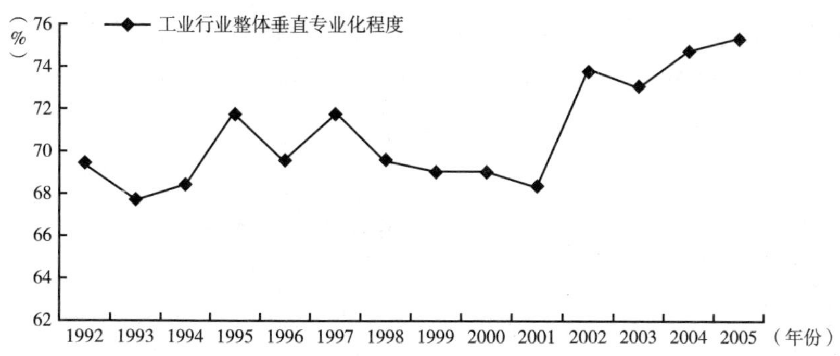

图 6－2　中国工业行业整体垂直专业化程度的变化趋势

资料来源：笔者根据表 4－6 数据绘制。

目突破了 10000 项，达到了 12978 项，1993 年猛增到 83439 项，随后国家控制了外商直接投资的项目，数量上出现回落，直到近 3 年投资项目又逐渐增加，但增长得比较平稳。其次，从外商直接投资的合同外资金额规模看，还是以 1991 年为分水岭，1991 年外商对华直接投资合同外资金额突破 100 亿美元，达到 119.8 亿美元，1993 年此金额创历史最高纪录，达到 1114.4 亿美元，随后又有回落，这与上述的投资项目数是一致的。最后，从外商对华实际投资额规模看，实际投资是连年递增，尤其是 1993 年，达到 275.1 亿美元，此后不断增长到 2004 年的 606.3 亿美元，是 1993 年的 2.2 倍。在以上三方面的规模分析的基础之上，我们看到三者都以较为稳定的速度增长，与我国主要宏观经济指标增长率的情况相比，实际利用外商直接投资的增长速度超过了 GDP 年均增长率、全社会固定资产投资年均增长率和进出口年均增长率等。①

国际直接投资是我国改革开放以来利用外资的主要形式，其中外商对华直接投资更是占据着主导地位。从表 6－1 的数据统计和较早的数据可以发现，1991 年以前，外商直接投资项目数占总利用外资项目数

① 部分数据分析借鉴了陈继勇等（2004）对外商直接投资的统计分析。

的比重具有绝对的优势，但是实际利用外资金额却不足全部利用外资总额的50%。1992年以后，这个比重有了明显的提高，从1992年占全部利用外资金额的57.34%提高到2005年的94.55%。

表6-1　1992~2005年中国利用外资情况

单位：个，亿美元

年份	利用外资总计			实际使用外资金额		
	项目数	合同外资金额	实际使用外资金额	项目数	合同外资金额	实际使用外资金额
1992	48858	694.4	192.0	48764	581.2	110.1
1993	83595	1232.7	398.6	83437	1114.4	275.1
1994	47648	937.6	432.1	47549	826.8	337.7
1995	37184	1032.1	481.3	37011	912.8	375.2
1996	24646	815.1	421.4	24556	732.8	417.3
1997	21001	551.9	523.9	21001	510.0	452.6
1998	19846	549.4	479.2	19799	521.0	454.6
1999	17101	436.39	421.69	16918	412.2	403.2
2000	22532	641.88	420.90	22347	623.8	407.1
2001	26140	711.28	488.24	26140	691.9	468.8
2002	34171	847.51	550.11	34171	827.7	527.4
2003	41081	1169.01	561.4	41081	1150.7	535.0
2004	43664	1565.88	640.72	43664	1534.8	606.3
2005	44001	1925.93	638.05	44001	1890.6	603.2

资料来源：历年《中国经济贸易年鉴》，《2007年中国外商投资报告》。

采用《2007年中国外商投资报告》中的实际利用外资金额作为FDI的每年新增固定资产存量，运用年平均汇率由美元折算成人民币后，设每年的固定资产折旧率σ为5%，再用固定资产投资的价格指数P_t对当年的投资额进行平减，加上上年的扣除投资折旧额所余的投资额，就得到每年的固定资产的实际存量，公式表示为：

$$K_t^F = (1-\sigma)K_{t-1}^F + \frac{\Delta K_t^F}{P_t} \tag{6.2}$$

二　中间产品贸易、垂直专业化和FDI的协整关系检验

上文分析了中国工业行业中间产品贸易总的发展趋势，以及垂直专业化生产的现状，从计算结果可以看出，中间产品贸易在绝大多数行业都是以较大幅度递增的（电力、煤气和水的生产和供应业以及黑色金属矿采选业的中间产品出口有所减少），出口贸易的垂直专业化程度在研究期内的行业整体水平上也是递增的。由于出口贸易垂直专业化比率体现了出口中进口中间产品的比重，可见两者之间存在很大的关联性。

外商直接投资在研究期内也是逐年递增的（1999年和2000年稍有回落），因为FDI对贸易有着促进作用。另外，垂直专业化生产方式也是产生中间产品贸易的外部条件。虽然FDI和VS都呈增加的趋势，但是两者与中间产品贸易的增长是否平稳，或者说三者之间是存在相互促进还是相互影响的关系，我们通过数据描述无法做出判断，这就需要对三者进行格兰杰因果检验，确定其是否具有协整关系。

对变量做Granger因果检验，首先需要对变量数据进行处理，其次判断变量是否具有单位根，确定时间序列是否平稳，然后对三个变量进行协整检验，判断变量间的均衡关系，最后再做因果检验。

（一）变量及数据的选取

选取1992～2005年的年度数据为样本，中间产品贸易（INT）取工业行业的进出口总额，年度的垂直专业化比率（VS）取19个工业行业的比率之和，垂直专业化比率参见上文。外商对华直接投资（FDI）采用年度的实际利用外资金额（见表6-1）。为了消除数据中可能存在的异方差问题，分别对上述的时间序列变量取自然对数，分别记为LNINT、LNVS、LNFDI。

（二）变量的单位根检验

在进行协整分析之前，首先要对时间序列做单位根检验，本研究将采用ADF方法检验中间产品贸易（LNINT）、外商对华直接投资

（LNFDI）和垂直专业化比率（LNVS）的时间序列变量的平稳性，理论上分别进行如下回归：

$$\Delta x_t = \alpha_0 + \alpha_1 t + \alpha_2 x_{t-1} + \sum_{i=1}^{k} \alpha_{3i} \Delta x_{t-i} + \mu_t \tag{6.3}$$

式（6.3）中，α_0 是常数项，α_1、α_2、α_{3i}是系数项，t 是趋势项，μ_t 是白噪声误差项。假设零假设为：H_0：$\alpha_2 = 0$；备择假设 H_1：$\alpha_2 < 0$。如果接受零假设，而拒绝备择假设，说明序列 x_t 存在单位根，序列是非平稳的。否则说明序列 x_t 不存在单位根，即序列是平稳的。方程中加入 k 个滞后项是为了使残差项为白噪声。

由表 6－2 可知，变量 LNINT 和 LNVS 在 1% 的显著水平上存在一个单位根，而变量 LNFDI 在没有趋势项的情况下，也具有一个单位根。而三个变量的一阶差分序列分别在 5%、1% 和 5% 的显著水平上均不存在单位根，都是平稳的，即满足进行协整检验的前提条件。

表 6－2　ADF 单位根检验结果

变量	检验形式(c,t,k)	ADF 检验统计量	10% 临界值	5% 临界值	1% 临界值	结论
LNINT	(c,t,2)	-0.3328	-2.7011	-3.1199	-4.0579	不稳定
LNVS	(c,t,2)	-2.4604	-3.3630	-3.8290	-4.8864	不稳定
LNFDI	(c,0,2)	-0.5052	-2.7138	-3.1449	-4.1220	不稳定
DLNINT	(c,0,2)	-2.8354	-2.7138	-3.1449	-4.1220	稳定
DLNVS	(c,0,2)	-5.3693	-2.7138	-3.1449	-4.1220	稳定
DLNFDI	(c,0,2)	-3.9850	-2.7477	-3.2127	-4.2971	稳定

注：检验形式（c，t，k）分别表示单位根检验方程带有常数项、趋势项和滞后阶数，D 表示一阶差分，k 的取值取决于 AIC 和 SC 准则。

（三）协整分析

非平稳经济变量之间存在的长期稳定的均衡关系称作协整关系，协整是对非平稳经济变量长期均衡关系的统计描述。如果所涉及的变量都是一阶差分平稳的，并且这些变量的某种线性组合是平稳的，那么这些变量之间存在协整关系，它反映了所研究变量之间存在一种长期稳定的均衡关系。

协整检验主要运用 EG 两步法进行，首先确定 FDI 和垂直专业化对中间产品贸易的长期关系，这里使用动态分布滞后模型来估计变量之间的长期关系。

$$\mathrm{LN}INT_t = c + \alpha_1 \mathrm{LN}INT_{t-1} + \alpha_2 \mathrm{LN}VS_t + \alpha_3 \mathrm{LN}VS_{t-1} + \alpha_4 \mathrm{LN}FDI_t + \alpha_5 \mathrm{LN}FDI_{t-1} + \mu_t \tag{6.4}$$

之所以使用动态分布滞后模型，是因为同一变量的系数之和反映的恰好是变量间的长期关系，因此，可以得到变量间长期关系的表达式：

$$\mathrm{LN}INT = c + \beta_1 \mathrm{LN}VS + \beta_2 \mathrm{LN}FDI \tag{6.5}$$

其中，$\beta_1 = (\alpha_2 + \alpha_3) / (1 - \alpha_1)$，$\beta_2 = (\alpha_4 + \alpha_5) / (1 - \alpha_1)$。对方程（6.4）回归得到的结果为：

$$\begin{aligned} \mathrm{LN}INT_t = & -17.09 + 0.54\mathrm{LN}INT_{t-1} - 0.27\mathrm{LN}VS_{t-1} + 2.56\mathrm{LN}VS_t \\ & (-1.39) \quad (1.62) \qquad (-0.13) \qquad (1.96) \\ & -1.43\mathrm{LN}FDI_{t-1} + 2.28\mathrm{LN}FDI_t + \mu_t \\ & (-2.28) \qquad (2.19) \end{aligned}$$

$R^2 = 0.9769$，修正 $R^2 = 0.9603$，DW = 1.8929，F = 59.09，s. e. = 0.1399

由此可以通过式（6.5）计算出并建立解释变量 LNINT、LNVS 和 LNFDI 之间的长期关系：

$$\mathrm{LN}INT = 4.98\mathrm{LN}VS + 1.85\mathrm{LN}FDI - 37.15 \tag{6.6}$$

在式（6.6）的估计方程中，LNFDI 和 LNVS 的系数都是正的，说明中国工业行业的垂直专业化程度与外商直接投资对中间产品贸易具有正向影响，或者可以说，在长期水平上，工业行业的垂直专业化水平与 FDI 对中间产品贸易是具有促进作用的。当然，FDI 的促进作用主要是由于垂直型 FDI 所造成的，由于我们无法获得垂直型 FDI 的数据，只有以全部外商直接投资来研究。

由式（6.6）可以算出残差：

$$\hat{\mu}_t = \text{LN}INT - 4.98\text{LN}VS - 1.85\text{LN}FDI + 37.15 \tag{6.7}$$

根据 EG 两步法的要求，如果得到的残差 $\hat{\mu}_t$ 具有平稳性，则表明该模型所包含的三个变量之间存在协整关系，式（6.6）就是变量之间的协整回归式。所以，要对残差进行平稳性的 AEG 检验，可得到 AEG 回归式如下：

$$\Delta\hat{\mu} = -0.89\mu_{t-1} + 0.07\Delta\mu_{t-1} - 0.25\Delta\mu_{t-2} - 0.42\Delta\mu_{t-3}$$
$$(-2.82) \quad (0.28) \quad (-1.07) \quad (-1.50)$$
$$R^2 = 0.7149, \text{修正 } R^2 = 0.5724, DW = 1.7992, s.e. = 0.1480, SIC = -0.5726$$

根据麦金农协整检验临界值表计算，上述回归式的 AEG 统计量为 -2.82，小于 5% 显著水平下的协整检验临界值 -1.98，说明模型中的三个变量之间存在稳定的协整关系。从协整的检验结果可以看出，外商对华直接投资与我国工业行业的垂直专业化程度以及中间产品贸易之间存在协整关系，进一步表明外商直接投资和垂直专业化生产对中国中间产品贸易产生了积极的促进作用。

（四）误差修正模型

误差修正模型是协整检验的一个理论扩展，协整分析反映的是两个变量之间的长期稳定的均衡关系，但是不能很好地描述两个变量之间短期的变动关系，所以可以利用误差修正模型来检验变量间长期和短期的关系。根据 EG 两步法的基本原理，使用误差修正项（EC）的大小来表明从非均衡向长期均衡调整的速度，即用其滞后 1 期的变量带入由差分变量所建立的模型中。所以，误差修正项的一般形式为：

$$\Delta x = \alpha_0 + \sum_{i=1}^{n}\alpha_{1i}\Delta x_{t-i} + \sum_{i=1}^{n}\alpha_{2i}\Delta y_{t-i} + \alpha_3 EC_{t-1} + \varepsilon_t \tag{6.8}$$

式（6.8）中，EC_{t-1}表示协整方程的一阶滞后残差，ε_t 为新残差。

对以上所做的长期协整关系的估计，将估计结果中的残差项带入上面建立的误差修正模型式（6.8）中，这样可以确定变量间的短期关系。例如，对 LNVS、LNFDI 和 LNINT 建立误差修正模型，要将长期估计方程的残差项（$EC = \hat{\mu}_t = \mathrm{LN}INT - 4.98\mathrm{LN}VS - 1.85\mathrm{LN}FDI + 37.15$）带入式（6.8）中，可以得到如下的估计方程：

$$\Delta \mathrm{LN}INT_t = \theta_1 \Delta \mathrm{LN}VS_t + \theta_2 \Delta \mathrm{LN}FDI_t + \theta_3 EC_{t-1} + \nu_t$$

对其进行估计，可以得到如下的回归结果：

$$\begin{gathered} \Delta \mathrm{LN}INT_t = 2.57\Delta \mathrm{LN}VS_t + 2.28\Delta \mathrm{LN}FDI_t - 0.46EC_{t-1} + 0.067 + \nu_t \\ (2.18) \qquad (2.54) \qquad (-2.37) \quad (1.12) \\ \mathrm{R}^2 = 0.5084, \text{修正 } \mathrm{R}^2 = 0.3445, \mathrm{DW} = 1.8791, \\ \mathrm{F} = 3.1021, s.e. = 0.1234, LM1 = 0.0026, LM2 = 3.692 \end{gathered} \tag{6.9}$$

模型的回归系数除了常数项不显著外，其他变量都通过了显著性检验，并且误差修正项（EC）的系数为负，符合误差修正模型的反向修正机制。模型的残差序列也没有严重的自相关现象，这个回归结果是令人满意的。

（五）格兰杰因果关系检验

1. 理论模型

根据格兰杰提出的检验方法，设两个平稳变量序列 $\{X_t\}$ 和 $\{Y_t\}$，建立 Y_t 关于 Y 和 X 滞后项的模型如下：

$$Y_t = C + \sum_{i=1}^{p} \alpha_i Y_{t-i} + \sum_{i=1}^{p} \beta_i X_{t-i} + \mu_i \tag{6.10}$$

式（6.10）中，C 为常数项，μ 是误差项，p 和 k 分别是 X_t 和 Y_t 的滞后阶数。检验 X_t 的变化不是 Y_t 变化的原因相当于对方程（6.10）做零假设：$H_0: \beta_1 = \beta_2 = \cdots = \beta_p = 0$ 的 F 检验。检验统计量为：

$$F = \frac{(RSS_r - RSS_u)/P}{RSS_u/(n - 2p - 1)} \tag{6.11}$$

其中，RSS_r 表示方程（6.10）的回归残差平方和，RSS_u 表示方程（6.10）在不施加约束条件下的回归残差平方和，n 为样本数量。检验统计量 F 服从标准的 F 分布，若检验统计量 F 的值大于 F 分布的临界值，则拒绝零假设，说明 X_t 的变化是 Y_t 变化的原因；反之，接受零假设，说明 X_t 的变化不是 Y_t 变化的原因。

2. 检验结果及分析

表 6－3　LNVS、LNFDI 和 LNINT 的 Granger 因果关系检验结果

零假设	滞后期数	F 统计量	置信概率
LNINT does not Granger Cause LNFDI	4	0.2138	0.9034
LNFDI does not Granger Cause LNINT	4	4.3791	0.3423
LNVS does not Granger Cause LNFDI	4	0.1181	0.9563
LNFDI does not Granger Cause LNVS	4	305.03	0.0429
LNVS does not Granger Cause LNINT	3	0.2327	0.8696
LNINT does not Granger Cause LNVS	3	0.7547	0.5746

注：表中的概率值是零假设成立的概率值；判断标准是当确定 5% 的显著性水平后，概率值大于 5% 时，接受零假设，否则拒绝零假设。

在对工业行业中间产品贸易和 FDI 所做的因果检验中，当确定 5% 的显著水平，在滞后 4 期的情况下，我们得到 F 值（0.2138）落在零假设的接受域，所以零假设“中间产品贸易对 FDI 不存在因果关系”被接受。同样，因为 F 值（4.3791）落在零假设的拒绝域，所以零假设“FDI 对中间产品贸易不存在因果关系”被拒绝。综上所述，我们得到这样的结论：外商直接投资与中国工业行业中间产品贸易具有单向因果关系。

同理，在分析垂直专业化程度与 FDI 的因果关系时，依据同样的判定方法，得到这样的结论：FDI 对工业行业进行垂直专业化生产也具有单向因果关系，而垂直专业化生产和中间产品贸易之间则不具有因果关系。这个结论也正好验证了贸易和分工在概念上是等同的，因此两者之间不具备因果关系。通过三者因果关系的检验，我们得出，外商直接投资（FDI）是分别与中间产品贸易和垂直专业化生产具有单向因果关系。

三　基本结论

通过研究我们发现，20 世纪 90 年代以来，以产品内国际分工为基础的中间产品贸易在中国发展得十分迅速，主要体现为加工贸易的兴起，进而使得中国在世界上的“加工工厂”的角色越来越重要，当然，这与国际生产体系的变革密不可分。基于中间产品的垂直专业化程度是衡量产品内分工的一项重要指标，它深刻描绘了国家间专业化生产水平的差异以及国家参与国际生产的程度。这种垂直专业化程度只是表明了国家在生产过程中对国外中间投入品的依赖程度，并不能表明国家生产技术水平的高低，这主要取决于上游产品的技术含量。

本研究对中国工业行业的中间产品贸易、垂直专业化程度（因为垂直专业化体现了对进口中间产品的依赖程度）和外商对华直接投资三者之间的长期关系做了协整关系检验，结果得到三者之间存在长期稳定的均衡关系。从理论上解释，垂直型 FDI 使得公司内部的投入品贸易日益增多，所以这种垂直型投资才是中间产品贸易，乃至垂直专业化分工的外部条件。由于无法获得垂直型 FDI 的数据，只能以全部的 FDI 来分析，当然这也不会造成概念上的错误，因为后者包括了前者。

最后，本研究讨论了三者间的格兰杰因果关系，得出了与理论上一致的结论：外商直接投资分别与中间产品贸易和垂直专业化生产具有单向因果关系，而中间产品贸易和垂直专业化生产之间不存在所谓的因果关系（但两者却是密不可分的）。

第二节　基于一般均衡模型的面板数据检验*

大量的经验研究表明，中间产品贸易（零部件贸易）比传统的最

---

* 本节内容曾发表在《国际贸易问题》2010 年第 1 期上。

终产品贸易增长速度快得多，而东亚国家对这种新型国际生产分工的依赖程度比北美和欧洲国家强得多。目前中国国际生产分割的显著趋势是向区域生产网络一体化发展，而中国生产的全球一体化发展势必会影响到其他国家的这种专业化生产。国际垂直专业化分工对东亚国家特别是中国，与其他国家在经济上的相互依赖程度不断加强起到了非常关键的作用。

在国内外的文献中，将贸易、FDI 和国际生产放在一起进行研究的文献并不多，一方面是很难找到体现跨国公司国际生产的替代变量，另一方面是很少有恰当的模型将上述变量容纳在一起。但是，不少学者还是从不同角度研究了中间产品贸易与关税壁垒、垂直专业化生产的决定因素和对国际分工的影响等。

Hanson、Mataloni 和 Slaughter（2003）对美国跨国公司内部的中间投入品贸易进行了实证检验并得出结论，贸易壁垒对生产分割具有显著影响，东道国分支机构对中间产品的进口与贸易壁垒呈负相关。同时，这种产品内分工的垂直程度还受东道国其他政策与特征的影响，比如，对投入品的进口需求随着东道国公司税率的提高而减少，随东道国出口加工区的增加而增加，也随东道国市场规模的增大而减少。在贸易政策方面，关税保护对垂直专业化具有显著的负面影响，进口中间投入品与东道国关税呈强烈的负相关，关税微小的变化会导致中间投入品贸易的巨大变化。

在发展中国家，中间产品贸易（零部件贸易）的发展较为迅速，尤其是东亚国家对这种新型国际生产分工的依赖程度比北美和欧洲国家强得多。目前，中国参与国际生产分割的显著趋势是向区域生产网络一体化发展，而中国参与全球一体化生产势必会影响自身和其他国家的生产格局。垂直专业化分工对东亚国家特别是中国，与其他国家在生产依赖程度和关联效应的提高方面起到了至关重要的作用。

垂直专业化生产对发展中国家的国际分工造成了深刻影响，对中国更是如此，国内许多学者也对此进行了研究。胡昭玲（2007）研究了垂直专业化生产对中国工业竞争力的影响，其用行业出口变差指数来反映行业国际竞争力的变化，用垂直专业化比率、劳动生产率指数等为解释变量作回归，得出国际垂直专业化对产业竞争力有重要的正面影响，参与国际垂直专业化分工促进了我国工业竞争力的提升。笔者进一步把工业行业分为资本密集型和劳动密集型行业，做回归，得到垂直专业化程度对资本密集型行业出口竞争力的影响系数为3.38，大于对劳动密集型行业的影响系数（2.61）。这表明，国际垂直专业化分工对资本密集型行业和劳动密集型行业的竞争力提高均有促进作用，而在资本密集型行业，这种促进作用更大。

张小蒂、孙景蔚（2006）也将垂直专业化分工对中国产业国际竞争力关系进行了研究，结果表明国际垂直专业化带来了中国劳动生产率和产业技术水平的提高，从而有利于产业国际竞争力的提升。与胡昭玲（2007）结论不同的是，从静态角度，垂直专业化分工对资本密集型行业的国际竞争力的提升效应较大（系数为2.079），而对劳动密集型行业的国际竞争力存在负效应（系数为-3.098）。这一结果很好地说明了中国产业国际竞争力近年来的变化趋势，劳动密集型行业参与垂直专业化分工的水平较低，加工程度较浅，所以垂直专业化分工对其竞争力的提升有限甚至为负；而资本密集型行业利用垂直专业化分工发挥的技术溢出效应、产业关联效应和出口渠道效应，促进了这些行业的国际竞争力。

赵伟、马征（2006）基于产品内国际分工的角度，测算了中国三个年份贸易的垂直专业化程度，并对一些影响因素进行了回归分析。结果得出，机械设备制造业占我国垂直专业化贸易份额的30%以上，其次是纺织业；关税与垂直专业化贸易呈明显的负相关；产业规模较小、中小企业居多的部门一般具有较高的垂直专业化程度。

针对中国的发展现状，图 6－3 描述了 1997～2005 年我国中间产品进出口、外商直接投资存量和垂直专业化生产的变化趋势。通过 9 年的数据可以发现，中间产品进出口与 FDI 存量都呈现稳步增长的态势，其中中间产品的进出口额要远远高于外商直接投资存量，而中间产品进口比中间产品出口要多一些。作为生产分割的代理变量，垂直专业化比率很好地衡量了国际生产分割的程度，虽然九年间此比率有些波动式的变化，但总体上还是增长的趋势，尤其是 2001～2005 年增幅较大而且逐年提高，说明我国参与国际化生产体系的程度不断深化。通过数据分析和计量检验可以得到，上述三者具有长期稳定的协整关系。

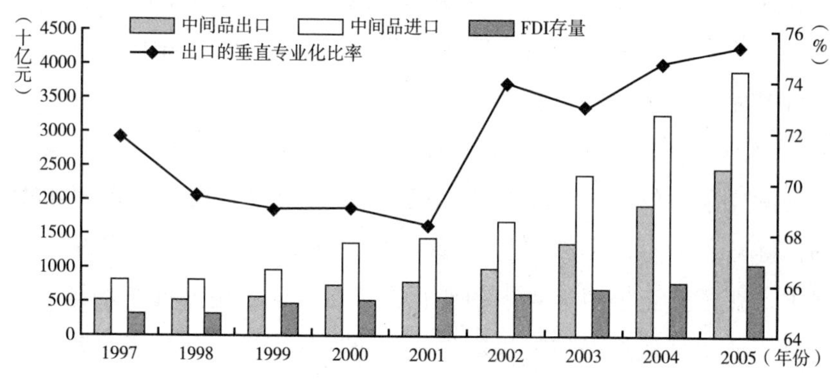

图 6－3　中国中间品贸易、FDI 和垂直专业化生产的发展趋势

一　计量模型

上文中我们得到了基于一般均衡模型的多元回归方程，它全面考察了影响出口贸易的多个变量的组成，其中不仅包括了贸易壁垒因素，还有直接影响出口的国家要素禀赋，以及技术进步所组成的多个变量，从而得到最终的决定一国中间产品出口的估计方程：

$$\ln X_{it}^{j} = c + a_1 \ln K_{it}^{f} + a_2 \ln FDI_{it} + a_3 \ln L_{it} + a_4 \ln VS_{it}^{j} + a_5 \ln TFP_{it}^{j} + a_6 \ln RD_{it}^{j} + e_{it}^{m} \tag{6.12}$$

式（6.12）是得到的最终估计方程，被解释变量为中间产品的出口。解释变量中的第一项为国内固定资产投资，第二项为港澳台商投资，由于港澳台投资占我国加工贸易投资的绝大部分，使用此数据能进一步体现垂直投资；第三项是劳动力在岗职工人数；第四项为出口贸易的垂直专业化程度；我们把第五项、第六项定义为国家技术进步对中间品出口的影响。

二　数据的获得及处理

本研究采用1997～2003年的面板数据对细分工业行业进行计量分析，对垂直专业化程度较高的制造业行业进行行业层次的研究。为了利用第四章第三节中计算的国内销售产品行业的垂直专业化数据，本节也选取这19个大的制造业行业作为研究对象（见表4－4），对其进行面板数据的随机效应和固定效应分析，研究中国中间产品出口贸易受到诸多变量的影响，而这种影响与目前的垂直专业化程度有多深，与国家要素的比较优势有多大关联等主要问题。

中国中间产品分行业出口数据可以从联合国商品贸易数据库COMTRADE获得；中国分行业出口贸易垂直专业化比率（*VSS*）也在第四章计算出；分行业的研发投入（R&D）数据可以从《中国科技统计年鉴》（1997～2003年）获得，由于时间跨度较大，需要用固定资产投资的价格指数P_t对当年研发投入进行平减；分行业劳动力在岗职工人数来自《中国劳动统计年鉴》和《中国统计年鉴》（1997～2003年）；分行业的固定资产净值年平均余额数据可以从《中国工业经济统计年鉴》（1997～2003年）获得，以1997年为基期，设每年的固定资产折旧率σ为5%，再用固定资产投资的价格指数P_t对当年的投资额进行平减，加上上年的扣除投资折旧额所余的投资额，就得到每年的固定资产的实际存量；分行业的外商直接投资数据来自《中国统计年鉴》（1997～2003年）的“三资”企业的固定资产净值。分行业的全要素生产率数据无法直接获得，笔者根据其定义进行了较为详细的计算。

（一）分行业全要素生产率（TFP）的计算

这里所说的生产率不应该是劳动力或资本的单项生产率，而是结合劳动、资本等全部投入的全要素生产率，公式表示为：$TFP = Y/L^{\alpha}K^{\beta}$。其中，$Y$ 为行业产出值（一般用工业增加值），L 为劳动力投入，K 为资本投入，α、β 分别为劳动力与资本的弹性系数。

本实证需要分行业的全要素生产率变量，现实的统计中没有直接给出，所以需要根据既有变量计算得出。我们选取1992～2003年《中国工业经济统计年鉴》所载的分行业的工业增加值作为产出变量，以及这期间固定资产存量水平（数据来自《中国工业经济统计年鉴》）和在岗职工人数（数据来自中经数据网）作为投入变量，以此为基础计算。

计算之前，要对涉及价值形态的样本数据进行合理的价格调整。对于固定资产存量的价格调整，采用永续盘存法来进行，设每年的固定资产折旧率 σ 为5%，再用固定资产投资的价格指数 P_t 对当年的投资额进行平减，加上上一年扣除折旧额后的投资存量，就得到每年的固定资产的实际存量，同公式（6.2）。

对各行业的工业增加值的价格调整，这里使用GDP平减指数进行。

这样，以历年的实际固定资产存量和劳动人口数量为两种投入要素，以工业增加值为产出指标，在规模收益不变和要素强可任意处置的假设条件下，利用数据包络分析（DEA）的原理，使用onfront2软件计算19个工业行业的全要素生产率的Malmquist指数（见表6－4）。

通过分行业全要素生产率的计算，我们发现各部门全要素生产率在7年间有着非常相似的发展特征，在1997年之后，生产率逐步提高，尤其是2003年的全要素生产率的累积增长率最高。

表 6-4　1997～2003 年分行业的全要素生产率（Malmquist 指数）

年　　份	1997	1998	1999	2000	2001	2002	2003
1. 煤炭采选业	0.94	0.92	0.88	1.00	0.88	1.23	1.15
2. 石油和天然气开采业	1.10	1.07	1.10	1.57	0.87	0.86	1.09
3. 金属矿采选业	1.00	1.03	0.96	1.08	1.03	1.02	1.33
4. 非金属矿采选业	0.97	0.86	0.81	1.01	0.99	1.10	1.13
5. 食品制造及烟草加工业	1.00	1.02	0.99	1.04	1.08	1.13	1.14
6. 纺织业	0.96	1.12	1.01	1.10	1.05	1.10	1.15
7. 服装皮革羽绒及其他纤维制品制造业	0.96	1.05	1.01	1.08	1.10	1.01	1.15
8. 木材加工及家具制造业	1.04	1.06	0.90	1.17	1.17	1.05	1.14
9. 造纸印刷及文教用品制造业	0.94	1.07	1.01	1.05	1.11	1.09	1.10
10. 石油加工及炼焦业	0.94	0.92	0.93	1.20	1.05	1.05	1.23
11. 化学工业	0.91	1.04	1.00	1.11	1.04	1.09	1.18
12. 非金属矿物制品业	0.90	0.99	0.93	1.07	1.04	1.08	1.20
13. 金属冶炼及压延加工业	0.91	0.85	1.25	1.15	1.11	1.10	1.40
14. 金属制品业	0.93	1.12	1.04	1.09	1.12	1.11	1.14
15. 机械工业	0.94	1.05	0.97	1.10	1.10	1.17	1.21
16. 交通运输设备制造业	0.91	1.06	1.02	1.05	1.15	1.24	1.23
17. 电气机械及器材制造业	0.97	1.14	1.08	1.17	1.05	1.05	1.20
18. 电子及通信设备制造业	1.16	1.21	1.12	1.18	0.98	1.07	1.19
19. 仪器仪表及文化办公用机械制造业	0.89	1.20	1.10	1.12	1.04	1.05	1.41

资料来源：笔者根据公式计算得出。

三　计量结果分析

（一）基本方程的回归结果

对估计方程式（6.12）做面板数据回归，可以得到诸多变量对中国中间产品出口的影响以及相互关系。分别对回归方程做固定效应和随机效应估计，再利用 Haussman 检验判断是使用固定效应模型还是使用随机效应模型。

首先，分析表 6-5 第一组计量结果中得到的对我国中间产品出口的影响效应，国内固定资产投资与中间产品出口是正相关的，说明国家

表 6－5　影响中间产品出口的面板数据回归结果（被解释变量为 ln*X*）

解释变量	第 1 组估计结果		第 2 组估计结果	
	系数	t 统计值	系数	t 统计值
常数项	2.64	1.78*	3.39	2.38**
ln*K*	1.06	11.30***	0.71	6.57***
ln*FDI*	0.14	3.64***	0.09	2.45**
ln*L*	0.31	2.31**	0.26	1.95**
ln*VS*	0.46	1.93**	0.30	2.29**
ln*TFP*			0.67	3.11***
ln*RD*			0.21	4.48***
R^2	0.6948		0.7462	
修正 R^2	0.6875		0.7370	
χ^2 值　Hausman 检验	29.45，用固定效应模型		55.09，用固定效应模型	
样本数	171		171	

注：*** 表示 1% 显著性水平，** 表示 5% 显著性水平，* 表示 10% 显著性水平。

对各行业资本存量投入的逐步增加，有助于国内中间产品生产效率和数量的提高，进而刺激国产中间产品对其他国家的出口；港澳台商直接投资主要促进了加工贸易（中间产品贸易）的发展，从理论上讲，其属于垂直型投资的范畴，投资主要集中在产业链的下游，对进口的中间产品应该有显著影响。由于直接投资存在明显的技术外溢效应，国内厂商会利用学到的技术进行同类中间产品的生产和出口，由此可见，当前贸易与投资的关系既非替代关系又非互补关系，更多体现的是相互促进的互动关系；劳动力人数增加不管对最终产品贸易还是中间产品贸易都会起到促进作用，中国是劳动力资源丰富的国家，大量的外商直接投资流入中国就是看好中国廉价的劳动力资源。而中国出口的中间产品中，初级产品和劳动力密集产品占了较大比重，所以此类中间产品的生产对中国非熟练劳动力需求极大；在解释变量中加入行业垂直专业化比率，其衡量的是行业出口贸易中进口中间产品多少的指标，估计结果表明其与中间产品出口呈正相关。如果出口贸易的垂直专业化水平越高，则出口到国外的最终产品生产中所用进口的中间品就越多，而所用国内生产的中间产品就越少，即 *VS* 值越大，那么就会有更多国内生产的中间产品用于出口，所以两变量呈正相关。

其次，表 6－5 的第二组估计是在第一组估计的基础上加入了全要素生产率和研发支出两个变量，其中无论是国内固定资产投资、港澳台商投资，还是劳动力人数和垂直专业化生产对中间产品的出口都产生了显著的正向效应，原因与以上分析相似。此外，各行业的全要素生产率和研发支出都与中间产品的出口正相关，这一点很容易理解，无论是直接引进的技术还是 FDI 导致的技术外溢，综合起来的生产技术水平的不断提高，势必会带动出口贸易的增长。

（二）不同类型行业的面板数据回归结果

表 6－6　分行业影响中间产品出口的面板数据回归结果（被解释变量为 ln*X*）

解释变量	初级产品部门		劳动和资源密集制造部门		技术（资本）密集部门	
	系数	t 统计值	系数	t 统计值	系数	t 统计值
常数项	－1.21	－0.67	－1.69	－1.94*	2.76	9.94***
ln*K*	0.28	1.51	1.18	14.50***	1.05	48.37***
ln*FDI*	0.05	2.44**	0.04	1.74*	0.23	15.43***
ln*L*	0.82	5.27***	0.64	8.68***	0.21	5.82***
ln*VS*	－0.35	－1.71	0.10	0.71	0.48	6.25***
ln*TFP*	0.44	3.10***	0.64	3.80***	0.29	5.94***
ln*RD*	0.53	10.12***	0.11	2.62**	0.06	5.53***
R^2	0.99		0.99		0.99	
修正 R^2	0.99		0.99		0.99	
样本数	54		54		63	

注：*** 表示 1% 显著性水平，** 表示 5% 显著性水平，* 表示 10% 显著性水平。

通过表 6－6 中对初级产品部门的回归结果可以看出，港澳台商投资、劳动力投入、全要素生产率和研发支出对中国中间产品出口具有显著的正面效应，其他变量均不显著，尤其是垂直专业化比率对中间产品出口有负面影响，但不太显著，主要是初级产品的价值链无须分割成更多的生产环节，不存在明显的国际生产分割的外部条件，从理论和现实上我们可以得出这一明确的结论。

在劳动和资源密集制造部门，多数变量对中间产品出口具有显著的促进作用，我们着重分析几个关键变量的影响效应：港澳台直接投资对中间产品的出口的促进作用不大（估计结果仅为10%的显著性水平），原因在于劳动和资源密集型部门中服装及其他纤维制品业不生产中间产品，而木材加工及家具制造业、造纸印刷及文教用品制造业、石油加工及炼焦业中间产品的类别和产量又极少，所以FDI投向该行业中间产品的数量不多，致使估计结果对中间产品出口的促进效应不大。垂直专业化生产对中间产品出口的影响是具有促进作用，但并不显著，通过上面的分析也就不难理解了。

在技术（资本）密集部门的回归结果中，所有变量对中间产品的出口都会产生正面影响，且都是非常显著的。其中，FDI对中间产品出口的促进作用表现在，这些行业的产品多属于高技术的复杂产品，其生产需要专业化水平较高的垂直分工，港澳台商对华直接投资则有利于加工贸易和垂直生产的形成。技术密集行业的垂直专业化程度与该行业中间产品出口正相关，说明总出口中进口中间产品使用越多，越有利于国内生产的中间产品的出口。通过对三种类型部门的垂直专业化比率估计结果，其t统计值由负值（-1.71）到正值（6.25）发生的变化，说明产品垂直生产的深化程度依部门的性质有很大差异，越是技术复杂、资本密集程度高的产品，其生产分割的国际化程度就越高。

（三）中间产品贸易的行业统计及福利影响

表6-7统计了3种类型的中间产品生产部门的贸易额，结果表明：在中间产品进口中，增长幅度较大的是初级产品部门和技术（资本）密集部门，而占进口额比重最大的则是技术（资本）制造部门；在中

间产品出口中，增长幅度较大的是劳动和资源密集制造部门、技术（资本）密集部门，占出口额比重最大的也是技术（资本）制造部门。整体而言，中间产品的进口大于出口，而分部门统计却有所差异，只有劳动和资源密集制造部门的出口略大于进口，其他两部门与整体统计一致。在传统概念里，我国应该进口大量的技术（资本）密集产品，进行加工组装而后出口，但数据显示我国技术（资本）密集部门的出口额也相当高，尤其是机电行业、电子通信设备和仪器仪表行业中间产品的出口 10 年增长了 10 倍，说明我国在国际分工中的地位正逐步发生着变化，中间产品贸易这种格局和模式反映了中国在国际分工与国际生产体系中的功能与地位。

表 6－7　中国三类中间产品生产部门的贸易额

单位：亿美元

年份	初级产品部门		劳动和资源密集部门		技术(资本)密集部门	
	进口额	出口额	进口额	出口额	进口额	出口额
1997	171.46	101.68	247.89	177.92	572.07	364.7
1998	145.82	81.62	225.02	161.77	618.88	385.33
1999	188.40	77.62	241.93	165.26	753.28	432.38
2000	345.02	100.22	292.59	219.38	1015.47	582.54
2001	323.70	105.94	287.91	242.67	1132.44	606.77
2002	365.71	117.21	308.97	282.22	1405.69	802.51
2003	540.56	156.59	370.23	374.30	1979.65	1116.76
2004	892.50	221.09	451.06	494.96	2626.76	1631.25
2005	1184.66	259.16	472.92	609.50	3151.5	2153.88

资料来源：笔者根据联合国 COMTRADE 数据库计算得到，部门划分依据参见盛斌、马涛（2008a），其中技术（资本）密集部门包含了低、中、高技术密集部门。

对于福利水平的影响，中间产品贸易提高了中国工业部门的劳动力需求弹性，加大了劳动力的就业风险并改变了其稳定性（盛斌、马涛，2008a）。大量研究还发现中间产品的进口可以促进技术进步并且是技术外溢的重要途径。

第三节　结论及政策建议

通过上述两节的实证分析，我们除了得到理论上的支持以外，更多的是通过数据结果和变量之间的关系可以确定现实中的策略。本研究通篇实证紧紧围绕着中国的工业部门进行研究，就是因为中国的制造业在当今国际生产体系中受到的影响最为深刻，当然也不能忽视服务业等第三产业也日益受到外商投资的重视。国际生产体系沿着产品内国际分工的转变，必然对发展中国家和发达国家的产业结构调整和产业升级带来新的动力，无论是国际贸易还是对外直接投资也必将成为国家产业发展的一个极为重要的动因。

一　诸多因素对我国工业部门结构调整的影响

（一）各行业吸收投资倾向的差异

首先，从外国直接投资对国家各行业的投资倾向的不同对产业的发展和升级影响也会不同，通过第二节实证研究的外商对各行业的直接投资额数据可以看出，外资在各行业的集聚是不同的，我们把这称为外商投资的行业倾向性，一般用行业倾向指数来衡量，即某一行业外商投资企业固定资产占全部外资、工业的比重与同一行业全部企业在全部工业中的比重相比，反映外资流向该行业的相对集中程度。指数大于1，说明外资向该行业集中程度较高；小于1，则表明集中程度比较低；指数越大，说明外商投资越倾向于该行业。

为了反映这种行业投资倾向性的差异，我们使用国务院发展研究中心《调查研究报告》的计算，[①] 把38个工业行业按投资倾向指数进行分类。由此，得到投资倾向指数大于3的有两个行业，分别为电子及通

① 国务院发展研究中心：《调查研究报告》（内部资料），2002年6月16日。

信设备制造业和文教体育用品制造业，说明这两个行业外商投资的力度最大；指数在 2 ~3 的有 9 个行业，分别为：皮革、毛皮、羽绒及其制品业，塑料制品业，其他制造业，服装及其他纤维制品制造业，金属制品业，家具制造业，食品制造业，橡胶制品业，造纸及纸制品业；指数在 1 ~2 的有 12 个行业，分别为：木材加工及竹、藤、棕、草制品业，仪器仪表及文化、办公用机械制造业，饮料制造业，电气机械及器材制造业，印刷业和记录媒介的复制，化学纤维制造业，交通运输设备制造业，医药制造业，食品加工业，非金属矿物制品业，纺织业及普通机械制造业；指数小于 1 的有 15 个行业，分别为化学原料及化学制品制造业、电力与热力的生产和供应业、有色金属冶炼及压延加工业、石油加工与炼焦及核燃料加工业、非金属矿采选业、烟草加工业、自来水的生产和供应业、有色金属矿采业、黑色金属矿采业、木材及竹材采运业、煤炭开采和洗选业、石油和天然气开采业等，这 15 个行业外商相对投资力度较小，主要依靠内资来促进行业的发展和升级，进而扩大行业的整体实力。

外资在各行业相对分散的主要原因有：一是有些行业属于国有经济的垄断性行业，国家采取了限制外商投资进入的政策，如能源的开采和供给业等；二是这些行业在国内有着雄厚的资金基础，无须外资的进入也能发展良好，如有色金属冶炼及压延加工业等；三是外商不愿投资于回报周期较长或技术转移要求较高的行业，如专用设备制造业等。由于行业特点的差异性以及政策的限制，导致了外商对各行业的投资重点不同。

（二）中间产品贸易增加对贸易结构和产业升级的影响

在新的国际生产体系下，由于国际贸易内容发生了根本变化，即中间产品贸易在全部贸易中的比重日益提高，这使得贸易结构也发生了变动，由水平贸易向垂直贸易方向发展。从当代的产业间分工和产业内分工向产品内分工发展，在此基础上企业内部贸易得到飞速发展，尤其是发展中国家与发达国家之间的贸易正上升为工业制造品间的贸易，于是中间产品贸易、资本品贸易比重不断增加。①

从贸易内容上看，如果两国间贸易内容主要是最终产品，那么两国产业结构间是一种间接相互依存关系；若两国间贸易内容以中间产品占主导，那么两国产业结构间是一种直接的相互依存关系。这也意味着两国间产业结构的内在联系不断紧密化。由于产品内贸易和公司内贸易比重不断增加，这种发展趋势说明各国产业结构相互依存、内在联系紧密的程度正在加强，并由此来促进产业结构的升级。②

（三）关税结构调整与产业结构升级

所谓产业结构升级是指在特定的国内外经济环境和资源条件下，按照一般的产业结构演进规律和产业发展的内在要求，采取一定的措施，不断提高产业的结构层次和发展水平，以保障国民经济长期持续增长的一种经济活动。

关税结构及其变化对产业结构的影响，主要是通过不同的中间投入品和最终产品关税税率的变化来改变该产业的价值增量。价值增量的增加，较之自由贸易条件下能使产业组织增加额外利润，这样也可导致投资结构发生转移，促使投资结构发生变化，最终改变产业结构的变化，实现对产业的调整。

关税壁垒的波动作用于当前的产业结构，影响着未来的产业结构，而未来的产业结构又决定着未来的进口商品结构。国家的进口商品结构要弥补产业结构失衡留下的需求缺口，以支持国民经济的发展。所以，有必要利用关税杠杆来矫正产业结构的缺口，以减少不合理的产业结构对进口的过分依赖，更好地促进产业结构升级。

---

① 中间产品贸易的结构与发展趋势在第四章第二节中进行了具体的统计分析，可参见相应内容。

② 产品内贸易的发展不仅促进了产业结构的升级，而且也使得跨国公司内部各部门之间的联系更加紧密，也就是前后向关联提高了。

（四）FDI 的技术引进对产业结构的影响

通过 FDI 的技术引进成为我国技术进步的重要方式，按获得大致相同技术而付出的外汇成本，由高到低大致可以分为：购入成套设备、引进关键设备、许可证贸易等软件引进、非贸易型技术引进。先进技术的概念不是单一层面的，跨国公司对投资国的技术转移有两种模式：一种是次新技术转移模式（小岛清模式），① 一种是新技术转移模式（美国模式）。

我国“三资”企业建立的同时引进了一些国外先进设备，但有一些行业的设备引进也不尽如人意。纺织、化学原料、通用及专用设备制造、汽车制造和其他电子设备制造业中引进设备的技术水平并不高。从资本构成上看，汽车制造和通用设备制造业的外国资本参与度较高，其他行业的港澳台资本参与度较高。从最终产品质量来看，一些“三资”企业参与较高的行业，如通信设备制造、集成电路制造、计算机及其外部设备制造、小轿车等行业的主要产品质量达到国际先进水平的比重还比较少，这些行业代表了国家的工业实力也正是发达国家的主要出口产品，除了借鉴国外的先进技术外，也需要国内进一步加强研发。②

二　中国产业结构战略性调整的政策建议

（一）新的国际生产体系下中国产业结构调整和产业升级的途径

首先，在产品内国际分工条件下，减少一些行业的低水平重复建设，积极参与国际垂直专业化生产体系。低水平重复建设就是新建项目的规模和生产技术水准低于合理的生产规模和先进技术水准的要求。在市场经济和资本多元化的条件下，微观经济主体的自主决策，并不是投资者愿意上什么项目就可以上什么项目。只有当新建项目比原有同行业

---

① 小岛清认为这些行业都是陷入比较劣势的行业，或者称为边际产业，但是这些行业在东道国却具有明显或潜在的比较优势，而资金、技术和管理经验则来自投资国。

② 王岳平：《中国工业结构调整与升级：理论、实证和政策》，中国计划出版社，2001，第 145 ~ 147 页。

先进企业的技术经济指标更先进时，在经济上才具有扩大投资的合理性。

其次，优化产业组织结构是产业升级的重要手段。在资源密集型产业，生产要素集中化是提高资源利用效率的有效途径，必须形成大型企业为主导的产业组织结构。在资源密集型产业，逐步淘汰工艺技术和装备落后的小企业很有必要。这种调整，将会影响到不同地区利益格局的变化，因此需要通过调整财政、税收关系来协调地区之间的利益关系，以达到促进产业升级的效果。

再次，在继续发展劳动密集型工业的同时，积极推进产业升级，促进技术密集型产业和服务业的发展。[①] 中国劳动力和资源的特点决定了我国产业结构的变动，既具有工业化过程中结构演变的一般特征，又具有二元经济结构的特殊性，即劳动密集型产业的比较优势需要继续保持，资源密集型产业在国民经济中仍然具有基础性的地位，同时要不失时机地推进产业升级，大力发展技术与知识密集型产业。同时，由于服务业国际外包不断流向中国，中国应该加强金融业、电信业和旅游等行业的发展，充分利用劳动力等资源来发展第三产业的发展。

最后，增强各行业的创新能力，尤其是一些传统的国际竞争力较弱的行业。在科技发展的总体部署上，进一步深化改革，加快推进国家创新体系建设。在发展重点上，一是把发展能源、水资源和环境保护技术放在优先位置，解决制约国民经济发展的重大瓶颈问题。二是以获取自主知识产权为中心，提高信息产业的国际竞争力。三是以信息技术、新材料技术和先进制造技术的集成创新为核心，提高重大装备和产品制造的自主创新能力（吕政，2007）。

---

① 在国际市场上，劳动密集型产品由于收入需求弹性和价格需求弹性比较低，资本、技术要素对劳动的替代性提高，价格呈现下滑趋势。所以，在劳动密集产品的低端竞争更加激烈，劳动密集型产品的比较优势正在减弱。

（二）运用战略性贸易政策，调整我国的产业结构

在产品内国际分工的格局下，我国目前出口商品仍以劳动密集型、低附加值的产品为主，高新技术含量高的技术资本密集型产品的比重还很低。从贸易方式上看，加工贸易所占比重很大，2006 年加工贸易出口占总出口额的 52.7%，外资企业该比重则更高，而且加工贸易的附加值率低。从产业内贸易指数（它是衡量一国参与国际化生产过程中由垂直分工向水平分工转化程度的重要标志）看，我国参与国际水平分工的程度有所提高，但与美、日等发达国家相比仍表现为较强的垂直分工特点，特别是在高技术产业上的水平分工程度还很低。通过产业对外贸易竞争力系数可以看出，[①] 我国制造业当前具有竞争优势的仍然集中在劳动密集型行业，这种情况在“入世”前后并没有明显变化。而我国附加值较高的技术和资本密集型产品的国际竞争力相对发达国家依然较弱，2003 年化工、机械与电气设备、运输设备、精密仪器等类产品的 TC 指数均为负值。[②] 从总体上看，通过改革开放，中国出口产品的竞争力得到了显著提高，但是这种变化在不同的部门、产品间有所不同。

所以，目前我国出口结构层次较低和竞争力弱主要就是因为我国出口产品质量和技术含量较低。在技术日益更新的今天，信息通信等高新技术产业不仅是世界整体经济发展的支柱，而且也是各国产业提升的动力，各国间的竞争主要就是对先进技术的争夺和掌握，我国在各行业的自主研发实力不断增强，但与发达国家还存在较大差距。所以，提高资本、技术密集型产品在出口贸易中的比重是促进我国产业调整和升级的有效途径。

---

① 体现对外竞争力的指标，对外贸易竞争力系数的计算公式为：TC =（出口 - 进口）/进出口，一般还可以用显性比较优势指数（RCA）来表示。

② 值得注意的是，“入世”后的 2003 年和“入世”前的 2000 年相比，这些类别产品的 TC 指数大都有所下降。

（三）外商直接投资对我国产业结构升级的影响

从对外贸易的视角分析外商直接投资对我国产业结构升级和比较优势转化的影响和作用。随着部门内贸易和公司内贸易的扩大，国际贸易和直接投资相互融合的趋势日益明显。过去按照小岛清的理论，把国际直接投资划分为顺贸易导向和逆贸易导向两种类型，顺贸易导向型国际直接投资发挥了投资国和东道国的比较优势，带来了贸易扩大和产业升级，而逆贸易导向型直接投资违反了比较优势原理，对贸易产生替代效应，造成投资国的产业空心化。20 世纪 90 年代以来，我国产业内贸易迅速发展，外资企业在其中发挥着显著作用，尤其是在机械及运输设备和电力设备与电子产品产业内贸易的增长中更是处于绝对主导地位。[①] 总之，外商直接投资对我国产业结构升级和技术进步的积极推动作用是至关重要的。

为了进一步发挥外商投资企业在产业结构调整上的带动效应，加快我国产业结构升级和贸易比较优势转化的速度，一般可采取以下具体措施：第一，鼓励和引导外商对产业带动效应较强的行业进行投资，对于在我国的比较劣势行业如资本技术密集型行业投资的外资企业可给予一定的优惠政策，从而逐步改变现有的依赖于劳动力比较优势的贸易结构。第二，调整和改善内资企业的进口商品结构，增加资本技术密集的资本品和中间投入品的进口。我国内资企业与外资企业在工业制成品，尤其是资本密集型产品的进口数量上差距较大，由于进口资本品和中间投入品包含了大量技术知识，所以，内资企业要进一步改善目前的进口产品结构（宋京，2005）。第三，鼓励外资企业增加对我国国产中间投入品的进口，提高其相关产品的国产化比率，促进产品中国内技术的提升，减轻我国贸易失衡的程度。

---

① 产业内贸易主要发生在制造业领域，且产品的制造越复杂，产业内贸易就越大，机械、化工、运输设备、电力设备与电子产品是产业内贸易较大的领域。因为复杂的生产过程使规模经济的收益明显，也易于产生最终产品的差异，促进同类产品的贸易。

贸易与投资一体化的趋势为开放经济条件赋予了更丰富的内涵，使得一国的产业升级与技术进步面临着更为复杂多变的国际、国内经济环境，一国在制定和执行产业政策的同时必须考虑与贸易、投资政策之间的相互协调问题。

本章小结

本章是研究贸易、对外直接投资和生产分割的实证部分，在前面章节分析的基础上，首先检验了中间产品贸易、外商直接投资和垂直专业化生产之间的协整关系，得到三者之间存在长期均衡的稳定关系。随后，对三者做了格兰杰因果关系检验，得到外商直接投资分别与中间产品贸易增长和垂直专业化程度具有单向因果关系。

本研究核心实证是对理论框架中得到的多元回归方程进行面板数据检验，得到诸多变量对中间产品出口的影响效应。在整体回归结果中，行业的关税税率的降低促进了中间产品的出口；国家要素禀赋（内资、外资和劳动力）会提高中间产品的产量及其出口量；而垂直专业化生产则对中间产品出口产生了不同影响，国内销售产品和出口贸易的垂直程度分别对中间产品出口产生了负向效应和正向效应；生产率和技术进步也会产生促进作用。总体来说，得到了与预期比较一致的结论。

在此基础之上，结合影响产业发展的重要因素，提出了促进我国产业结构调整和产业升级的对策和建议。

第七章　产品内分工下中国贸易边际与失衡——进口视角

我国自改革开放以来，国民经济和对外经贸发展得到了前所未有的提升，尤其是对外经贸和参与全球化生产的不断深化，使中国与世界经济的联系也越来越紧密了。30 多年来，我国的经济结构和贸易模式不断深化和转型，特别是加入世界贸易组织（WTO）以来，中国参与经济全球化的程度也日益加深。由于在各方面所具有的比较优势，中国发展成全球经济增速最快的国家之一，以致成为世界制造业的“加工工厂”，这很大程度上是由于中国更多的承担着以加工贸易为主的垂直化生产任务。而这种垂直化分工体现在贸易模式上就是产品内分工方式，在我国经济结构亟待转型和升级之际，产品内分工对其的影响就显得尤为重要了。本章重点针对我国不同进口产品对产品内分工的影响，特别是在加工贸易中各种生产属地的中间品对出口产品技术水平乃至产业价值链的提升都会产生不同影响。所以，本部分从进口视角做了详细和深入的研究，试图解释在结构转型条件下，我国进口结构的组成和变动，以及产业价值链的动态变化，进而为我国当前的结构转型和中长期的发展提出政策建议。

第一节　产品内分工下中国进口结构与增长的二元边际*

我国进口规模自 2003 年就一直位居世界第三，仅次于美国和德国，1980 ~ 2008 年进口的年均增长率达 15.5%，[①] 进口贸易的快速增长不仅与深层次原因——国际分工密不可分，还与贸易自由化程度的提高息息相关。产品内分工是当前国际分工中的最新形式，本研究前一部分侧重于从这种国际分工视角研究我国进口结构，尤其二元边际的分析方法不仅体现了贸易研究不断向细化发展的趋势，还从本质上揭示了贸易增长的机制。统计结果表明，我国进口增长中，中间品的占比和增长幅度最大，尤其是从新、老市场进口的中间品，远远超过了资本品和消费品；2001 ~ 2006 年，产品退出与新产品进入种类变化不大，说明我国进口结构未发生本质变化；同时，我国进口增长主要依靠数量扩张拉动（增长 2.22 倍），价格水平提高起到次要作用（增长 1.47 倍）；从市场划分看进口结构，97% 以上还是从老市场进口的老产品。这进一步说明我国进口结构有待调整和提升。

为探究中间品在我国总进口中占主导地位的原因，本研究在双边贸易框架下研究了我国进口增长，重点分析了造成中间品进口和总进口增长的二元边际。文章采用改进的引力模型（包含了双边贸易成本和多边阻力两个新变量）对我国从主要贸易伙伴的各类进口产品分别进行了系统 GMM（广义矩）面板数据检验。结果发现，双边贸易成本下降和各国多边阻力提高对双边进口起到了积极作用，其中产品内分工强度的提高也有利于中间品的进口。在回归结果基础上，文章还对中国从别

---

* 本节内容曾发表在《南开经济研究》2010 年第 4 期上。

① 由中国海关统计数据计算得到。

国进口潜力进行了判断和分析，并分解了引力模型中各解释变量对进口增长的贡献。

一　文献评述

产品内分工（Intra-product Specialization）是一种特殊的经济国际化过程或展开结构，核心内涵是特定产品生产过程不同工序或区段通过空间分散化展开成跨区或跨国的生产链条或体系，因而越来越多的国家参与特定产品生产过程的不同环节或区段的生产或供应活动（卢锋，2004）。近些年来，我国对外贸易以新的路径快速增长，就与这种产品内分工密不可分。在新的国际分工格局下如何科学衡量贸易增长显得愈发重要，二元边际是较为前沿的分析方法，它不仅对贸易增长的根源提供了一个研究思路，即产品种类、数量以及价格变化是引致贸易增长的根本原因，同时还能对贸易结构进行深入分析。

对于进出口贸易结构，国内学者关注于中国出口结构与增长的较多，对进口研究的较少。樊纲等（2006）从贸易品技术分布角度分析了我国的贸易结构，从进出口产品技术分布来看，1995～2003年中国进口技术结构没有发生太大变化，以中高技术产品为主，而出口相对较低技术产品的格局也未发生根本性变化。姚枝仲（2009）基于传统的分析方法，根据初级产品占总进口比重上升和工业制成品所占比重下降，认为我国进口结构发生了变化。影响进口增长的因素中，GDP对进口增长的贡献为114.5%，相对价格上升对进口造成了－14.5%的影响。国外关于进口结构的文献中，Dutta（1965）从进口需求角度分析了印度的进口结构，从消费品、中间品和投资品的进口决定因素可以看出，工业生产需要消费大量的进口中间品，而相对价格不会对世界市场不同产品的进口需求产生深刻影响。

在贸易增长方面，决定贸易增长的因素也受到学者们的关注，尤其以新新贸易理论提出的企业异质性和内生边界选择问题为代表，其从不同角度解释了贸易增长的路径。Melitz（2003）最先将异质性企业引入国际贸易理论，把企业生产率不同作为解释企业出口和生产决策差异的动因。之后大量学者把理论模型建立在 Melitz 的理论之上，如 Chaney（2008）将异质性企业加入引力模型中来解释贸易增长，并得到一个"扭曲"的引力模型，并用贸易的深度边际和广度边际来解释贸易增长，结果发现产品间较高的替代弹性使得贸易的深度边际对贸易壁垒更为敏感，而使广度边际对贸易壁垒却没那么敏感，这在于生产率高的企业能更容易克服固定成本。Amurgo-Pacheco 和 Pierola（2008）也使用引力模型估计了由产品和地理多样化导致的多国之间双边贸易的增长，结果发现出口的深度边际占有贸易增长最主要的比重，在发展中国家的广度边际增长中，地理多元化要比产品多样化更重要。钱学锋等（2010）利用一个企业异质性模型，借鉴 Chaney（2008）推导出的引力模型，分别建立了出口深度边际和广度边际的估计方程，其巧妙地把出口的深度边际用企业的平均出口量来表示，广度边际用企业数量代替，用 Tobit 计量方法进行了估计，发现经济规模有助于提升出口的深度边际，对出口的广度边际起到抑制作用，多边阻力不能促进深度边际，但能帮助实现出口的广度边际。

虽然在测度贸易增长的方法上越来越细化，但实现贸易增长的根本途径还是双边或者多边贸易的快速发展，由于贸易便利化和贸易成本降低，使得国与国之间不管是产业内贸易还是产品内贸易都大幅增加。在理论模型方面，引力模型还是主要方法，由于模型不断得到改进，尤其是把贸易成本和企业异质性等一些更切合实际的变量加入其中，能更深刻地揭示贸易增长的本质。Tinbergen 最早将引力模型应用到国际贸易领域，依据规模经济的理论基础，两国的双边贸易与各国的经济总量以及双方距离分别成正、反比例。McCallum（1995）在经典的引力模型中加入了边境虚拟变量来研究美国和加拿大之间的贸易增长，并揭示了两国边界对区域贸易的异常影响，如 1988 年加拿大省份间的贸易是美国各州与加拿大省份间贸易的22倍，这也成为“边境效应之谜”。Anderson和Wincoop（2003）在CES（不变替代弹性）效用函数的基础上推导出了包含贸易成本和多边阻力的引力模型，为了研究McCallum的“边境效应之谜”，其把贸易成本分解为距离和边境变量，实证结果得出国家边境减少了工业化国家之间贸易的20%～50%。Baier和Bergstrand（2001）在一般均衡框架下构建了一个包含贸易成本和关税税率的引力模型，对OECD的16个国家做了实证研究，结果发现在贸易增长148%的情况下，GDP增长贡献了68%，关税税率下降和特惠贸易协定贡献了24%，运输成本下降贡献了8%，说明贸易自由化对贸易增长的贡献远大于成本下降的贡献。

上述文献很少在产品内分工视角下对进口贸易增长进行深入研究，对中国的进口研究也寥寥无几，这对全面研究中国乃至世界当前的贸易发展是不够的，由此，本研究立足于中国进口贸易做进一步分析。本研究首次运用贸易的二元边际法以及按产品和国家（市场）划分方法对我国进口增长进行统计研究，得出我国进口结构和增长的特征。计量方法上，采用改进的引力模型，重点分析双边和多边贸易壁垒（而不是边境效应）以及产品内分工强度对中国从主要贸易伙伴进口的影响，尤其分产品类别对进口影响进行检验。在此基础上，还分析了中国的进口潜力并做了各影响因素的贡献分解。

二　中国进口产品增长的结构分析

（一）中国进口产品增长的二元边际

中国进口产品增长不仅与国际生产体系所呈现的多阶段生产方式密切相关，很大程度上也依赖于贸易自由化的不断深入。从经济发展角度看，进口扩张与国家经济规模和发展阶段相辅相成，同样也成为经济向好发展的一个重要指标。在衡量贸易增长的方法上我们采用Hummels和Klenow（2005）的方法，把产品的贸易增长分解为广度边际

（Extensive Margin）和深度边际（Intensive Margin），前者是由于产品种类变化引起的贸易增长，而后者则是由于同类产品价格或数量变化引起的贸易增长。

根据联合国《按经济大类分类》（BEC）的划分方法，可以把进口产品按产品类别，即消费品、中间品和资本品三类进行分解。1996 年版 HS 六位编码产品与 BEC 对照表包含的最大产品集共 5113 种，中间品种类最多，有 3177 种，消费品有 1238 种，资本品有 674 种。[①] 本研究不仅从总量上进行统计，还从产品结构上比较三类产品在进口增长的广度边际和深度边际中的变化情况，探究哪类产品对进口增长的贡献最大及其增长路径。

进口增长的广度边际主要指产品种类的变化，即新产品进入和老产品退出，在分析产品种类变化的同时还探析了变动产品进口额的变化情况。本研究以 2001 年为基期，用 2006 年的数据与其进行对比研究。2001 年，进口中间品共有 3105 种，进口额约为 1782 亿美元，占全部进口的 73.1%；到 2006 年，进口中间品有 3046 种，进口额约为 5892 亿美元，所占比重增长到 74.4%，进口增长率为 231%，其中，进入新产品 32 种，退出产品有 90 种。从产品进入种类和进口额的变化率看，产品退出份额远大于进入新产品，说明当前我国贸易中的本土替代在不断增多（见表 7－1）；消费品进口在此期间增长了 178%，而产品退出份额也略大于进入的新产品，资本品进口在此期间增长了 209%，新产品进口额却略大于退出产品的进口额，这两类产品的种类和进口额变动都不大，并且在总进口中所占比重都略有下降。

根据 Hummels 和 Klenow（2005），进口增长的深度边际还可以分解为价格指数和数量指数的变化。价格指数和数量指数只考虑了相同产品

---

① 每年都会有少数产品没有贸易额，其中有 24 种产品为调整产品，均未划入以上三类产品当中。数据选取到 2006 年，是因为 HS 编码的产品分类在 2007 年有重大调整，不利于比较产品种类的变动。

表 7-1 2001~2006 年中国不同产品进口增长的二元边际

产品类别	进口增长率及占比变化(%)	广度边际				深度边际	
		新产品进入		产品退出		老产品←老市场	
		种类数(种)	进口量变化(%)	种类数(种)	进口量变化(%)	价格指数	数量指数
所有产品	225	50	0.013	121	-2.264	1.471	2.221
中间品	231(73.1→74.4)	32	0.014	90	-3.090	1.629	2.048
消费品	178(3.9→3.3)	14	0.078	26	-0.019	1.687	1.649
资本品	209(20.1→19.2)	4	0.003	5	-0.015	0.959	3.229

注：新产品进入的进口量变化为新产品进口额与总进口额的比值；退出产品的进口量变化为退出产品进口额与基期进口总额的比值，用负号表示退出。括号内是各类产品进口占总进口额比重的变化，由于存在调整产品因此会引致轻微误差。

资料来源：根据 UNCOMTRADE 数据库中 1996 年版 HS 六位编码产品的进口数据计算。

集内产品的变化，[①] 即在基期和当期条件下不考虑进入新产品和退出产品的价格和数量变动，也就是老产品在老市场价格和数量的变动，公式为：

$$P_{Mt} = \prod_{i=1}^{n_x}\left(\frac{P_{Mit}}{P_{Mi0}}\right)^{w_i}, Q_{Mt} = \prod_{i=1}^{n_x}\left(\frac{q_{Mit}}{q_{Mi0}}\right)^{w_i} \tag{7.1}$$

其中，P_{Mt}和 Q_{Mt}分别是相同产品集内第 t 期进口产品相对于第 0 期的价格指数和数量指数，p_{Mi}和 q_{Mi}分别为进口产品 i 在各时期的价格和进口数量，w_i 为每种进口产品的权重，公式表示为：

$$w_i = \frac{(s_{it} - s_{i0})/(\ln s_{it} - \ln s_{i0})}{\sum_{j=1}^{n_x}(s_{jt} - s_{j0})/(\ln s_{jt} - \ln s_{j0})} \tag{7.2}$$

S_{it}和 S_{i0}分别是产品 i 在 t 期和 0 期的进口份额占当年进口总额的比重。计算结果见表 7-1 中的价格指数和数量指数，把 2001 年作为基期(指数为 1)，2006 年进口产品价格指数和数量指数相对 2001 年都呈现

① 此处的相同产品集是指在不考虑市场变化的情况下，基期与当期都存在贸易流量的老产品集合。

出大幅提高，尤其是数量扩张尤为显著（指数为2.221），说明数量扩张对中国进口增长的贡献最大。其中，资本品的数量指数为3.229，虽然资本品种类远少于前两种产品，但进口数量的大幅提升使得贸易额比重大于消费品。价格方面，中间品的价格指数提高最大，为1.629，略大于所有产品的价格指数。总体而言，相对2001年，中国2006年进口产品无论在数量还是价格上都明显提高了，对比中国出口产品，施炳展、李坤望（2009）测算的结果是中国出口扩张主要依赖于数量而不是价格，姚枝仲等（2010）也测算了中国的出口价格指数为1.19，数量指数为5.87，他们认为，我国出口需要从“以量取胜”到“以质取胜”转变。由此可见，中国进出口贸易的增长主要是依靠数量扩张拉动的，从进出口价格指数的增长幅度来看，我国在国际贸易中的收益降低，具体而言就是进口产品价格的涨幅较大（中间品和消费品的价格指数已达1.62以上），而出口产品价格（指数为1.19）的增长幅度却不大。

（二）中国进口增长的市场（地理）分解

Amurgo-Pacheco和Pierola（2008）不仅把出口增长按贸易的深度和广度边际进行二元分解，还考虑了地理多样化（Geographic Diversification）导致的贸易增长。基于产品变化和地理多样化的两重维度，我们可以把中国进口产品（新、老产品）按照上述二元边际和不同进口来源国（新、老市场）进行分解，可以重新定义深度边际（从老市场进口的老产品）和广度边际（从新市场进口的新产品、从新市场进口的老产品）。进而，再按照产品类别，比较三类产品进口增长的差异。表7-2就是按照新、老产品和新、老市场两个方向进行进口增长的分解，表中数据是以2001年的产品种类和进口来源国为基准，统计出2006年的情况。结果表明，从39个新市场进口的新产品有1.06亿美元，占全部进口的0.01%。把2001年就已经进口的产品定义为老产品，2006年从201个新市场进口的老产品有208.4亿美元，占总额的

2.63%。而占进口总额97%以上的依然是从161个老市场进口的老产品，共7705.1亿美元，比2001年的2435亿美元增长了两倍多。从产品分类看，中间品进口在几种市场划分中所占份额都是最大的，这与表7-1结果一致。

表7-2 2006年中国进口增长的市场（地理）分解

单位：亿美元，%，个

产品分类	新产品←新市场		老产品←新市场		老产品←老市场	
	新产品进口额	新产品-新市场对数	老产品进口额	老产品-新市场对数	老产品进口额	老产品-老市场对数
所有产品	1.06 (0.01)[a]	112 (39)[b]	208.4 (2.63)[a]	35626 (201)[b]	7705.1 (97.35)[a]	67642 (161)[b]
中间品	0.814		164.45		5726.34	
消费品	0.204		9.42		251.18	
资本品	0.047		27.51		1488.82	

注：a表示各类进口所占的份额，b表示进口来源国数量，其中，产品与市场对数指每一类产品与进口国家的对应数量，产品不同但国家可能有重复。

资料来源：根据UNCOMTRADE数据库中1996年版HS六位编码产品的国别进口数据分类并计算得到。

由此可见，无论是从老市场还是新市场进口的老产品都是我国进口增长的主要构成，尤其中间品更占主导地位，从来源国和产品种类变化可以看出十多年来我国的进口结构没有发生明显改变，说明相关产业结构也未得到显著提升。由于进口结构一定程度上决定了出口结构，况且我国加工贸易多年来主要是扩大了贸易数量。基于这种现状，国家提出调整产业结构和技术升级是及时的、必要的。

我国进口增长的地理多样化体现在进口来源国不断增多，统计显示，从2001年的184个国家和地区发展到2006年的近200个，根据2006年HS六位编码产品国别进口数据进行分类汇总的结果，中国最大的进口伙伴依次为日本、韩国、美国、德国、马来西亚、澳大利亚、泰国、菲律宾、新加坡、俄罗斯、沙特阿拉伯、巴西、法国、安哥拉、中国香港、印度、伊朗、印度尼西亚、意大利等。其中，前六大进口国所占比重分别为 14.6%、11.3%、11%、9.27%、7.5% 和 4.8%，占到中国总进口额的 58% 以上。图 7－1 以日本、韩国、美国、德国、马来西亚和中国香港六个主要进口来源国或地区为例，描述了 2001～2006 年中国的进口情况。可以看出，日本一直是我国最大进口来源国，而且进口额远远高于其他国家或地区，说明两国的双边贸易往来发展稳定。韩国从 2002 年起以较大幅度超越美国，成为中国第二大进口来源国，中国从日本和韩国等国家进口的猛增，主要得益于全球化生产的深入发展。由此看出，产品内国际分工使得特定产品生产过程中的零部件和中间品在不同国家之间多次流通，构成过去几十年国际贸易的快速增长（卢锋，2004），而中国贸易的快速崛起在很大程度上也源于此。

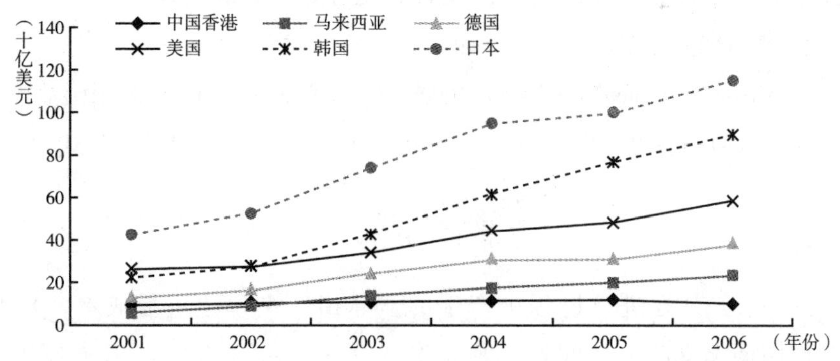

图 7－1　2001～2006 年中国从主要进口来源国或地区的进口情况

资料来源：根据 UNCOMTRADE 和 CEIC 数据库数据汇总整理所得。

综上分析，可以得出四个结论：①我国进口增长中，中间品的占比和增长幅度最大，尤其是从新、老市场进口的中间品，远远超过了资本品和消费品；②考察期内，产品退出与新产品进入种类变化不大，说明我国进口结构未发生明显变化；③对比价格指数和数量指数变化，我国进口增长主要依靠数量扩大拉动，价格水平提高起到次要作用；④从市场划分看中国进口增长，97%以上是从老市场进口的老产品，[①] 这进一步说明我国进口结构有待调整和提升。

三 模型和数据

我国进口产品增长的结构特征很明显，即中间品进口比重、增幅和种类变化都远大于资本品和消费品。尽管这种结构的形成本质上取决于产品内分工，但通过对进口市场分析发现，从老市场进口的中间品占主导地位，这表明双边贸易环境对中间品进口存在更多有利条件，如贸易成本和生产方式的改善等。基于双边贸易框架，探究产品内分工和外部条件对我国进口结构的影响机制，本研究采用改进的引力模型（其结构和解释变量不断得到完善），分析决定中间品进口和总进口增长的深度边际和广度边际影响因素，以及对二元边际影响的差异。

（一）计量模型

Anderson 和 Wincoop（2003）根据不变替代弹性（CES）效用函数推导出了双边贸易的引力方程，因变量 m_{ij} 是 i 国从 j 国的总进口量，公式为：

$$m_{ij} = \frac{Y_i Y_j}{Y^W}\left(\frac{\tau_{ij}}{\Pi_i \Pi_j}\right)^{1-\sigma} \tag{7.3}$$

其中，τ_{ij} 是在进口过程中产生的“冰山”型双边贸易成本，Y_i 和 Y_j 是两国的名义收入，世界总收入 $Y^W = \sum_i Y_i$，σ 是 CES 效用函数的替代弹性且 $\sigma > 1$。Π_i 和 Π_j 不单纯是各国的价格指数，而是被 Anderson 和 Wincoop 称为多边阻力项，[②] 它是包含了与所有贸易伙伴国家的双边贸易成本和经济规模对价格指数产生影响的要素，即给定国家 i 和 j 之

---

① 即使用 2006 年的进口与 1996 年相比，从老市场进口的老产品也占到总量的 80% 以上，说明我国 10 年间进口结构变化也不大。

② 关于多边阻力变量的表达式可参见 Anderson 和 Wincoop（2003）中公式（10）和公式（11），多边阻力是一个综合了收入份额和双边贸易成本影响价格指数的隐函数。

间的贸易成本 τ_{ij}，如果 i 国与其他贸易伙伴的贸易成本提高会降低来自 j 国产品的价格，从而会增加从 j 国的进口，形成贸易转移。由此看出，双边贸易不仅依赖于双边贸易壁垒，还依赖于贸易中的第三方效应。

Yeats（2001）定义一国从另一贸易伙伴进口的中间品占从其进口总量的比值作为衡量参与产品内国际分工强度（Intra-product Specialization）的指标。为了衡量一国参与产品内分工的程度，重新构造引力方程，目的是加入产品内分工强度（IPS）变量，即 $IPS_{ij} = IM_{ij}/m_{ij}$，其中 IM_{ij}是中间品的进口。式（7.3）两边同时被 IM_{ij}相除，得：

$$\frac{IM_{ij}}{m_{ij}} = IPS_{ij} = \frac{IM_{ij}}{\frac{Y_i Y_j}{Y^W}\left(\frac{\tau_{ij}}{\Pi_i \Pi_j}\right)^{1-\sigma}} \tag{7.4}$$

式（7.4）变形后得到：

$$IM_{ij} = \frac{Y_i Y_j}{Y^W}\left(\frac{\tau_{ij}}{\Pi_i \Pi_j}\right)^{1-\sigma} \cdot IPS_{ij} \tag{7.5}$$

式（7.5）就是最终得到的引力方程，这样就把产品内分工强度加入其中。

然后，再对式（7.5）两边同时取对数并加入时间序列：

$$\ln IM_{ij,t} = \alpha_0 + \ln Y_{i,t} + \ln Y_{j,t} + \ln IPS_{ij,t} + \beta_1 \ln\tau_{ij,t} + \beta_2 \ln\Pi_{i,t} + \beta_3 \ln\Pi_{j,t} \tag{7.6}$$

其中，世界总收入转化为常数 α_0，$\beta_1 = 1 - \sigma$，$\beta_2 = \beta_3 = \sigma - 1$。考虑到被解释变量的滞后影响，就可以得到估计方程的动态形式：

$$\ln\frac{IM_{ij,t}}{Y_{i,t}Y_{j,t}IPS_{ij,t}} = \alpha_0 + \gamma\ln\frac{IM_{ij,x-1}}{Y_{i,t-1}Y_{j,t-1}IPS_{ij,t-1}} + \beta_1\ln\tau_{ij,t} + \beta_2\ln\Pi_{i,t} + \beta_3\ln\Pi_{j,t} + \varepsilon_{ij,t} \tag{7.7}$$

从估计方程（7.7）的结构可以看出，双边国家的经济规模和产品内分工强度变量的系数为 1，计量检验中为获得单位收入弹性（Unitary Income Elasticity），我们把这些变量的系数进行控制后再估计，具体做法就是估计时把它们移到方程左侧得到新的被解释变量，而被解释变量的滞后项也对应变为此结构变量，从而得到想要的回归结果。

此外，根据方程（7.3）也可以通过上述方法得到总量进口的估计方程，其中系数的设定同上文：

$$\ln \frac{m_{ij,t}}{Y_{i,t}Y_{j,t}} = \alpha_0 + \gamma \ln \frac{m_{ij,t-1}}{Y_{i,t-1}Y_{j,t-1}} + \beta_1 \ln \tau_{ij,t} + \beta_2 \ln \Pi_{i,t} + \beta_3 \ln \Pi_{j,t} + \varepsilon_{ij,t} \quad (7.8)$$

模型（7.7）、模型（7.8）假定，进口增长的深度边际和广度边际同各解释变量之间的关系是线性的，样本经济体之间相互独立。结合第二部分进口增长的二元边际分析思路，不妨对估计方程（7.7）和方程（7.8）中进口中间品和总进口增长的深度边际和广度边际分别来做计量检验。这样就可以用双边国家的经济规模、双边和多边阻力的变化以及产品内分工程度来解释上述进口产品的增长。根据经济学含义，双方国家的经济规模能正向影响两国间的双边进口，而双边贸易成本的下降能提高双边进口量，根据多边阻力的定义，两国多边阻力的提高均能促进双边进口的增长，产品内分工强度的提高也有利于中间品进口增长，被解释变量的滞后项（变形后的结构项）也具有正向效应。

（二）数据来源和处理

从图 7 - 1 可以清晰看出，我国双边进口额从 2001 年开始有了一个较大的提升，所以，本研究使用 2001 ~ 2006 年的数据对引力模型进行动态面板数据估计。样本国家是中国近些年来最主要的 15 个进口来源国家和地区，分别是日本、韩国、美国、德国、泰国、俄罗斯、澳大利亚、意大利、巴西、印度、马来西亚、沙特阿拉伯、法国、中国香港和印度尼西亚。

1. 双边进口额

沿着上文二元边际的研究思路，重点研究中间品和全部产品的进口增长情况，所以，被解释变量分别用中国从上述贸易伙伴国进口的中间品、总进口的二元边际。具体算法：均以 2000 年 HS 六位编码产品数据为基期，各年份对比 2000 年的净增量，双边进口由于产品种类和数量导致增长的累计进口额，即进口广度边际（Extensive Margin）是由于产品种类变化导致的进口增加，进口深度边际（Intensive Margin）是相同产品集内的进口额增长。数据可以从联合国 COMTRADE 数据库获得（基于第二部分已作的统计）。

2. 国家和地区的经济规模

估计方程（7.7）的自变量中，国家和地区的经济规模采用市场汇率计的 GDP，数据来源于 2008 年 10 月 IMF 的 World Economic Outlook Database，基于汇率的 GDP 用本国或本地区的 GDP 平减指数进行调整得到实际 GDP，平减指数以 2001 年为基准。

3. 产品内分工强度（IPS）

Yeats（2001）把产品内分工强度定义为一国进口中间品占总进口的比重，由此就可以根据中国从贸易伙伴各年份的进口数据求得此变量。进口中间品是把 HS 六位编码产品进口额汇总得到，通过计算结果可以看出，中国与新兴经济体之间的产品内分工强度较高，高达80% ~ 90%，说明中国与这些国家处于生产价值链的不同环节上，彼此之间的生产和贸易联系更加紧密。

4. 双边贸易成本

双边贸易成本借鉴许德友、梁琦（2010）推导出的计算中国与贸易伙伴双边贸易成本的公式：

$$\tau_{ij} = 1 - \left[\frac{EXP_{ij}EXP_{ji}}{s^2(GDP_i - EXP_i)(GDP_j - EXP_j)} \right]^{\frac{1}{2\sigma-2}} \tag{7.9}$$

其中，根据许德友、梁琦（2010）以及国内外学者研究的经验，可贸易品份额 s 设定为 0.8，替代弹性设定为 8，这样就可以算出 2001 ~ 2006 年中国与上述 15 个国家和地区间的双边贸易成本。名义双边出口额（EXP_{ij}，EXP_{ji}）及总出口额（EXP_i，EXP_j）数据可以从 IMF 的 Direction of Trade Statistics 获得，实际 GDP 获得同上，最终计算结果见表 7 - 3。

表 7-3 2001~2006 年中国与贸易伙伴间的双边贸易成本和多边阻力

区域	2001 年		2002 年		2003 年		2004 年		2005 年		2006 年	
	a	b	a	b	a	b	a	b	a	b	a	b
澳大利亚	0.4938	0.00344	0.4848	0.00388	0.4732	0.00360	0.4547	0.00377	0.4315	0.00386	0.4157	0.00396
巴西	0.5648	0.00323	0.5483	0.00311	0.5139	0.00289	0.4905	0.00308	0.4811	0.00296	0.4647	0.00296
中国香港	0.1061	0.02994	0.1041	0.03015	0.1065	0.03104	0.0996	0.03119	0.0927	0.03805	0.0827	0.04530
法国	0.5427	0.00736	0.5403	0.00694	0.5144	0.00673	0.4994	0.00698	0.4896	0.00684	0.4766	0.00683
德国	0.4744	0.00914	0.4631	0.00868	0.4384	0.00880	0.4185	0.00932	0.4048	0.00963	0.3864	0.01042
印度	0.5583	0.00189	0.5457	0.00193	0.5275	0.00203	0.4942	0.00224	0.4668	0.00262	0.4436	0.00300
印度尼西亚	0.4856	0.00497	0.4779	0.00422	0.4645	0.00391	0.4417	0.00449	0.4094	0.00468	0.4004	0.00414
意大利	0.5367	0.00613	0.5254	0.00594	0.5170	0.00595	0.5006	0.00603	0.4916	0.00602	0.4739	0.00625
日本	0.4139	0.00726	0.4009	0.00707	0.3813	0.00688	0.3643	0.00724	0.3555	0.00748	0.3452	0.00803
马来西亚	0.3252	0.01006	0.2880	0.00959	0.3281	0.00994	0.3065	0.01159	0.3100	0.01128	0.3051	0.01145
韩国	0.3851	0.03348	0.3710	0.04113	0.3431	0.04062	0.3090	0.04449	0.2960	0.05834	0.2866	0.05610
俄罗斯	0.4853	0.00304	0.4504	0.00323	0.4224	0.00341	0.3979	0.00359	0.3549	0.00404	0.3356	0.00420
沙特阿拉伯	0.5113	0.00548	0.4985	0.00490	0.4731	0.00520	0.4434	0.00551	0.3938	0.00647	0.3402	0.00729
泰国	0.4510	0.01018	0.4430	0.00915	0.4154	0.00967	0.3861	0.01129	0.3562	0.01204	0.3348	0.01176
美国	0.4614	0.00423	0.4493	0.00429	0.4300	0.00423	0.4105	0.00456	0.3932	0.00463	0.3747	0.00490
中国	—	0.00942	—	0.01022	—	0.01172	—	0.01327	—	0.01440	—	0.01537

注：a 栏数据为中国与各贸易伙伴之间的双边贸易成本，根据公式（7.9）计算得到，其中，$s=0.8$，$\sigma=8$。b 栏是各国的多边阻力项。

5. 多边阻力项

由于多边阻力项体现的是一个国家与其所有贸易伙伴国之间的贸易成本，与某一国家贸易成本不变的情况下，多边阻力越大，则越会推动与此国的双边贸易。根据 Kancs（2007）的方法，钱学锋（2008）将多边阻力按照偏远指数（Index of Remoteness）的形式进行了定义，Y_r 和 Y 分别是各国 GDP 和世界总的 GDP，公式中的贸易自由度指数 φ_{rd} 可以根据 Head 和 Mayer（2004）定义，其中 E_{rd} 和 E_{dr} 分别是从 r 国出口到目的地 d 国的总出口以及从 d 国出口到目的地 r 国的总出口，E_{rr} 和 E_{dd} 则是两国的国内销售，其值等于本国总产出减去总出口。[①] 所用到的双边出口值可以从 IMF 的 DOTS 获得，各国总产出用 GDP 值的数据来源同上。通过上述定义式，我们算出 2001～2006 年各国多边阻力的具体数值，表 7－3 列举了所研究国家和地区多边阻力的变化情况，几年来各国多边阻力都有不同程度的提高，说明这些国家的贸易自由度越来越高，且受贸易第三方影响程度越来越大。按照多边阻力对双边贸易的正向影响效应，即中国与其他国家的多边阻力越大时，它就越会促进中国与这些国家的双边贸易。

四　实证结果分析

（一）计量方程回归结果

在本研究的面板数据中，样本国家和地区个数 $N=15$，时期 $T=6$，属于典型的 N 大 T 小类型面板。实证模型（7.7）、模型（7.8）均为线性动态模型，均包括因变量的滞后项作为协变量，同时也含有不可观察的面板水平效应 vi（或固定或随机），这两部分之间由于存在相关关系，使得标准的估计量如最小二乘估计量、极大似然估计量和工具变量估计等不再一致。最小二乘法属于矩估计方法，要求矩方程的个数和参

① 贸易自由度指数取值范围 $0<\varphi_{rd}<1$，接近 0 时是贸易成本过高，接近 1 时是自由贸易。

数的个数一样多，即恰好可以识别。但是，在某些情形中，矩方程的个数大于参数的个数，即过度识别，此时要获得参数的一致估计，矩法要求所有的信息必须相互一致，满足这一要求的矩法就是广义矩法（Generalized Method of Moments，GMM）。GMM 是按最佳的方法综合样本信息的最优工具，可以说是目前估计动态面板数据模型的主流方法（刘仕国，2009）。

STATA 软件处理线性动态面板技术的语句主要有三个：xtabond2、xtdpdsys 和 xtdpd，均适用于分析 N 很大而 T 很小的面板数据。本研究对模型（7.7）和模型（7.8）分别应用这三个语句进行估计，然后根据特征误差及其相关关系的特性进行了考察，最终选取了适合本面板数据特征的最终估计结果，如表 7－4 所示。模型选取各解释变量的部分已知值（原变量的滞后 1 期）作为 GMM 的工具变量，并采用 Sargan 检验确定工具变量的有效性，回归结果表明，工具变量选择是合适的，即所选工具变量与残差项不相关。为了保证估计结果的有效性，我们还对模型的残差进行了自相关检验，利用 Arellano-Bond 统计量检验 GMM 估计中残差的自相关状态，可以看出并没有明显的一阶和二阶自相关性。

对进口中间品的回归结果分两组进行分析，第 1 组是对中间品进口的广度边际进行检验，在控制了引力模型中双方经济规模和产品内分工强度三个变量后，① 得到这三个变量的单位弹性（控制的目的是使其系数与模型中的一致为 1），同时也得到了与预期一致的相关性，即两国经济规模能正向促进广度边际进口增长，并且产品内分工程度越高对扩大产品种类形成的进口增长的贡献越大。此外，上一期的中间品进口广度边际引致的增长也能正向影响当期进口，说明进口的趋势效应与需求惯性起到了正向加强作用。双边贸易成本则与双边进口呈负相关，结果显示诸如关税、运输成本等贸易成本的逐步下降会提高进口。对于双方

① 具体的原理和方法参见上文“计量模型”部分说明，总进口的检验与此相同。

表 7-4　中国不同产品进口增长的动态面板数据回归结果

解释变量	中间品进口		所有进口产品	
	广度边际	深度边际	广度边际	深度边际
被解释变量滞后项	0.222(6.21 ***)	0.493(25.38 ***)	0.296(17.83 ***)	0.811(42.98 ***)
$\ln y_{i,t}$	1	1	1	1
$\ln y_{j,t}$	1	1	1	1
$\ln IPS_{ij,t}$	1	1	—	—
$\ln \tau_{ij,t}$	-1.372(-1.91 *)	-2.220(-2.62 **)	-1.017(-2.37 **)	-0.943(-3.82 ***)
$\ln_{i,t}$	2.360(9.51 ***)	4.199(8.81 ***)	3.589(9.22 ***)	0.945(14.39 ***)
$\ln_{j,t}$	2.644(4.64 ***)	0.341(2.88 **)	3.447(22.08 ***)	0.536(9.46 ***)
Constant	-21.734(-6.31 ***)	-11.040(-42.20 ***)	-30.804(-12.26 ***)	-3.673(-5.60 ***)
R^2	0.583	0.856	0.265	0.945
Sargan test	10.03[0.691]	13.584[0.484]	11.726[0.304]	12.54[0.250]
AR(1)	2.22[0.027]	1.23[0.219]	2.18[0.030]	2.08[0.038]
AR(2)	1.30[0.194]	1.50[0.134]	2.20[0.028]	1.83[0.068]
obs	75	71	75	73

注：① *** 表示1%显著性水平，** 表示5%显著性水平，* 表示10%显著性水平。() 内是t统计值，[ ] 内是统计量对应的概率值，空格表示模型中不包含该变量。同时，还估计了 Hansen test，数值上与 Sargan test 基本一致。②“被解释变量滞后项”分成两类，一类是检验进口中间品的滞后变量，是控制了两国经济规模、产品内分工强度之后的结构变量；另一类是检验总进口的滞后变量，是只控制了两国经济规模的结构变量。

的多边阻力项，中国多边阻力的提高明显地改善了中国从贸易伙伴国的进口，如中国与贸易伙伴在双边贸易成本不变条件下，中国与其他贸易伙伴的多边阻力每提高 1 个单位，中国从此国中间品进口就增加 2.36 个单位（此处指广度边际）。同样，对方国家多边阻力的提高也提升了中国从这些贸易伙伴的进口量（弹性为 2.64），这表明影响双边贸易的因素不仅有双方的贸易壁垒，与第三方效应也息息相关。第 2 组对中间品进口的深度边际的回归结果也都符合理论上对此类进口产品的预期判断，上期进口变量和双方国家经济规模都能有效促进深度边际进口的增长，而双边贸易成本负向影响进口贸易，产品内分工强度也加强了相同产品进口数量的增加。两类产品回归结果中，贸易双方多边阻力的提高都能有效促进双边进口，这与我们的预期一致。

对总进口的检验也分为广度边际和深度边际两组进行，与中间品不同的是不考虑产品内分工对总进口增长的效应［在总进口的引力模型(7.8）中不包含此变量］。无论是广度边际还是深度边际，双边贸易成本与进口是负相关的，这说明无论是中间品还是全部产品受贸易成本的影响是相同的。对于多边阻力，中国与贸易伙伴的多边阻力越大，说明贸易自由度越高，对双边总进口的促进作用也就越大。同样，控制了双边经济规模后的被解释变量的滞后项与总进口正相关，说明进口需求的惯性作用也提升了当期进口。总进口的深度边际和广度边际回归结果中，各变量的回归结果普遍达到了1%显著性水平。此外，双边贸易成本在中间品和总产品进口估计结果上有较大差异，即中间品进口（无论是广度边际还是深度边际）受双边贸易成本影响的弹性明显大于总进口，这也是中间品进口占有主导比重的一个重要原因。如在其他变量不变情况下，双边贸易成本每降低1个单位，中间品进口广度边际增长1.372个单位，总进口广度边际增长1.017个单位；同时，中间品深度边际增长2.22个单位，总进口深度边际增长0.943个单位。

从贸易方式和环境分析中间品进口占主导地位的原因，多年以来我国是以加工贸易参与产品内国际分工的，来料加工装配贸易和进料加工贸易又是最主要的两种贸易方式。前者主要依托沿海港口城市建立的保税区，外商企业提供产品全部的原材料和中间品，由于只到达保税区内，所以进口时不用付汇也免收部分进口关税，加工厂商在保税区内完成产品的组装后，再由外商进行销售，所以被称作“两头在外”的加工生产方式；进料加工贸易是进口料件由经营企业付汇进口，制成品由经营企业外销出口的贸易方式，进口原材料的所有权和收益权属于经营企业。由此看出，中间品进口一般在贸易成本上比消费品和资本品更具优势，这从现实角度解释了中间品进口贸易成本较低的原因。

加工贸易深刻影响着我国进口，并使中国成为“世界工厂”。从长远看，我国加工贸易还有很大发展空间，并会继续提升我国进口，进而提高中间品进口比重。但恰恰是这种分工形态和贸易成本的下降，仅仅扩大了我国进口数量，却不利于进口结构的转型和升级，进而影响到我国出口产品结构及其在全球价值链上地位的提升。所以，我国要进一步丰富进口产品的种类，进口具有更高技术含量的产品，进而可以提升我国产品在价值链上的位置。

（二）中国从各贸易伙伴中间品的进口潜力分析

根据表7－4中对中间品进口的二元边际回归结果，利用估计值就可以对中国与贸易伙伴的中间品进口进行模拟值的计算，然后再用实际值与模拟值进行比较，比值大于1就说明中国从这些国家或地区进口规模是“过度贸易”，比值小于1则说明是“贸易不足”，从而判断双边进口的潜力。通过对15个样本国家和地区中间品进口的实际值和模拟值比较后发现，中国的进口规模还存在很大的上升空间，无论从广度边际还是深度边际上看，“进口不足”的国家或地区数量要多于“进口过度”的数量，这从实证角度支撑了我国提出要扩大进口、促进贸易平衡发展的政策。

表7－5　中国从各贸易伙伴中间品进口的潜力（基于2006年）

区域	中间品（广度边际）			中间品（深度边际）		
	实际值	模拟值	实际值/模拟值	实际值	模拟值	实际值/模拟值
澳大利亚	6.827	7.359	0.928	9.541	9.723	0.981
巴西	6.319	8.045	0.785	9.262	10.148	0.913
中国香港	1.904	1.210	1.574	7.149	6.663	1.073
法国	4.430	6.174	0.717	7.990	10.412	0.767
德国	5.522	5.587	0.988	9.494	8.833	1.075
印度	7.284	8.140	0.895	8.896	10.076	0.883
印度尼西亚	5.871	6.208	0.946	8.166	10.798	0.756

续表

区域	中间品(广度边际)			中间品(深度边际)		
	实际值	模拟值	实际值/模拟值	实际值	模拟值	实际值/模拟值
意大利	5.328	6.066	0.878	7.995	10.470	0.764
日本	5.694	6.905	0.825	10.855	7.548	1.438
马来西亚	5.549	3.535	1.570	9.662	9.401	1.028
韩国	5.575	0.772	7.219	10.757	7.348	1.464
俄罗斯	6.412	7.138	0.898	9.171	9.653	0.950
沙特阿拉伯	5.403	4.969	1.087	9.451	9.588	0.986
泰国	5.366	3.419	1.570	9.027	9.927	0.909
美国	5.634	8.813	0.639	10.179	7.818	1.302

注：根据公式（7.5）展开后的结构，实际值是被解释变量（进口额）取对数，模拟值是根据表7-4对应的回归结果代入公式（7.5）计算得出。

先从中间品进口的广度边际分析，中国从马来西亚、中国香港、韩国和泰国的进口规模属于“过度贸易”，从巴西、法国、印度、意大利、日本、俄罗斯和美国的进口规模属于“贸易不足”，而从其他国家和地区的此类进口较为均衡。由此可以看出，我国中间品进口广度边际增长还存在较大的欠缺，产品种类引致的贸易增长需要进一步扩大，尤其是从发达国家和资源型国家增加多种类别产品的进口。根据影响二元边际的因素可知（Chaney，2008），大国之间贸易产品种类的增加对贸易增长的效应较大，依此结论，我国应该扩大从美国、日本等国家进口的产品种类，进而带动进口数量的提升。另外，由于亚洲经济一体化进程加快，以及东亚国际生产网络的不断深化，中国与韩国、马来西亚和泰国等国家之间的一体化生产和外包业务不断增多。当前中国从这些国家进口的零部件、半成品贸易远远超过了一般贸易量，而从中国香港进口数量多主要还在于转口贸易这种独特方式形成的。

从中间品进口的深度边际分析，中国从美国、韩国和日本的进口属于“过度进口”，而从巴西、法国、印度、印度尼西亚、意大利等国家的进口属于“进口不足”，从其他国家和地区的此类进口较为均衡。由于经济规模和需求数量庞大，我国从美国、日本和韩国的进口数量多也是符合现实的，尤其是中国与日本、韩国等国构建的东亚国际生产网络的深入发展更进一步扩大了双边进出口贸易。从其他国家的进口数量“不足”，也充分说明我国确实存在对消费需求不足的现状，与我国消费不足、储蓄过量的基本现实是吻合的。另外，我国还应该加大对上述国家资源型产品的进口，以满足我国对此类产品的需求。

（三）双边中间品进口增长因素贡献分解

此部分以中间品进口的广度边际为例进行因素分解，表 7－6 是根据方程（7.7）计算的中国与主要贸易伙伴中间品进口增长的因素贡献的比重分解，2001～2006 年，双边进口增幅较大，特别是与发展中国家、转型经济体之间的增长更为突出，说明这六年来中国与新兴经济体的双边进口增长有了质的飞跃。同时，与主要发达国家之间的进口也增长较大，尤其是近几年中国从澳大利亚进口增长较为迅速。导致双边进口增长的因素有三：首先，国家经济规模的扩大依然是主导因素，中国与表 7－5 中所列主要贸易伙伴都是较大经济体，经济规模对进口的贡献占有绝对优势，从平均值看，这种优势发展中国家比发达国家更明显一些。而 OECD 国家之间贸易增长，收入提高贡献的比重为增长的 2/3（Baier 和 Bergstrand，2001），明显低于中国与主要贸易伙伴双边进口增长所占比重。

其次，双边贸易成本的下降对进口增长也贡献很大，从表 7－3 的数据可以看出，中国与日本、韩国和印度等亚洲国家的双边贸易成本较低且下降幅度较大，于是中国与这些进口贸易伙伴国之间贸易成本的下降对贸易增长作用更大，此外，与澳大利亚、巴西等一些国家的情况也如此。整体而言，中国与新兴经济体（包括“金砖四国”）之间双边贸易壁垒下降对双边进口增长的贡献达 26.82%，较发达国家高出近 7%。双边贸易成本的下降主要是通过降低关税和运输成本实现的，目前我国建成和签订了多个自由贸易区，都会通过降低或取消关税实现双边贸易的快速提升。

表 7-6　中国从贸易伙伴中间品进口增长的因素贡献分解

单位：%

区域	进口的滞后变量	经济规模提高的贡献	双边阻力下降的贡献	多边阻力提高的贡献	产品内分工的贡献
澳大利亚	18.86	295.54	16.37	64.87	0.45
中国香港	36.99	173.34	28.27	38.25	23.54
法国	19.66	367.76	16.47	53.95	7.55
德国	23.67	410.46	23.35	39.59	10.58
意大利	19.75	371.02	16.89	58.75	10.52
日本	17.11	338.03	21.13	42.01	4.61
韩国	16.09	284.44	22.20	28.98	3.21
美国	14.27	272.68	15.28	47.76	4.15
平均值	20.80	314.16	20.00	46.77	8.08
巴西	17.34	271.20	13.07	68.90	0.47
印度	17.90	268.18	13.70	67.65	0.52
印度尼西亚	17.20	338.63	20.23	74.99	1.35
马来西亚	34.25	581.58	46.08	55.52	3.43
俄罗斯	20.82	300.21	20.99	64.69	2.86
沙特阿拉伯	21.66	422.46	29.78	63.57	0.07
泰国	32.08	608.63	43.92	55.37	5.59
平均值	23.04	398.70	26.82	64.38	2.04

注：根据回归方程的模拟值计算，基于表 7-4 中间品进口广度边际回归结果得出（2006 年数据）。

最后是多边阻力项，一国多边阻力的提高会促进与贸易成本不变国家之间的双边进口，即两者是正相关，所以，多边阻力提高对贸易增长的贡献为正值。从表 7-3 数据可以看出，中国与所有贸易伙伴的多边阻力都有一定幅度提高。多边阻力的提高对中国与其他国家间的双边进口增长的贡献超过了双边阻力下降的贡献（全部国家的平均值），比较而言，发展中国家的多边阻力提高的贡献更显著。以印度为例，印度与其他国家的多边贸易壁垒下降对中印双边进口的贡献为 67.65%，也可以解释为印度与其他国家多边阻力提高对中印进口的贡献为 67.65%，实际上是增加了对中国的贸易转移。从双边贸易成本和多边阻力在全部样本国进口增长贡献中所占比重的平均值看，前者下降（平均贡献约占 23%）和后者提高（平均贡献约占 55%）对双边进口增长的贡献都很明显，尤其后者的贡献更为突出。这充分说明经济全球化和贸易自由化极大地推动了双边贸易的增长，这种增长趋势主要得益于区域经济一体化和贸易便利化的提升，如中国与东盟、亚太贸易协定的签订，与澳大利亚自由贸易区谈判，以及正在研究与日本、韩国建立自由贸易区，这些都会促进双边贸易的提升。

中间品进口广度边际的滞后变量对各国当年的进口变量呈正向关系，这表明存在着进口趋势与需求惯性。从发达国家和发展中国家的平均值来看，滞后项的贡献差别并不大，影响力也较为明显，均达到20%以上；产品内分工对发达国家和发展中国家的影响有一定差别，对中国从发达国家的进口作用更加明显，这与中国参与全球化生产密切相关，很大程度上是由于我国承接着发达国家大量的中间生产环节，这是引致中间品进口广度边际提高的本质原因。比较而言，产品内分工对进口的贡献低于其他几个变量的贡献。

五　结论

长期以来，由于我国深入参与产品内分工的国际生产体系当中，加上国外市场对我国贸易依存度的提高，促进了我国进口贸易的快速发展。金融危机过后，我国进出口形势出现了一些变化，贸易顺差趋向缓和。当前国家大力提倡扩大进口以促进对外贸易平衡发展，尤其在金融危机期间向欧美国家派出了多批采购团，这不仅促进了我国的进口贸易，还对全球经济快速复苏起到了积极作用。

本研究前一部分侧重于从产品层面研究我国进口结构，统计结果发现，在2001～2006年我国进口增长中，中间品增长幅度最大，高达231%，产品退出种类大于新产品进入，其中，中间品的种类变化最大；我国进口增长主要还是依靠数量扩大拉动的（增长2.22倍），价格水平提高起到次要作用（增长1.47倍）；从市场划分看中国进口增长，主要还是从老市场进口的老产品，占到进口总额的97%以上，其次是从新市场进口的老产品。

在双边贸易框架下研究我国进口产品增长的差异，本研究采用了改进的引力模型对我国从主要贸易伙伴的进口进行了系统 GMM 面板数据检验。计量结果发现，双边贸易成本下降和各国多边阻力的提高均能正向影响双边进口，尤其中间品受双边贸易成本影响的弹性较大，其中产品内分工强度也正向影响着中间品进口数量。在回归结果基础上，本研究还利用实际值和模拟值对我国中间品的二元边际进口潜力进行了国别测算和政策分析，判断出我国还具有较大的进口发展空间。最后，本章还对引力方程中各变量对进口增长的贡献进行了分解，除国家经济规模占贡献的主导外，双边和多边贸易成本改善对进口增长的贡献也同等重要。

在产品内分工的新型国际生产体系下，国际分散化生产方式决定了我国的进口结构，同时，贸易成本的改善和多年来国家对加工贸易的扶持也导致了进口结构延续多年不变。在我国进口数量不断扩张的情况下，如何把进口产品从数量增长向质量和技术方面提高，以及如何利用进口产品提升我国制成品在全球价值链上的地位，这是在制定进口战略时应重点考虑的问题。例如，调整进口政策从生产导向型向更加中性的自由贸易型转变、调整关税结构以及产业结构转型与升级等，通过这些手段更好地促进我国进出口产品结构的转变与提升。

第二节　中国行业增加值及其对贸易失衡的结构解析

一　引言

改革开放以来，我国国民经济得到了飞速发展，产业结构和贸易构成在全球化和市场化进程中不断转型和升级。当前，国际分工体系日趋细化，虽然产业内贸易和产品内贸易交织并存，但是产品内分工越来越盛行，而我国正是借助各种形式的加工贸易参与全球化垂直生产网络的。[①] 在整个国际生产体系中，中国在较长时期内大量生产或出口劳动密集型产品，并且也承接着大量价值链低端的生产环节，通过各种形式的加工组装后出口大量更加复杂、更加差异化，甚至高技术含量的机械和电子类产品。中国的这种生产格局和贸易模式尽管在产出数量上占有绝对优势，在本土技术和收益的提升上是否也取得了一个飞跃呢？

2011 年是中国加入 WTO 十周年，我国的贸易收支也随着对外开放和加入 WTO 发生着巨大变化。中国的持续贸易顺差开始于 2002 年，尤其是 2005 年我国贸易顺差出现爆发式增长（增长速度为 218%），[②] 由此带来的国际压力也非常巨大，究其根本原因是上文所说的中国参与国际分工和贸易逐步开放所致，其中能充分发挥中国劳动力比较优势的加工贸易是形成贸易顺差的主要构成因素。我国对外贸易政策也由最初的进口替代转变为鼓励出口，我国的贸易顺差在 2008 年达到一个高点后，2010 年的贸易顺差略有减少，为 1800 亿美元，于是贸易平衡问题愈发显得重要起来。中国贸易顺差中 60% 以上是由外资企业产生的，所以现实中的顺差数据不能完全反映实际的利益格局。本研究借助对出口贸易价值链的分解来进一步探究中国贸易失衡的真实程度，以此作为依据来缓解贸易失衡给我国带来的诸多压力。

二　文献回顾

从某种程度上说，我国的贸易失衡主要是伴随着中国制造业价值链变动而产生的，换句话说，就是我国出口贸易结构发生变迁的同时，贸易余额顺差开始不断扩大。全球经济不平衡对发展中国家而言主要指经

① 2010 年中国加工贸易出口占到总出口额的 46.9%，同时，外资企业出口占总出口的 55%。

② 实际上，由于贸易政策的调整，2005 年之后的三年，我国贸易顺差的增长速度逐年回落为 74%、48% 和 12.5%。

常账户的顺差过大，而在经常账户顺差中贸易余额则是其形成的主要因素。对于全球经常账户失衡，尤其是中美贸易失衡问题，已经是不争的事实，中国“双顺差”的现实也使得其在人民币汇率问题上承受着较大的国际压力。2010 年，中国的贸易余额顺差达到了 1800 亿美元，尽管顺差数额有一定程度的收敛，但庞大的基数成为一些国家品头论足和施压的缘由。研究形成贸易顺差原因的观点也较多，如从汇率波动性、贸易体制和政策、外商直接投资形成的加工贸易结构以及两国储蓄率的变化等方面分析了对中美贸易顺差以及中国“双顺差”可持续性的影响（李稻葵等，2006；余永定等，2006）。还有的研究从贸易统计口径的误差，规模较大的转口贸易以及外资企业在华投资所产生的大量贸易等视角分析了中美贸易顺差扩大的原因（沈国兵，2005）。虽然中国大规模的贸易顺差是客观存在的，但是从利益分配的角度来看这些顺差所形成的收益并不完全被中国获得，而美国贸易逆差的损失可以通过潜在的收益加以弥补（陈继勇等，2008）。换句话说，中美贸易失衡程度若从国民贸易视角来测算并没有那么大，可以消除这种“统计假象”，按照属权原则就可以把直接投资收入差额和职工报酬差额剔除掉，那么失衡程度就会缩小。[①]

本研究从价值链视角研究贸易失衡问题，应该说，可以从本质上厘清对现有问题的认识，中国贸易失衡是客观存在的，若从利益分配角度看，中国仅仅还是“世界工厂”而非较高层次的消费市场，并未享受到巨大出口带来的全部福利。为诠释这样一种观点就需要我们定量分析中国出口贸易中实际创造的增加值以及外国贡献的内容，也就是要具体分离出贸易统计中所谓的重复核算（Double-counting）部分，本研究正是力图把我国出口贸易产品的技术构成进行分解，从结构内容和增加值的角度来探究中美贸易失衡的真实程度。

---

① 根据 WTO 和日本亚洲经济研究所的最新研究报告，按传统贸易统计，2008 年中美贸易顺差为 2850 亿美元，但如按增加值贸易计算，中国对美国的贸易顺差只有 1640 亿美元，占传统贸易统计的 69%。

三　基于非竞争型投入占用产出模型的增加值分析

为了衡量价值链提升的路径，我们以出口贸易为分析对象，分解出口产品的技术和生产构成，也就是分析出口制成品中所包含的不同来源地的物化和非物化构成。在全球化生产网络下，在以垂直分散化生产和外包为主导的国际生产和贸易体系中，一国出口产品可以分解为：外国投入品贡献（Foreign Input Content），一般是进口中间投入品在最终出口品中的构成部分；国内投入品贡献（Domestic Input Content），这里定义为国内的生产投入在最终出口品中的体现；生产中创造的附加值（Value Added），其内容主要是非物化投入创造出的新价值，包括固定资产折旧、生产者报酬、生产税净额和营业盈余，这些都属于国内创造的附加值。以上是本研究对出口产品结构构成的重新定义，尤其是把国内创造的附加值单独分离出来，以此作为生产附加值的构成来研究价值链的变迁过程，较其他替代变量来说，这应该是一个科学、准确的经济学研究方法。

（一）分析框架

本节基于非竞争型投入占用产出模型进行研究，其与竞争型投入产出模型不同之处是可以区分出国内生产的中间投入品和进口投入品，反映了二者的不完全替代性（Lau，2007）。[①] 考虑到现实中我国加工贸易

① 非竞争型投入占用产出模型可以由如下恒等式组成：

$$\begin{cases} \begin{bmatrix} 1-A^{DD} & -A^{DP} \\ 0 & 1 \end{bmatrix} \begin{bmatrix} X-E^{P} \\ E^{P} \end{bmatrix} = \begin{bmatrix} Y^{D} \\ E^{P} \end{bmatrix} \\ A^{MD}(X-E^{P}) + A^{MP}E^{P} + Y^{M} = M \\ (A^{DD}+A^{MD})'(X-E^{P}) + \hat{A}_{v}^{D}(X-E^{P}) = X-E^{P} \\ (A^{DP}+A^{MP})'E^{P} + \hat{A}_{v}^{P}E^{P} = E^{P} \\ \mu A^{Dk} + \mu A^{Mk} + A_{v}^{k} = \mu,\ k = D,P \end{cases}$$

在考虑加工贸易的情形下，非竞争型 I/O 模型除了包含几个恒等式外，还存在一个附加的投入产出约束式，即对任何一个部门，各种中间消耗系数与增加值系数之和等于单位矩阵：$\mu A^{Dk}+\mu A^{Mk}+A_{v}^{k}=\mu$，$k=D$，$P$，其中，$A_{v}^{k}$是不同情形下的增加值占总产出比率向量，即我们定义的增加值份额，μ是单位向量，其他变量含义见正文。

较为普遍的情况，就可以借助此模型建立加工贸易和非加工贸易（包含国内销售和一般贸易）的两层分析框架，并把出口产品分解为外国增加值份额和国内增加值份额两部分。本研究与其不同之处就是依照上述方法把出口产品结构划分成上一段所述的三个部分。在 I/O 表中，A^M 是进口投入品占全部投入品使用量的比例，A^D 是国产投入品的使用比例，投入产出表中的直接消耗系数矩阵 A 为两者之和，即 $A = A^M + A^D$。利用这些消耗系数矩阵就可以把国内投入品贡献份额（DICS）和生产中创造的增加值份额（VAS）分离开，而外国投入品贡献份额（FICS）的公式不变。若区分加工贸易和非加工贸易，要分解出口品的结构，还需要更加细化的消耗系数矩阵，如中间投入品需要分为进口的和国产的，因此，修正后的计算公式如下（当把增加值份额从国内贡献内容中分离出来，计算公式需要进行减法运算并整理，数学推导过程从略）。

（1）非加工贸易情形（包含国内销售和一般贸易）：

$$\begin{cases} FICS = \mu A^{MD}(I - A^{DD})^{-1} \\ DICS = A_v^D(I - A^{DD})^{-1}A^{DD} \\ VAS = A_v^D = \mu(I - A^{DD} - A^{MD}) \end{cases} \tag{7.10}$$

（2）加工贸易情形：

按照上式的思路，把加工贸易出口也分解为三个部分，将外国投入品贡献份额 $FICS_p$ 进一步拆分为间接用到加工贸易中的进口投入品和直接用在加工贸易中的进口投入品两个部分，如下式：

$$\begin{cases} FICS_p = \mu(A^{MD}A^{DP}(I - A^{DD})^{-1} + A^{MP}) \\ DICS_p = A_v^D(I - A^{DD})^{-1}A^{DP} \\ VAS_p = A_v^P = \mu(I - A^{DP} - A^{MP}) \end{cases} \tag{7.11}$$

其中，在加工贸易情形下加入了一些新的变量，变量的上标 D 代表国内销售和一般贸易，P 代表加工贸易，变量的下标 p 代表加工贸易情形，A_v^D 和 A_v^P 分别是上述两种情形下的增加值比率向量，A^{MD} 是进口中间品用于国内销售和一般贸易的消耗系数矩阵，A^{DD}是国内生产中间品用于国内销售和一般贸易的消耗系数矩阵，A^{DP}是国内生产的中间品用于加工贸易出口的消耗系数矩阵，A^{MP}是进口中间品用于加工贸易出口的消耗系数矩阵。

（二）方法及数据获得

1. 消耗系数矩阵的求法与运算

在计算方法上，我们借鉴 Koopman 等（2008）的方法，虽然计算公式是基于 I/O 表的直接消耗系数矩阵，但并不是直接使用此矩阵，而是按照投入品的来源和用途拆分成上述多个独立系数矩阵（Separate Accounts），尤其是考虑加工贸易情形后，上述系数矩阵就变得更复杂和细分化了。我们主要的工作就是计算出如下各个公式中分子所示的六个流量矩阵：

$$A^{DD}=\frac{z_{ij}^{dd}}{x_j-e_j^p},A^{MD}=\frac{z_{ij}^{md}}{x_j-e_j^p},A_v^D=\frac{v_j^d}{x_j-e_j^p};$$
$$A^{DP}=\frac{z_{ij}^{dp}}{e_j^p},A^{MP}=\frac{z_{ij}^{mp}}{e_j^p},A_v^p=\frac{v_j^p}{e_j^p} \tag{7.12}$$

上述系数矩阵都是两种不同渠道生产（进口或者国产）的中间品z_{ij}分别占国内销售与一般出口、加工贸易出口的流量（d，p，m 的含义与对应的大写字母相同），两种增加值 v_j^d、v_j^p 分别是国内销售与一般出口、加工贸易出口过程中生产创造的增加值（具体见 Koopman 等，2008）。其中，x_j 是行业 j 的总产出，z_{ij}是总的投入品，v_j 是总的增加值，这些数据都可以直接从 I/O 流量表中得到；e_j^p 是行业 j 的加工贸易出口，是从中国海关统计得到产品层面数据，通过下面的集结方法得到行业数据。在下页页下注的六个约束条件中，还要具备行业的总进口 m_j，数据来自 I/O 表；行业 j 用于加工贸易出口的投入品进口 m_j^p，以及用于国内销售和一般贸易出口的投入品进口 m_j^d，数据来自中国海关统计；还有来自 I/O 表的总需求 y_j，进口需求 y_j^m 和来自国产的需求 y_j^d。

其中，关于上述消耗系数矩阵的求法，可以按照下述比例方法获得。两类进口消耗系数流量矩阵的求法如下：

$$z0_{ij}^{mp} = \frac{z_{ij}}{\sum_{j}^{k} z_{ij}} m_i^p ; z0_{ij}^{md} = \frac{z_{ij}}{\sum_{j}^{k} z_{ij}} m_i^d$$

对于国内生产的中间品的消耗系数矩阵，也可以按照比例分摊的方法求解。国内生产的投入品流量矩阵的求法如下：

$$z_{ij}^d = z_{ij} - (z0_{ij}^{mp} - z0_{ij}^{md}) = z0_{ij}^{dp} + z0_{ij}^{dd}$$

那么，根据出口的比例份额，可以分摊国内生产的投入品的流量矩阵，公式如下：

$$z0_{ij}^{dd} = z_{ij}^d \frac{x_j - e_j^p}{x_j}, z0_{ij}^{dp} = z_{ij}^d \frac{e_j^p}{x_j}$$

为了消除按上述比例方法计算出的解的初值所形成的误差，我们运用二次规划模型对变量初值进行调整，根据最小化的目标函数，在规划中加入了拆分后的投入产出表的六个约束条件，进一步调整和优化各个待求变量的可行解。① 这里，我们使用 MATLAB 软件进行编程，以获得各个矩阵和待求变量的合理解 z_{ij}^{mp}，z_{ij}^{md}，z_{ij}^{dd}，z_{ij}^{dp}，v_j^d，v_j^p。然后，利用公式（7.12）就可以解出对应的消耗系数矩阵 A^{MP}，A^{MD}，A^{DD}，A^{DP}，A_v^D，A_v^P。

2. 分类产品的集结与行业对接

从产品层面到投入产出行业的分类和对接上，目前国内还没有一个

① 我们使用拆分投入产出系数的方法，为了计算考虑加工贸易情形的消耗系数矩阵，本文借鉴了 Koopman 等（2008）线性优化的最小化目标函数（目标函数就是六个待求变量与变量初值差得平方和，再除以初值）和以下六个关于投入产出表的约束条件：

$$\sum_{j=1}^{23}(z_{ij}^{dd} + z_{ij}^{dp}) + y_i^d + e_i^n = x_i - e_i^p ; \sum_{j=1}^{23}(z_{ij}^{md} + z_{ij}^{mp}) + y_i^m = m_i ;$$

$$\sum_{j=1}^{23}(z_{ij}^{dd} + z_{ij}^{md}) + v_j^d = x_i - e_j^p ; \sum_{i=1}^{23}(z_{ij}^{dp} + z_{ij}^{mp}) + v_j^p = e_j^p ;$$

$$z_{ij}^{dd} + z_{ij}^{dp} + z_{ij}^{md} + z_{ij}^{mp} = z_{ij} ; v_j^d + v_j^p = v_j$$

现成的对应标准，笔者在这方面做了一项基础性的、繁复的工作。由于本研究所用产品层面的贸易数据是基于协调制度编码 HS 八位码产品统计的（数据来自中国海关统计，可以将加工贸易和非加工贸易数据分离），为了获得中间品的贸易数据，按照 HS（六位码）产品类别（1997 年、2002 年和 2007 年）和联合国《按经济大类分类》（BEC）的中间品对接表，将中间品贸易从全部贸易中分离出来，于是可以得到中间品的加工贸易、非加工贸易数据。我们以 2007 年为基准，将 1997 年、2002 年和 2007 年三份 I/O 表的部门分类在中类层面上进行对接，并分别归并为 42 个部门；同时，我们根据 HS 八位码在不同年份之间的对应关系，以及国家统计局提供的 2007 年 HS 产品分类（八位码）同 I/O 表 2007 年部门分类（五位码）的对应关系为基准，分别建立了 1997 年和 2002 年 HS 八位码——I/O 表 42 部门之间的对应关系。最终，就能得到这三个年份从 HS 八位码产品到 I/O 表 42 个部门的对接。[①] 在此基础上，就可以进行产品到 I/O 表行业的转换（由于篇幅所限，分类对照表从略，对接示意参见图7 -2）。

上述基础数据处理和随后的数据运算，存在如下主要假设。第一，由于服务贸易分类数据不可得，且服务贸易额比货物贸易额小很多，因此本研究未考虑服务贸易。第二，作为最终产品进口的资本品，虽然进入了中国的再生产循环，以生产折旧的形式成为中国增加值的一部分，由于其进口身份应予扣除，但本研究没有对此进行尝试。第三，不同种类的进口品是同质的，同类产品中进口品和国产品也是同质的。第四，一般贸易品出口的生产技术同国产内销品是相同的。第五，加工贸易进口品的再生产循环同一般贸易进口品和国产品是相同的。第六，当年进口品在当年全部投入使用。第七，本行业的进口完全由本行业使用。第

① 由于我国服务业部门的加工贸易数据无法获得，所以本文只包含了农林牧渔业和全部制造业的 22 个部门，而不是 I/O 表中按中类划分的 42 个部门。

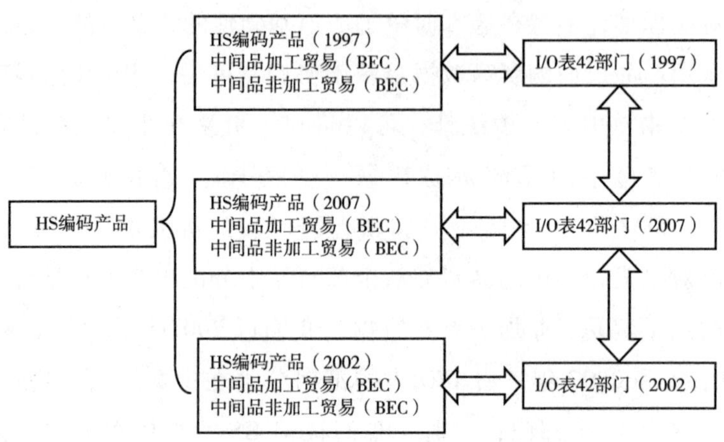

图 7-2 从 HS 产品到 I/O 表部门的对接

八，某一贸易品在理论上需要分拆并归并到数个产业部门时，全部归并到事实占比最高的某一个产业部门。上述假设中，部分是基于 I/O 表的设计性做出的，部分是在本研究尽最大努力仍无法找到更好处理办法而不得不做出的。

四 对贸易结构转型和产业升级的启示

（一）基于经验结果的分析

我们知道，生产中大量使用进口投入品可以降低出口产品中的国内贡献份额，尤其对于加工贸易中的进口投入品的关税减免，更能够降低出口产品中的国内增加值比重。例如，WTO 和 IDE - JETRO 的研究表明，从 2008 年计算机和电子设备产业出口中的国内外贡献份额来看，美国、日本、印度尼西亚和韩国的进口内容所占份额均低于 40%，中国的这一份额为 40% 以上，诸如中国台湾、泰国、新加坡、马来西亚均大于 50%，菲律宾竟高达 70% 以上，说明这些国家和地区对进口投入品的依赖程度非常高。

对于我国农业和制造业价值链变化的研究，主要通过出口贸易中增加值的变化来体现。此处的出口分为加工贸易出口和非加工贸易出口两种类型。当然，这里说的增加值是在国内创造的增加值所占的份额，它能体现我国在生产加工过程中所创造的价值增值情况。

图 7－3 描绘了我国加工贸易出口的增加值变化情况。可以看出，随着贸易结构的调整，技术升级和创新投入不断在技术和资本密集型产业扩大，这些产业的国内增加值呈不断提高趋势。加工贸易中中间投入的构成有所变化，这也直接影响了增加值水平的上升。笔者从产品层面归结并统计了加工贸易出口中进口中间投入品所占比重，从 1997 年的 61.99% 下降到 2002 年的 58.19%，再降至 2007 年的 46.49%。可见，进口投入品比重不断下降，取而代之的是国产投入品的大量使用，这种结构性的变化是改变出口贸易价值链的一个外在原因。但是，提升增加值的本质还是在于技术创新和生产率的提高。在加工贸易领域，外资的溢出效应很重要。在这三个年份里，增加值提高的行业有石油和天然气开采业、金属矿采选业、机械工业、交通运输设备制造业、电子及通信设备制造业等。

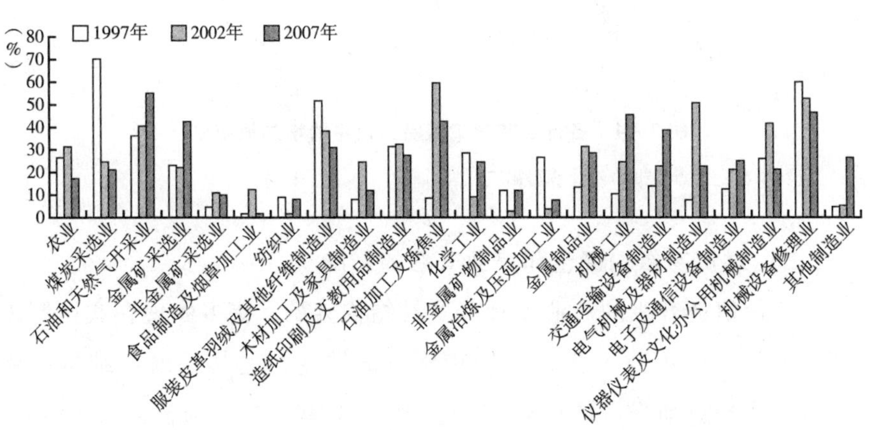

图 7－3　各行业加工贸易出口中的增加值变化

资料来源：笔者根据公式计算得出。

非加工贸易出口中进口中间投入品所占比重发生了反方向的变化，从1997年的50.61%，分别提高到2002年的78.53%和2007年的72.61%。这说明我国非加工贸易出口对进口中间投入的依赖程度提高了。从理论上讲，这可能会降低国内增加值的创造。非加工贸易增加值的提高完全依靠企业的自主创新和国家对研发投入的支持政策。在一些传统行业，国内增加值所占比重是较高的，如食品制造及烟草加工业、服装皮革羽绒及其他纤维制造业等。在一些资源型行业中，增加值比重提高的较快，如金属采矿业等行业（见图7－4）。

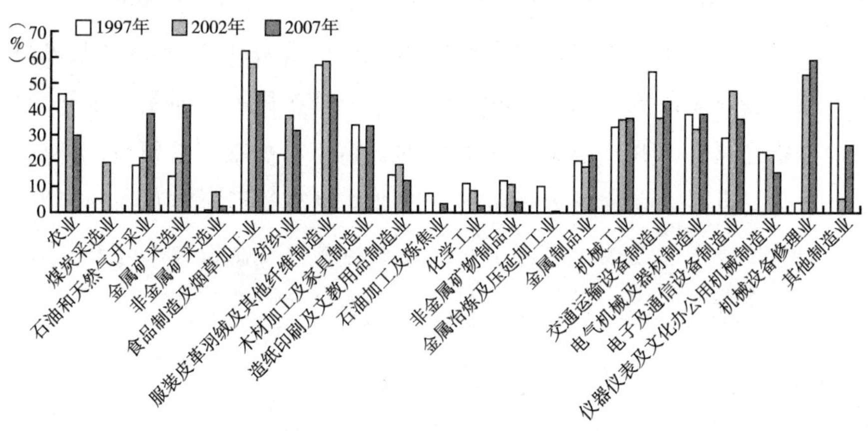

图7－4 各行业非加工贸易出口中的增加值变化

资料来源：笔者根据公式计算得出。

（二）对贸易结构调整和产业升级的影响

基于价值链升级的产业发展和贸易结构转型，更多体现在我国制造业部门参与全球化分工背景下比较优势的转变，尤其是出口结构的提升，从而实现更加强大的国际竞争优势。我国从制造与出口“两高一资”产品获得粗放型增长，到代工和贴牌生产高技术产品的加工贸易出口，再到逐步实现“自有品牌、自主知识产权和自主营销”三自产品的不断扩大，这是发展中国家获得国际市场份额和经济增长的必要路径。

如何体现产业结构的变动，利用上述计算的结果，我们可以构造简单的衡量指标来显示我国产业结构的变迁。当然，最能体现贸易结构转型的变量就是行业的增加值，以当期值与基期值的变动程度来表示行业结构性变动的幅度，用公式表示为：

$$\Delta VAS_j = \frac{VAS_{j,t} - VAS_{j,0}}{VAS_{j,0}} \times 100\%$$

通过上面设计的指标，可以看出，ΔVAS_j 正值越大，说明产业的增加值提高越多，价值链提升得越快；如果正值较小，价值链则提升较慢；若为负值，说明价值链所处位置恶化。以 1997 年为基期，加工贸易出口增加值比重提高幅度较大的行业有石油加工及炼焦业、机械工业和交通运输设备制造业等；非加工贸易出口增加值比重提高幅度较大的行业有石油和天然气开采业、金属矿采选业和机械设备修理业等。

改革开放初期，我国加工贸易所需的半成品和零部件由于国内生产不了，只能大量依赖从国外进口。随着国内技术的提升，这些中间产品开始国产化，所以，国内投入品贡献份额（DICS）的提高也可以表明该产业价值链的提升。同理，可以构建类似于增加值变化幅度的指标，即国内投入品份额变化率 $\Delta DICS_j$。通过统计数据计算，国内投入品在加工贸易或者非加工贸易出口中的比重的变化，前者中的比重从 1997 年的 38.01% 升至 2002 年的 41.81%，再提高到 2007 年的 53.51%，这充分说明我国对原来需要进口的中间投入品，现在可以自行在国内生产。国内生产的替代就会改变出口贸易的结构，也能促进产业内技术水平的升级。另外，非加工贸易出口中国内投入品比重，从 1997 年的 49.39% 下降到 2002 年的 21.47%，再到 2007 年的 27.39%，说明非加工贸易出口的结构构成发生的变化与加工贸易出口的相反，这对产业结构的转型也有重要影响。

从比较优势来看，中国具有较大的劳动力优势，但在中间投入品上却不具优势，尤其在技术复杂度较高的产品上更依赖于进口投入品。但是，随着技术水平的不断进步和完善，我国国产的投入品在技术和质量上越来越接近甚至超过国际先进水平，这就促使我国的中间品进出口数量越来越大。伴随整体技术水平的提升，在生产过程中创造的国内增加值所占份额也越来越多，这说明参与全球化生产可以使中国从生产领域获得的收益和福利不断扩大。

众所周知，产业升级的方向应该沿着全球价值链不断升值的方向进行。这里所说的价值链升值，从量化角度看，就是增加值不断扩大，获得更高的收益率；从质变的角度看，就是产业结构沿着“微笑曲线”向两端发展，占领价值链的两个高端。我国“十二五”规划纲要提出，要促进加工贸易从组装加工向研发、设计、核心元器件制造、物流等环节拓展，延长国内增值链条。优化进口结构，积极扩大先进技术、关键零部件、国内短缺资源和节能环保产品进口，适度扩大消费品进口，发挥进口对宏观经济平衡和结构调整的重要作用，优化贸易收支结构。发挥我国巨大市场规模的吸引力和影响力，促进进口来源地多元化。

五　基于增加值的贸易失衡结构研究

本部分重点分解中国贸易顺差（尤其是中美贸易顺差）中的国内外投入内容的贡献比重，从价值创造和福利获得的角度准确测度中国贸易失衡的真实成分。我们可以把加工贸易和非加工贸易情形下出口产品的增加值分解为国内创造部分和外国创造部分，这样在得到这两个比重后就可以分解出我国出口贸易中真实的价值分配，从而深度解析我国贸易失衡（特别是中美贸易失衡）的真实程度。

这里提供一种方法，就是根据上面计算的结果，将国内投入品贡献份额和增加值份额合并成国内创造值份额（DVS），即 DVS = DICS + VAS；外国创造值份额为 FVS = FICS，同样，这两个份额也分为非加工贸易、加工贸易两种情形。那么，按照这种价值创造的来源地的划分方法，就可以解析我国贸易顺差（中美贸易顺差）的真实构成。根据加工贸易的增加值估计、传统估计的方法进行失衡分析，通过比较可以探究出中国甚至中美之间的贸易失衡的真实程度。

当前，中美贸易失衡的问题较为突出，但这种失衡的真实结构是怎样的，值得进一步解析。通过 WTO 的估算结果我们发现，传统统计方法测算出的贸易失衡在数量上还是较大，而用产业增加值方法测算出的中美贸易顺差在 2000 年、2005 年和 2008 年三个年份就要缩小 20% 以上，如果考虑到加工贸易，贸易失衡的程度更是会减少 40% 以上，甚至在 2005 年达到了 53% 的缩减规模。本研究的估计结果与 WTO 的结果较吻合，笔者认为这是中美之间真实的贸易失衡的程度，在剥离出外国进口的投入品之后，尤其是考虑到我国加工贸易的重要性，这样才能反映出两国贸易真实的顺差与逆差。

本章小结

本章从进口视角研究了我国贸易边际的结构变化，着重从进口结构和双边增长实证研究了二元边际的动态变化，尤其是在我国全面参与产品内分工的背景下，考察了中间品进口在我国进口贸易中的重要性。中国的进口变化不仅仅表现在结构上，很大程度上也影响着我国技术水平的变化，尤其体现在出口贸易中增加值比重的变化。增加值比重的变化不仅可以体现我国在全球价值链位置上的变化，也是贸易结构调整和产业升级重要的判断指标。根据 WTO 提出的用增加值来统计真实的贸易额，我国的贸易顺差并没有按传统方法计算的那样大。

笔者认为，我国在未来促进产业升级发展和生产与贸易方式的转变中，应该积极参与国际垂直专业化分工，顺应国际分工从产品层次转向要素层次的趋势与规律。我国的贸易结构调整与转型不仅体现在出口贸易上，也深受进口结构的影响。同时，也要认识到发展中国家不断深入参与的垂直专业化国际生产体系是由发达国家和跨国公司所主宰和控制的，在价值创造的分配上很不平衡。发展中国家若要实现在价值链上的提升，就必须加大技术研发力度、提高生产效率。因此对于中国来说，若要真正实现经济崛起就必须改变生产低端产品、过度依赖 FDI 和以加工贸易为主的贸易、投资与生产的传统模式，不断向价值链的两端发展，生产出更多的具有自有品牌、自主知识产权和自主营销的产品。

第八章　中国参与垂直分工对劳动力市场和环境的影响

国际生产体系按产品价值链进行分割，对各国的要素需求和价格造成了深刻影响。因为追求较低的生产成本和专业化的生产水平，跨国公司根据生产环节的特征把生产安排在具有专业化比较优势的国家或地区进行，以达到最优化配置，按照传统的贸易理论，这种国际分工方式会造成要素价格的均等化。在劳动力市场方面，发达国家由于输出大量低端产品到发展中国家生产，其国内非熟练劳动力的就业和工资水平受到冲击，于是会加大对高技术劳动力的需求；另外，这种中间产品生产外包会给发展中国家的劳动力市场带来无限机遇，对各层次的劳动力的需求和工资水平造成深刻影响，同时也提高了就业风险。此外，新型的国际分工对我国环境的影响也日益深刻，由于产品的生产分布在多个国家，因此，形成的二氧化碳排放在各国间的边界效应也变得不再清晰。由此所引发的贸易中的含碳量能客观反映全球化生产对环境和气候变化的影响。

第一节　国际生产分割对要素价格的影响和决定

一　国际生产分割对要素价格的影响

新的国际生产方式的出现，特别是生产环节的重新定位改变了每个国家对生产要素的需求，进而改变了要素的价格。出现这种垂直专业化的生产分割的原因有很多，一方面在于各种贸易成本和贸易壁垒的下降，另一方面在于国际化生产为谋求低成本生产而寻求各国的比较优势和规模经济。于是，这种生产分割方式与贸易壁垒、生产成本和要素价格之间存在着密切关系。

对于生产分割对要素价格的影响，图 8－1 说明了垂直型跨国公司生产活动的情形，图中单位等产量曲线 X、Y（中间产品）、Z（最终产品）和 YZ 的组合曲线用粗实线给出。在国际生产未分割之前，假设母国具有资本密集型的要素禀赋（假设只有资本和劳动力两种要素），所以母国生产 X 和最终产品 Z，由成本最小化原理，产品 X 和 Z 在母国的要素价格比值 $(w/r)^{Home}$分别可以确定。东道国生产劳动密集型产品 X 和 Y，因为东道国的要素禀赋曲线 $(K/L)^{Host}$位于切点 D 和 E 之间，具有丰裕的劳动力资源。图8－1表明，只要两国之间的要素禀赋差异足够大，并且两国位于不同的多样化区域，就不会发生要素价格的均等化。比较生产分割之前的要素价格，生产分割造成了要素相对价格的变化，

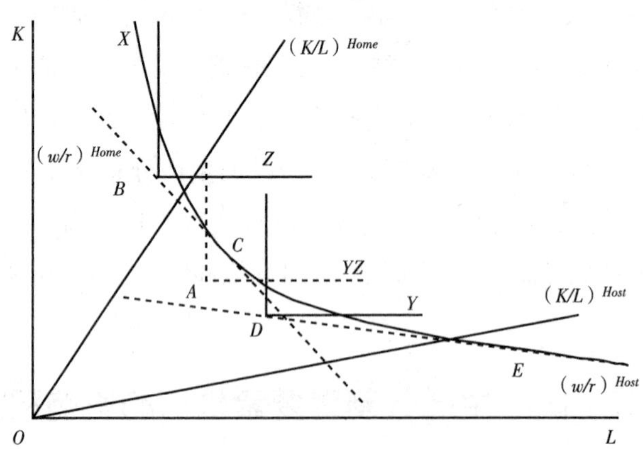

图 8－1　生产分割与要素价格

资料来源：Anthony J. Venables，“Fragmentation and Multinational Production”，*European Economic Review 43*，935－945，1999。

这种变化可以由点 A 到等产量曲线 X 切线的斜率看出。生产分割降低了两国的工资—租金比率，原因是重新定位产品 Y 的生产，相对于母国生产 X 来说，产品 Y 是劳动密集型的，但是相对于东道国生产产品 X 来说是资本密集型的，所以重新定位降低了两国对劳动力的需求，也降低了工资率。东道国工资—租金比率的下降依赖于生产产品 Y 的劳动力密集度，如果劳动力密集度足够高，则不会发生工资—租金比率的下降。比如，$(K/L)_Y <$ $(K/L)^{Host}$，东道国会利用本国要素禀赋使得产品 X 的生产相对资本密集型，而这种技术选择需要有较高的工资—租金比率。

此外，生产分割可能通过改变母国进出口的组成来影响要素价格。对于水平型跨国公司，当母国公司把劳动密集的下游产品 Z 的组装移到东道国生产时，降低中间产品 Y 的运输成本就会减少贸易额。另一方面，因为是水平型的投资，部分中间产品 Y 的生产已转移到东道国生产，所以也就减少了中间产品 Y 的出口。虽然总的贸易量减少了，但是母国出口产品更具资本密集型（最终产品出口的份额提高），这就像垂直跨国公司活动一样改变了母国和东道国的要素价格，其中母国的 $(w/r)^{Home}$下降（出口产品更具资本密集型），而东道国的 $(w/r)^{Host}$下降还是提高依赖于重新定位生产 Z 的要素密集度。

当然，在资本相对密集行业可能会出现一些特殊的情况，我们假设当 $(K/L)_Z >$ $(K/L)_{YZ} >$ $(K/L)_Y$ 发生时，且贸易成本 t_Z 非常大。如果生产成本仅与生产定位的决策相关，那么生产分割将会使得劳动力密集部门 Y 转向东道国生产。同理，贸易壁垒 t_Z 较高意味着生产分割会形成水平的跨国公司，这样就可以避开较高的贸易壁垒，在东道国进行生产和销售就会有赢利。跨国公司在东道国生产最终产品 Z，并供应当地市场。在这种情况下，生产分割使得资本密集型生产从母国转移，于是对要素价格产生了不利影响，即母国工资提高、资本回报下降。

二　国际生产分割对要素价格的决定

Deardorff（1998b）对于生产分割建立了两国（南方国家和北方国家）、两要素（资本和劳动力）的模型，并研究了国际生产分割对要素价格的决定。假设所有的偏好相同，并且采用柯布—道格拉斯生产函数，β_j 是每个消费者对产品 j 支出比重。此时，假设生产函数中只包含资本和劳动力两种要素，行业 j 中的两种要素比例系数分别为 α_j 和 $1-\alpha_j$。假设南方国家生产的产品为 $J_S=1$，…，s，北方国家生产的产品为 $J_N=$ s，…，n，并且两国所生产的产品范畴固定不变。

根据 Deardorff 关于两种要素价格的理论推导得出，生产分割使得南北两个国家之间劳动力的工资水平差距缩小，说明两国的要素价格趋于均等化，这种效应的产生依赖于分割要素的密集程度，以及原始的生产技术。具体而言，是这些要素相对于生产分割前生产使用的平均要素密集度，而不是所有产品的生产要素的密集度。进一步分析得出，基于产品内分工的国际生产分割，会缩小发达国家与发展中国家劳动力工资水平之间的差距，这主要是提高了发展中国家低技能劳动力的收入水平，也增加了发展中国家的社会福利。

第二节　中间品贸易对中国劳动力需求变化影响的经验研究*

随着国际垂直专业化分工和生产分割的深化，发达国家逐步将本国不具有比较优势的生产环节外包给劳动力成本低廉的发展中国家，如劳动力密集中间产品的生产和简单的产品组装等，而发达国家则将产品研发（R&D）、广告和营销等在内的技术密集型的总部活动保留在国内。

---

* 本节内容曾发表在《世界经济》2008 年第 3 期上。

这种新型的生产模式和分工体系对各国的劳动力市场产生了重要的影响，包括劳动力需求水平、收入分配状况和就业风险及稳定性等方面。

一　相关文献评述

关于中间投入品对劳动力需求影响研究较多的是 Feenstra 和 Hanson（1996），他们把外包定义为国内进口的原材料中中间产品所占的比重，并研究了中间产品的进口对美国劳动力需求和收入分配的影响。研究发现：在 20 世纪 80 年代，美国对发展中国家的外包造成了其国内对制造业高技术工人的需求增加了 31% ~51%，而到 90 年代中期该影响下降到 15% ~ 33%。相对应的非生产工人的相对工资收入也急剧上升，1979 ~1990 年，外包增长导致了非生产工人的工资在工资总额中的比重增长了 18% ~29%。

此外，Anderton 和 Brenton（1998）就中间产品对英国技术工人的雇佣和工资收入的变化进行了研究。计量回归结果表明，从低工资国家的中间产品进口对英国低技术工人的经济财富状况产生了损害，而同时使高技术劳动力的收入比重提高了 40%，并且后者的就业比重也增加了约 1/3。研究还发现，低技术部门（如纺织业）比高技术部门（如非电子机械行业）更易于进行外包生产，因而也更容易受到不利的就业冲击。

Greenaway、Hine 和 Wright（1998）对英国的实证结果则表明，当进出口数量增加时会降低对劳动力需求的水平，这是因为开放程度的加强会提高公司劳动力使用的效率，从而减少劳动力的需求数量。其中，进口对劳动力需求的弹性为 -0.045，出口对劳动力需求的弹性是 -0.032。研究还发现，国外劳动力对国内就业的替代会提高本国劳动力的工资弹性。

Rodrik（1997）进一步解释了贸易开放度的提高可以影响劳动力需求弹性，它反映了就业风险与变动的情况。一方面，贸易开放度的提高使得本国厂商进口中间产品的种类和数量增加且成本降低，从而对国内的劳动力需求产生极大的替代效应；另一方面，国际贸易自由化提高了国内各部门最终产品的需求弹性，进而提高了各部门对劳动力的需求，从而产生了规模效应。

在国内学者中，周申等（2006）研究了1992～2003年工业贸易结构变化对我国就业的影响。从工业制成品贸易对就业的总体影响来看，进出口对劳动力需求数量的影响随着我国贸易的增长而上升，贸易对劳动就业的净影响从1992年的1312万人增长到2003年的3875万人。从不同要素密集部门的贸易对就业的影响看，劳动密集型产品出口的就业带动作用在考察期内占据着主导地位，其在出口带动总就业中的比重一般保持在50%以上；资本密集型产品出口的就业拉动效应逐年上升，其比重到研究期末已接近50%；而资源密集型产品出口对我国就业的影响则非常有限，所占比重由2%下降至0.7%。

总体来看，现有的绝大多数文献只是对发达国家的贸易与劳动力需求和工资关系问题进行了大量研究，而对发展中国家的研究却相对较少。在传统概念上，发达国家只是把劳动密集型产品的生产环节外包给发展中国家，而近些年来，美、英等发达国家又进一步把一些资本和技术密集的中间产品转包给中国、印度等发展中国家生产。因此，中间产品对发展中国家的产业调整和劳动力市场的影响是深远和全方位的。鉴于以上情形，我们在对中国的经验分析中将特别强调和重视中间产品贸易（而非全部贸易）的影响分析、分部门（而不仅仅是制造业总体）检验和就业风险（而不仅仅是就业水平）研究。

二 模型与数据

（一）计量模型

根据Greenaway、Hine和Wright（1998），假设产业i在时期t的Cobb-Douglas生产函数为：

$$Q_{it} = A^{\gamma} K_{it}^{\alpha} N_{it}^{\beta} \tag{8.1}$$

其中，Q 为实际产出，K 为资本存量，N 为所使用的劳动力。α 和 β 为要素比例系数，γ 为技术对产出的供给弹性。为了使收益最大化，需要雇佣一定水平的劳动力和资本，从而使得劳动力的边际产品等于工资 w，资本的边际产品等于资金成本 c（设为常数）。根据生产者均衡条件，将 $K = \frac{\alpha N_{it}}{\beta} \cdot \frac{w_i}{c}$ 代入式（8.1）得到：

$$Q_{it} = A^{\gamma} \left(\frac{\alpha N_{it}}{\beta} \cdot \frac{w_i}{c} \right)^{\alpha} \cdot N_{it}^{\beta} \tag{8.2}$$

对式（8.2）取对数，并重新整理得到产业 i 的劳动力需求函数：

$$\ln N_{it} = \phi_0 + \phi_1 \ln(w_i/c) + \phi_2 \ln Q_{it} \tag{8.3}$$

其中，$\phi_0 = -(\gamma \ln A + \alpha \ln \alpha - \alpha \ln \beta)/(\alpha + \beta)$，$\phi_1 = -\alpha/(\alpha + \beta)$，$\phi_2 = 1/(\alpha + \beta)$。一般认为，技术效率随时间 T 增长，同时也决定于中间产品贸易。因此，生产函数中的系数 A 的决定方程为：

$$A_{it} = e^{\delta_0 T_i} M_{it}^{\delta_1} X_{it}^{\delta_2}, \ \delta_0, \delta_1, \delta_2 > 0 \tag{8.4}$$

其中，T 为时间趋势；M 为进口渗透率，即中间产品的进口值占消费额的比重，公式表示为进口/（产出 + 进口 − 出口）；X 为出口导向率，即中间产品出口值占部门总产出的比重。式（8.4）把中间产品进出口的相对值作为体现全要素生产率（TFP）的变量，原因是无论由于FDI还是外包所导致的中间产品的生产都会造成技术的外溢和进步。将式（8.4）带入式（8.2）整理得：

$$\ln N_{it} = \phi_0^{*} + \mu_0 T + \mu_1 \ln M_{it} + \mu_2 \ln X_{it} + \phi_1 \ln(w_i/c) + \phi_2 \ln Q_{it} \tag{8.5}$$

其中，$\phi_0^{*} = -(\alpha \ln \alpha - \alpha \ln \beta)/(\alpha + \beta)$，$\mu_0 = \mu\delta_0$，$\mu_1 = \mu\delta_1$，$\mu_2 = \mu\delta_2$，$\mu = \gamma/(\alpha + \beta)$。

考虑到自变量对被解释变量的跨期影响，估计方程可以转换成为动态形式：

$$\ln N_{it} = \lambda_i + \mu_0 T + \sum_j \mu_{1j} \ln M_{i,t-j} + \sum_j \mu_{2j} \ln X_{i,t-j} + \sum_j \phi_{0j} \ln N_{i,t-j} + \sum_j \phi_{1j} \ln w_{i,t-j} + \sum_j \phi_{2j} \ln Q_{i,t-j} + \varepsilon_{it}$$

其中，N_{it}为产业 i 在时期 t 的总就业人数；w_{it}为产业 i 在时期 t 的实际平均工资（行业的名义工资除以居民消费价格指数）；Q_{it}为产业 i 在时期 t 的实际产出（行业的产出值除以 GDP 平减指数）；λ_i 为产业特定效应。

为了更好地估计方程，对就业方程进行差分处理从而消除产业的特殊固定效应，动态方程转化为：

$$\Delta\ln N_{it} = \mu_0 + \sum_j \mu_{1j} \Delta\ln M_{i,t-j} + \sum_j \mu_{2j} \Delta\ln X_{i,t-j} + \sum_j \phi_{0j} \Delta\ln N_{i,t-j} + \sum_j \phi_{1j} \Delta\ln w_{i,t-j} + \sum_j \phi_{2j} \Delta\ln Q_{i,t-j} + \varepsilon_{it} \tag{8.6}$$

式（8.6）即是本研究的计量回归方程式，解释变量由三部分组成，包括：贸易变量的影响（第一、第二项，中间产品贸易）、就业的滞后变量影响（第三项）以及其他变量的影响（第四、第五项，实际工资和产出）。从理论上说，中间产品进口与劳动力需求预期为负向关系，因为进口会替代国内中间产品的生产；中间产品出口与劳动力需求预期为正向关系，因为出口会促进劳动力就业；由于就业市场的动态和滞后影响，劳动力的滞后变量与当期变量应呈正向关系；价格效应会使工资变量与被解释变量为负向关系，而产出对劳动力需求的预期影响则为正向。

（二）数据的获得

回归数据使用 1996～2005 年中国 31 个生产中间产品的工业部门的面板数据。这些部门的中间产品进出口贸易数据根据前文的分类标准从联合国 COMTRADE 数据库集结汇总得到，数据详见第三章第二节的统计结果。行业产出数据从中经数据网获得。分行业的在岗职工人数和平均工资水平的数据来自《中国劳动统计年鉴》和《中国统计年鉴》

(1996~2005年)。[①] 在计算进口渗透率和出口导向率时，由于中间产品的进出口值统计是以美元为单位，因此选取年度中间汇率（国际货币基金组织出版的《国际金融统计年鉴》及相关网站）折算成为按当年价格计算的人民币值。

三　计量结果分析

（一）基本方程

通过选定的31个中间产品生产部门的动态面板数据对公式(8.6)进行回归检验，得到表8-1的回归结果。检验分为3组，每组包括不同的解释变量的组合。GMM（广义距）估计一般不定义拟合优度和F统计量，也不定义赤池信息准则，取而代之的是目标函数通过迭代而达到的最小值J的统计量。由于参数估计量的t检验具有稳健性，根据t值的显著性和残差的诊断可以确定每个解释变量的滞后期都取一阶。

第1组回归结果反映了劳动力市场中基本变量对就业需求的影响。就业的滞后变量、工资与产出当期和滞后变量的符号都与预测的相同，并通过了显著性检验。其中，劳动力需求的滞后变量与当年的就业呈正向关系，表明存在着就业趋势与需求惯性。劳动力需求与职工平均工资当期变量呈负相关性，而与工资的滞后变量为正相关，既表明了劳动力市场中普遍存在的价格效应，又说明工资水平对劳动力需求的影响是一个动态变化的过程。

第2组检验中加入了中间产品进出口贸易变量。同样，就业的滞后

① 在样本期间，中国国有经济改革对城市劳动力市场的冲击很大，从就业统计上表现为以就业单位为基础的分部门的统计之和与以劳动力市场调查为基础的总量估计不一致。这主要是因为在就业单位上报体系中，国有和集体经济占主导地位，而反映新兴部门（特别是私营企业和个体经济）就业吸收的准确性较低，但是考虑到《中国劳动统计年鉴》数据的权威性和可靠性（其数据也与《中国统计年鉴》一致），本文仍然使用官方发布的劳动力统计数据。

表 8-1　中间产品生产部门动态面板数据回归结果（被解释变量为 $\Delta\ln N_{it}$）

解释变量	第 1 组		第 2 组		第 3 组	
	系数	t 统计值	系数	t 统计值	系数	t 统计值
$\Delta\ln N_{i,t-1}$	0.41	5.95 ***	0.56	6.77 ***	0.27	2.71 ***
$\Delta\ln w_{i,t}$	-0.78	-11.79 ***	-1.00	-11.99 ***	-0.86	-3.94 ***
$\Delta\ln w_{i,t-1}$	0.43	3.85 ***	0.58	4.85 ***	0.47	2.09 **
$\Delta\ln Q_{i,t}$	0.13	6.91 ***	0.14	4.01 ***	0.14	4.17 ***
$\Delta\ln Q_{i,t-1}$	0.04	1.19	0.11	2.58 **	0.15	3.23 ***
$\Delta\ln X_{i,t}$			0.02	1.49	0.80	2.30 **
$\Delta\ln X_{i,t-1}$			-0.01	-1.00	-1.28	-3.33 ***
$\Delta\ln M_{i,t}$			-0.005	-0.28	-1.52	-1.79 *
$\Delta\ln M_{i,t-1}$			0.05	2.38 **	1.24	1.51
$\Delta\ln w_{i,t}\cdot\Delta\ln X_{i,t}$					-0.08	-2.31 **
$\Delta\ln w_{i,t-1}\cdot\Delta\ln X_{i,t-1}$					0.13	3.24 ***
$\Delta\ln w_{i,t}\cdot\Delta\ln M_{i,t}$					0.16	1.78 *
$\Delta\ln w_{i,t-1}\cdot\Delta\ln M_{i,t-1}$					-0.13	-1.47
修正 R^2	0.41	0.42	0.44			
J 统计量	30.26	115.98	122.96			
样本数	248	246	246			

注：本表回归结果使用了工具变量；*** 表示 1% 显著性水平，** 表示 5% 显著性水平，* 表示 10% 显著性水平。

变量、工资与产出的当期和滞后期变量都通过了 t 值检验，与第 1 组的结果很相似。进出口变量当期和滞后期的符号与预期的完全一致，但多数变量未达到显著水平。

第 3 组检验在上一组变量的基础上又加入了工资与中间产品贸易的交叉项变量。使用工资和贸易的交叉项变量，可以说明两者对劳动力需求相互作用产生的影响。从原理上分析，其内容不仅包含了进出口变量对劳动力需求的影响，而且也包含了由工资的变化而引起的进出口变量对就业的影响。所有变量的回归符号与预期都是一致的，并且多数变量都通过了 t 值检验。中间产品出口导向率的回归结果非常显著，进口渗透率的当期变量也达到了 10% 的显著水平。中间产品出口对劳动力需求的正向影响说明通过外包或者垂直 FDI 的形式从中国出口的中间产品数量越多，就越能激励中国劳动力市场对不同层次劳动力的需求，而中间产品进口对劳动力需求的负面影响则说明中间产品进口对我国生产和就业产生的替代和挤出效应。交叉项的引入还使我们可以进一步准确地估计中间产品贸易对劳动力需求的弹性，因为此时的弹性不再是一个常数，而取决于工资水平的高低。当工资为样本期的均值时，中间产品出口和进口对劳动力需求的弹性分别为 0.79 和 -1.50，分别略低于未考虑工资影响的常数弹性 0.80 和 -1.52。

（二）分部门检验

接下来按照第四章表 4-1 中的分类部门对方程（8.6）分别进行动态面板数据估计，由于低技术制造部门和未分类的部门所包含的部门数量较少，难以进行动态面板数据回归，故加以剔除，其余四类部门的回归结果列于表 8-2。

表 8-2　四种类型中间产品部门动态面板数据回归结果
（被解释变量为 $\Delta\ln N_{it}$）

解释变量	初级产品部门	劳动和资源密集制造部门	中等技术制造部门	高技术制造部门
$\Delta\ln N_{i,t-1}$	0.26 (4.43)***	0.11 (2.0)**	0.59 (4.93)***	0.77 (43.73)***
$\Delta\ln w_{i,t}$	-0.57 (-6.16)***	-1.78 (-13.77)***	-0.99 (-12.52)***	-0.99 (-21.18)***
$\Delta\ln w_{i,t-1}$	-0.05 (-0.34)	0.22 (2.12)**	0.8 (4.06)***	0.91 (13.07)***
$\Delta\ln Q_{i,t}$	0.15 (7.8)***	0.20 (7.39)***	0.1 (1.17)	0.11 (1.74)*
$\Delta\ln Q_{i,t-1}$	0.05 (1.45)	0.25 (4.53)***	0.04 (0.50)	-0.06 (-1.15)
$\Delta\ln X_{i,t}$	0.04 (2.07)**	0.07 (2.74)***	0.06 (1.06)	0.14 (2.9)***

续表

解释变量	初级产品部门	劳动和资源密集制造部门	中等技术制造部门	高技术制造部门
$\Delta\ln X_{i,t-1}$	-0.08 (-3.4)***	-0.18 (-6.77)***	-0.11 (-2.0)**	-0.1 (-2.35)**
$\Delta\ln M_{i,t}$	-0.03 (-1.25)	-0.05 (-2.39)**	-0.22 (-3.99)***	0.09 (1.25)
$\Delta\ln M_{i,t-1}$	0.06 (2.71)***	0.04 (1.38)	0.12 (1.91)*	0.03 (0.45)
修正 R^2	0.11	0.53	0.88	0.56
J统计量	39.14	35.95	16.33	14.25
样本数	64	56	40	40

注：表中数据为变量的系数估计值，括号内为t检验统计量；*** 表示1%显著性水平，** 表示5%显著性水平，* 表示10%显著性水平。

总体来说，四个部门的回归结果与上述总体回归结果较为一致，但贸易变量的影响却又不尽相同。劳动力滞后变量、平均工资水平和产出对各部门的劳动力就业均有较为显著的影响，这说明劳动力市场中普遍存在的趋势效应、价格效应和规模效应。中间产品出口对初级产品部门、劳动和资源密集制造部门、高技术制造部门的劳动力需求具有显著的正向影响，其中劳动力就业对出口弹性最高的是高技术制造部门，而对中等技术制造部门的影响则不显著。中间产品进口对劳动和资源密集制造部门和中等技术制造部门的劳动力就业具有较明显的替代作用，其中中等技术制造部门的弹性更大些，而其余两个部门的效应则不显著。

（三）劳动力需求弹性分析

作为研究上的扩展，可在上文结果的基础上进一步分析中间产品贸易对劳动需求工资弹性的影响。劳动力需求弹性反映了劳动力需求对工资变化的敏感程度。Rodrik（1997）指出，国际贸易对劳动力需求的影响更多地体现为劳动需求弹性的改变而非劳动价格的改变。全要素生产率和产出的变化可以导致工资和劳动力需求的变化，进而导致劳动力市场的就业风险和收入不稳定等问题的出现。周申（2006）也认为，贸易自由化通过替代效应和产出效应（规模效应）两条途径对中国的工业劳动需求弹性的提高起到了显著的促进作用。

通过本研究对31个中间产品部门的基本回归方程的实证研究结果（表8－1第1组）可以得到劳动力需求弹性约为－0.78，而且这种影响在统计上具有显著性（t值为－11.79）。在估计方程中加入中间产品贸易变量及其与工资变量的交叉项后（表8－1第3组结果），劳动力需求弹性的决定将变得更为复杂，因为它还取决于中间产品贸易额的大小。根据回归结果可以计算出考虑中间产品贸易影响的劳动力需求弹性为－0.85，[①] 高于未考虑这种影响的弹性值，表明中间产品贸易确使中国劳动力市场的就业风险和不稳定性增大了。从时间变化的角度看，1997年劳动力的需求弹性为－0.8596，到2001年变为－0.8613，而到2004年又提高为－0.8656，可见此弹性是逐渐增大的，这意味着劳动力市场的风险程度在逐步加大。此外，还可将中间产品贸易影响下的劳动力需求弹性与总贸易影响下的劳动力需求弹性加以比较。周申（2006）所测算的在产出约束下中国工业行业剔除贸易自由化影响的劳动力需求弹性为－0.69，在资本约束下剔除贸易自由化影响的劳动力需求弹性为－0.53，均小于本研究所测算的弹性，可见中间产品贸易对中国劳动力市场就业风险的影响比全部贸易的影响要大得多。

通过分部门的检验结果（表8－2）进一步可以得到初级产品部门、劳动和资源密集制造部门、中等技术制造部门和高技术制造部门的劳动力需求弹性分别为－0.57、－1.78、－0.99和－0.99。可以看出各部门

---

① 加入交叉项后的劳动需求弹性的计算公式为：$\eta = \frac{\partial \Delta \ln N}{\partial \Delta \ln w} = \alpha + \beta \overline{\Delta \ln X} + \lambda \overline{\Delta \ln M}$。

工资水平变化对劳动力需求都呈负向的影响，其中劳动和资源密集制造部门的劳动需求弹性最大，表明该部门劳动力的就业风险和波动程度最高，也最容易受到中间产品贸易的影响。

（四）对劳动力需求影响的因素分解

在表 8-3 第 3 组检验结果的基础上，还可以分析各解释变量对劳动力需求变化影响的结构因素分解效应。本研究将对劳动力需求影响的因素按照表 8-1 第 3 组的回归结果分解成 5 个部分，结果如表 8-3 所示。其中同因素的滞后变量与当期变量的影响进行合并，“其他变量”是指回归方程中的四个交叉项。

表 8-3 解释变量对劳动力需求变化影响的结构因素分解（平均百分数）

解释变量	就业滞后变量	工资变量	产出变量	中间产品贸易变量	其他变量
31 个部门平均值	63.81	70.51	-56.48	22.23	-0.07
初级产品部门	9.34	43.46	-41.89	90.09	-0.99
劳动和资源密集制造部门	5.65	-0.91	24.16	71.7	-0.58
低技术制造部门	13.49	30.18	-4.11	60.87	-0.44
中等技术制造部门	53.89	-363.06	375.95	34.08	-0.85
高技术制造部门	12.05	35.76	-28.91	81.95	-0.85
未分类部门	-346.70	-576.15	579.82	448.51	-5.49

注：表中“其他变量”为四个交叉项百分比的累加值。

资料来源：根据回归方程的模拟值计算。

在 31 个部门的结构分解中，工资变量所占影响最大（占 70.51%），其次是就业滞后变量（占 63.81%），接下来是产出和中间产品贸易变量（分别占 -56.48% 和 22.23%），最后是其他变量的影响（仅占 -0.07%）。结果充分表明工资水平、产出和中间产品贸易对我国制造业总体劳动力需求的变化具有重要的影响。各部门的计算结果与总体情况不尽相同：中间产品贸易变量的影响在初级产品部门、劳动和资源密集产品部门、低技术制造部门和高技术制造部门中是最大的，在中等技术制造部门中它的影响较低（只占约34%），而在未分类部门中尽管它的作用也很重要，但要低于产出与工资变量的影响。

本研究的重点是考察中间产品贸易对中国劳动力需求变化的影响，在动态面板数据模型中利用中间产品的出口导向率和进口渗透率、实际工资水平和行业产出值等作为解释变量，分析其对中国工业总体和分部门的劳动力需求变化的影响。本研究得出的主要结论是：首先，中间产品的出口对中国劳动力的需求有显著的拉动效应（弹性为0.8），这一点可以由国际生产体系下的垂直专业化分工来解释，即外包生产使得大量的中间产品生产环节转移至中国，从而利用丰裕且廉价的劳动力资源进行加工和出口；其次，中间产品的进口对劳动力需求变化的影响是负的（弹性为－1.52），表明它对国内劳动力的替代效应，从而会对中国的劳动力市场形成一定的冲击；最后，无论是总体还是分部门检验都表明，产出对劳动力需求呈正向影响，而工资水平与劳动力就业则是负相关。

按照技术和要素密集度进行分类的部门检验所得到的结果与基本方程的结果相似，且多数变量都达到了显著性水平。在对劳动力需求弹性的测算中发现考虑中间产品贸易变量的需求弹性大大高于未考虑该影响的需求弹性，从而说明中间产品贸易加大了中国制造业就业的风险与不稳定性。进一步的分部门弹性估计还表明劳动密集型部门的劳动力需求弹性最大，这也与实际观察的情况相符合。从利用回归结果进行的对劳动力需求变化影响的因素分解效应可以看出，就31个部门总体情况而言，工资变量所占影响最大，其次是就业的滞后变量，接下来是产出和中间产品贸易变量，最后是其他变量的影响。其中，中间产品贸易的影响约占22%。而从分部门的情况看，中间产品贸易变量的影响在初级产品部门、劳动和资源密集制造部门、低技术制造部门和高技术制造部门中是最大的。

四 对制造业就业人员平均工资水平的统计分析

上文主要研究了基于中间产品贸易的国际生产分割对中国劳动力需求弹性的影响，其实这里也包含着工资水平的变化情况，只是用工资水平的变化来表示对就业的影响。在上述实证的数据获得过程中，也统计了分行业就业人员平均工资水平的情况。为消除价格的变动，用居民消费物价指数对工资水平进行平减，得到不变价格的工资水平，如表 8 - 4 所示。

表 8 - 4 1999 ~ 2005 年分行业就业人员平均工资水平的变化

单位：元/年

年　份	1999	2000	2001	2002	2003	2004	2005
煤炭采选业	6513	7264	8558	10113	11692	14392	18001
石油和天然气开采业	14247	16466	18401	20499	22929	25266	28421
黑色金属矿采选业	7729	8115	9081	10678	12014	13864	16209
有色金属矿采选业	6876	7542	8056	9233	10252	11773	14455
非金属矿采选业	6093	6493	7286	8040	8828	10048	11497
食品加工和制造业	6693	7331	8020	8942	9575	10243	11388
纺织业	5724	6341	6576	7210	7836	8441	9821
皮革毛皮羽绒及制品业	7297	7934	8088	9036	9452	10120	11363
木材加工及竹藤棕草制品业	5383	5949	6219	7281	7609	8190	9200
家具制造业	6275	6823	7599	8811	9100	9854	11486
造纸及纸制品业	6328	7018	7608	8599	9589	10283	11443
印刷业记录媒介的复制	7449	8227	9465	10777	11444	12571	13818
文教体育用品制造业	7976	8760	9343	10308	10871	11137	11808
石油加工及炼焦业	12853	15198	15604	17219	20456	21862	23892
化学原料及化学制品制造业	7504	8264	9142	10277	11836	12855	14444
医药制造业	9141	10167	11443	13102	14175	14691	15867
化学纤维制造业	9477	10354	10656	11313	12025	12760	14228
橡胶制品业	7626	7998	8946	9975	10546	11455	12906
塑料制品业	7340	8157	8848	10051	10669	11481	12276
非金属矿物制品业	6358	6816	7243	8059	8939	9756	10721
黑色金属冶炼及压延加工业	10024	11446	13057	14913	17698	19958	22447
有色金属冶炼及压延加工业	9156	11064	11762	12392	13421	14475	16250

续表

年　　份	1999	2000	2001	2002	2003	2004	2005
金属制品业	7097	7857	8740	9995	10648	11502	13722
普通机械制造业	7418	8157	9196	10583	12391	13583	15268
专用设备制造业	7068	7651	8862	10323	11677	12968	14901
交通运输设备制造业	9413	10574	11950	14295	15798	17032	18355
电气机械及器材制造业	8592	9498	10571	12307	12799	13621	14915
电子及通信设备制造业	12188	14012	16093	17496	17762	18455	18813
仪器仪表及文化办公机械制造业	9090	9508	10916	12619	14278	15008	15701
电力热力的生产供应业	11860	13206	14968	17100	19621	22094	25057
煤气的生产和供应业	10994	11760	12995	14029	15392	16940	19097

资料来源：历年的《中国统计年鉴》。

通过简单的数据统计，我们发现在研究期内，所有行业的工资水平都有所提高，正如第一节分析的结果一样，国际一体化生产导致国家间的要素价格均等化，作为发展中国家的中国，各行业的平均工资水平正在和发达国家水平靠近。各行业工资水平提高的幅度也是有差异的，一些资源型初级产品部门工资增长幅度较大，多数中高技术制造部门的工资水平增长得也十分显著，这主要和产业的资本密集程度有关。

虽然通过表 8－4 的数据统计得到制造业所有行业的工资水平都有不同程度的提高，但这并不能说明我国劳动力工资水平与其他国家相比，得到了较大的改善，而工资水平却与劳动生产率是紧密相连的，中国劳动力工资水平实际上掩盖了制造业生产率低效的现实。正如第一节在理论上的分析，国际生产的分离使得国家间要素价格趋于均等化，发达国家与发展中国家劳动力工资水平之间的差距正在缩小，但是从工资的绝对水平上看，中国的劳动力生产率还是较低的。造成这种结果的原因主要有三方面：一是产业结构上的差距，中国具有比较优势的行业主要集中在附加值较低的劳动密集型和资源密集型行业，这样在产品价值链上就不占优势，无法和发达国家竞争。二是企业的专业化水平不高，多以加工组装这样的下游生产为主，即使在垂直专业化生产中会吸引大量仅需低技术组装的生产环节，但创造的附加值不多。三是我国企业劳动力中还是存在着大量冗员，而这才是生产效率低下的根本原因。

表 8－5 通过比较中国和几个发达国家的劳动生产率可以看到，由于中国从业人员的规模庞大，即使工业增加值的绝对数量与美国、日本和德国相差不大，但是平均算出的劳动生产率却远不及这三国。说明中国劳动力的工资水平虽然近些年提高了，但是与发达国家的绝对水平相比还是存在巨大差距，这种提高应归因于产品内国际分工对发展中国家非熟练劳动力的极大需求，加上国家层面整体的技术进步，对制造业各行业的工资水平的提升起到主要作用。从现实中也可以发现，近几年来，我国就业人员的有效工资水平也有显著提高，与发达国家劳动力工资水平之间的差距逐渐缩小，表现出一种动态变化的趋势。

表 8－5　中国与发达国家工业增加值和劳动生产率的比较

国别	年份	从业人员（万人）	工业增加值（亿美元）	劳动生产率（美元/人・年）
中国	2001	8083	4531	5606
美国	1998	1473	14328	97300
日本	1998	855	8954	104725
德国	1998	603	4619	76600

资料来源：参见朱高峰主编《全球化时代的中国制造》，社会科学文献出版社，2003。

第三节　关于劳动力市场的政策建议

目前国际生产一体化盛行，国际分工由传统的按产品分工转向按要素分工，产品的生产日趋向垂直专业化方面发展，因此中间产品贸易在国际贸易中的比重越来越大。中间产品贸易影响着各国的国际分工和生产方式，同时也改变着各国的劳动力市场情况。在新的国际生产体系下，发达国家的劳动力成本较高，其势必会利用发展中国家廉价的劳动力去生产低中端产品，从而促进了发展中国家劳动力市场的发展，也提高了当地劳动力的专业技能和整体素质。

本章第二节通过实证检验不难看出中间产品的出口极大地促进了中国制造业的就业，而这在很大程度上基于中国劳动力低工资和技能熟练的比较优势。但是最近学者蔡昉就中国的劳动力转移问题进行了深入讨论，认为随着中国经济从二元经济结构向一元经济结构转变，劳动力资源也由无限供给开始向市场均衡配置转变，这势必会逐步提高劳动者的工资和福利待遇。因此，我国劳动力的比较优势将面临巨大的挑战，这无疑会对中国中间产品的生产与分工模式产生重要的影响，这值得进一步的注意与研究。

一　中国工业部门劳动力的就业形势与建议

通过实证分析可知，虽然中间产品贸易（主要是加工贸易）以及外商对华直接投资的发展带动了就业的发展，并安置了一大部分（绝对数量上）劳动力的就业，但对于我国农村剩余劳动力人口以及国有企业下岗职工居多的具体国情，较充分的就业状态还未实现，目前我国不同层次劳动力的就业压力依然很大，主要表现在以下两个方面。

一方面，二元经济结构下农村剩余劳动力的转移问题。

我国经济全面发展过程中，由于制造业的极大提升，工业部门需要大量的劳动力，农村剩余劳动力会向工业部门不断转移，以满足工业部门的用工要求；由劳动力的无限供给，到对劳动力需求的增长远远超过了剩余劳动力的增长，农村剩余劳动力由过剩向短缺转折，劳动力工资从“相对稳定”向“显著提升”转折。这两个趋势的转折变化就是通常所说的“刘易斯拐点”。

根据二元经济结构理论，由于以农业为主的农村经济部门低下的生产效率，从而人均收入水平大大低于以工业为主的城市经济部门，所以农村劳动力就必然有向城市经济部门转移的动机和可能。[①] 加上近些年来农村劳动生产率不断提高，大量农村剩余劳动力从农村进入城市寻求就业。农村劳动力在城市主要从事基础设施建设和临时性的工作，对城市的发展和正常运转起着重要作用。但这势必对城市劳动力的就业造成冲击，随着中国经济从二元经济结构向一元经济结构转变，这种冲击造成的影响会逐渐得到缓解和消除。

另一方面，技术进步对低技能劳动力就业造成了“门槛效应”。

高新技术行业的发展，既给具备一定技能的劳动力带来了就业机会，也给下岗职工和进城务工人员带来一定的技术门槛，这样的行业往往更需要经过技能培训的高技能劳动力。所以说，技术进步因素的作用既有增加新就业岗位的一面，又有扩大结构性失业的一面，它对劳动力就业的净效应是增加还是减少，将取决于全社会与主导技术相关的人力资本投资和教育是否能够及时跟进。在生产全球化的今天，专业化生产也需要劳动力掌握较高的专业技能，这样才能发挥出生产上的比较优势。同时，不管是高技能还是低技能劳动力都要不断加强高新技术的学习和培训，以适应当今国际生产体系的新环境。

由于我国处在经济转型期，正面临着经济快速发展、结构急需调整以及劳动生产率有待提高等方面的问题，加上我国人口众多、农业剩余劳动力规模庞大，所以就业压力在短期内难以有效克服，而结合国外的发展经验和国内的具体形势，我国可以实施积极的就业政策的路径，结合本书的研究内容，主要从贸易和直接投资方面寻求就业出路。

第一，从贸易方面努力拓宽就业渠道。[②]

---

① 农村劳动力不断流入城市经济部门，直至到达城乡劳动生产力的边际产出水平从而城乡人均收入水平趋向一致，城乡经济得以均衡发展，二元经济结构差异才能消除。

② 我国的加工贸易发展得很快，主要是以来料加工、加工组装最终产品等“三来一补”业务为主。在服务业方面，主要以承接发达国家的服务业外包为主，现在也扩展到较多领域。

首先，继续扩大劳动密集型产品的出口。在新的国际分工体系下，我国产业结构多数处于国际生产价值链的末端（下游产品的加工），这是由我国多方面的特征决定的，剩余劳动力人口多以及劳动力的技能较低，导致了我国目前多数产业适宜生产劳动密集型产品。发达国家也把生产环节的低附加值部分外包给中国这样的发展中国家生产，主要是一些加工组装业务和服务外包业务，以充分利用中国廉价的劳动力资源。其次，调整对外贸易结构。在当前情况下，给更多企业特别是民营企业、乡镇企业以进出口经营权，鼓励其出口，以增加当地就业机会；给予中西部地区更多的优惠政策，加速发展中西部地区的加工贸易，以来件装配和补偿贸易为主，通过当地原材料的开发来增加就业；出口贸易要市场多元化，在进一步扩大向具有贸易互补型国家出口的同时，要努力拓展东欧、非洲及其他发展中国家消费水平和结构接近的市场，以扩大产品出口促进就业。最后，提高服务贸易的发展力度。与《服务贸易总协定》中的服务项目对比，我国服务贸易出口结构不尽合理，虽然我国服务贸易的范围不断扩大，但优势仍集中在传统的劳动密集型行业，而在金融、保险、商贸、通信等资本、技术密集型行业还不占优势。因此，我国服务贸易的发展需要先进的技术、现代的管理经验，以加速发展多元化和外向型的服务业。我国承接外国的服务业外包数量不断增加，并且服务贸易就业人数逐年递增，但与货物贸易相比，在就业总人数中的比重不超过1/3，与发达国家差距较大，具有广泛和巨大的发展潜力。如果在一定时期内迅速提高服务业的管理水平和业务范围，我国服务业和服务贸易将得到快速发展，也会极大地安置我国的劳动力就业人口。

第二，外商直接投资也会扩大国内的就业渠道。

FDI对东道国的就业产生了直接的创造效应，或者通过前向关联和后向关联间接创造就业机会。从绿地投资和跨国并购两种主要形式看，绿地投资（新建投资）对东道国就业的直接效应最大，而并购对就业没有直接或明显的影响。绿地投资通过新建企业而扩大雇员的数量，同时与新建企业建立前后向关联的企业也会增加就业需求。另外，绿地投资的就业创造效应因其投资行业类型的不同而有差异，劳动密集型行业的投资就业效应最高，资本密集型行业次之，技术密集型行业最低。

如果动态地看两种投资方式对东道国就业的影响，可能都会对就业产生挤出效应。绿地投资对国内企业是一个冲击，如果投资企业抢占甚至挤垮了内资企业，那么对就业市场的作用就表现在其创造的新增就业和挤出的就业量之间的差额，以此来判断是具有创造效应还是挤出效应。同样，并购对就业的影响也表现在两方面，一方面企业提高组织效率会减少就业数量，但另一方面会增加产出，可能又会扩大就业需求，这就需要对两方面进行权衡。20 世纪 90 年代以来，外商直接投资流入我国的数量不断增长，安置和解决了国内大量劳动力的就业，其中包括农村转移到城市的农村劳动力和城市下岗的待就业人员，应该说对于缓解我国的就业压力起到了积极作用。

二　中国劳动力工资水平的发展趋势

本章第二节简单统计分析了我国制造业劳动力的工资水平，虽然从数据上看各个部门的工资水平都有较大幅度的提高，但是这种提高与劳动力的贡献程度是否合理，与外国劳动力的收入差距还有多大，都值得我们深入研究。

杨泽文和杨全发（2004）实证分析发现，劳动生产率是实际工资最重要的解释变量，对实际工资有正的效应。而 FDI 份额对中国实际工资水平有正的效应这一结论在中国只有在 1997 年以后才适用，并且这种效应主要通过劳动生产率间接地实现。这一结论刚好反映了 20 世纪 90 年代以后，特别是 1997 年以后，中国引资政策向资本与技术密集行业倾斜的变化，这一变化提高了 FDI 的知识与技术含量，从而促进了中国劳动生产率的提高，因此这些行业 FDI 份额的提高，可以提高总体的实际工资水平。这一结论的现实意义在于，现阶段如果能够通过正确的政策导向进一步提高引资的质量，从而进一步改善投资结构，即增加知识、技术密集型FDI的投入以及合理分配FDI在各个行业、部门的投入结构，那么，对中国的实际工资水平将会有很大的促进，对解决中国出现的行业、部门工资差距拉大问题也将起到一定的积极作用。

Feenstra和Hanson（1997）认为，FDI向一个地区的集中流入，会对当地的劳动力市场产生显著的影响，提高对当地熟练劳动力的需求，从而提高当地熟练劳动力的工资水平。尤其在中国非熟练劳动的供给近乎无限的情况下，在中国的外国直接投资集中的地区，这种提升作用则表现得更为明显，平均工资的增长主要是由熟练劳动力工资的增长所带动的。

海闻等（2007）也认为，从国家整体来看，垂直专业化生产使参与国福利都会提高，但对本国不同的要素会有不同的回报。发展中国家参与工业产品的生产会通过对技术工人需求的增加而提高他们的收入，在其他条件不变的情况下，有可能扩大与农业工人和非技术工人收入之间的差距。发达国家低技术生产环节的外包和转移会抑制本国生产部门工人收入的增长速度，但会使科研人员或者高技术技术工人收入增长得更快，从而也会扩大发达国家劳动力之间的收入差距。另外，工业产品生产的垂直专业化分工也会缩小发展中国家与发达国家同类工人收入之间的差距，加快制造业工人工资均等化的趋势。

劳动力工资水平的高低是外商直接投资进入的主要原因之一，但随着外资的流入，提高了当地的劳动力需求，当地的工资水平也会随之提高，低工资的优势会逐渐丧失，这种结果是切实存在的。当一个地区的资本较为充裕时，无论是国内资本流入还是国际直接投资的流入，我们都可以预期当地的平均工资水平也会得到相应的提高，因为资本的流入提高了对有限供给的劳动要素的需求，使这种要素价格提高。由于中国农村劳动人口非常庞大，可以近似认为非熟练劳动的供给是无限的，所以我国工资水平的提高主要是由高技能劳动力的工资水平提高而带动的。此外，外国直接投资对当地工资水平的影响效果也受当地的市场条件和外国直接投资的类型影响。

随着中国加入 WTO，如果外国直接投资仍然大量进入中国外资已经呈现集中趋势的相关地区，就会造成中国地区间工资水平差距进一步加大。因此，要正确引导外国直接投资的流入方向，吸引外国直接投资进入中国低工资水平的中西部地区，这样会带动中西部地区低工资劳动力的收入水平的提高，缩小中国业已存在的工资差距过大的问题。当然，工资水平的提高以及差距的缩小不是短期内能解决的，它是由多方面因素造成的，也应该由多方面的政策和条件共同解决，无论是高技能劳动力还是低技能劳动力都能够享受到较为合理的社会福利。

第四节　垂直分工下中国对外贸易中的内涵 CO_2 及其环境影响*

一　问题研究的背景

发展与气候变化是当今国际热点问题。从《京都议定书》国际公约的签署，到哥本哈根气候变化大会维护了议定书确定的“共同但有区别的责任”原则，再到坎昆全球气候变化大会的谈判，各国经济增长中的碳排放问题都被提到了史无前例的高度。如何实现碳减排也成为全球及各国可持续发展的一个重要约束条件。同时，在全球化进程中，越来越多的国家参与到垂直一体化分工当中。在生产领域，一件产品往往不是在一个国家内完成，而是按照比较优势和要素禀赋配置在多个国家制成，因此形成了国际垂直分工体系（也称作“产品内分工的新型

* 本节内容发表在《世界经济》2012 年第 10 期上。

国际分工”)。由于产品的生产分布在多个国家，国际分工把价值链上的国家联系在一起，因此，形成的二氧化碳（CO_2）排放在各国间的边界效应也变得不再清晰。对于占我国半壁江山的加工贸易而言，中间投入品在国家之间的流动也使得对碳排放的边界属性难以测度。出口品中的部分 CO_2 排放在生产国，但消费在异国，在生产核算原则下，生产国承担了消费国的碳排放责任。由于各国的发展模式不同，在全球气候变化方面承担的责任和义务也是有差异的。普遍认为，作为“世界工厂”的中国，外商在华投资设厂或以外包的形式把污染产品转移至中国生产，生产过程中大量的碳排放留在了国内，而外国再从中国进口这些高能耗的产品。实际情况如何，需要具体测算不同行业出口贸易中的碳排放以及进口节约的碳排放，以此检验出口贸易中的碳排放结构变动。

改革开放以来，随着中国经济发展和外资企业不断涌入，加工贸易在中国对外贸易中的比重不断提高。这种发展模式深刻影响着经济和环境等诸多方面。本研究以 1997 ~ 2007 年间的五个时点来分析中国一般贸易出口、加工贸易出口和总出口中 CO_2 排放变化的总体发展情况。由图 8 - 2 可见，随着总产出和出口以及出口占总产出比重的增加（1999 年出口占总产出比重比其他年份略低，碳排放量也会出现回落；从出口额上看，加工贸易出口比一般贸易出口增长得更多一些，并且前者在多数年份的增长率也大于后者），中国总出口中 CO_2 排放总量也在大幅度提高。分阶段来看，2002 年是中国加入世界贸易组织（WTO）后的第一年，从这一年的数据看，出口碳排放量没有明显增加，但是加工贸易和一般贸易的出口额却有显著增加，说明贸易开放产生了即刻的影响。对比 1997 年，一般贸易出口增长 63.9%，加工贸易出口增长 80.7%，出口碳排放量增长 16.2%。相对于 1997 年，2005 年一般贸易出口增长 279.2%，加工贸易出口增长 318.2%，出口碳排放量增长 149.8%；同样相对 1997 年，2007 年一般贸易出口增长 548.1%，加工贸易出口增长 520.1%，出口碳排放量增长 204.8%。可以看出，经过几年的发展，出口中 CO_2 排放量随着产出和出口贸易的迅速增长而变得剧烈起来。虽然碳排放总量和总产出在提高，但是我们也知道，在理论上碳排放强度可以随着技术进步和生产率的提高而不断降低。因此，基于总量数据，我们难以判断在大力发展低碳经济的政策条件下（尽管碳排放总量还在不断增加），低碳约束是否能够促进中国出口贸易中的碳排放结构的优化，甚至有助于中国贸易结构的调整和转型？这正是本文所要深入探讨的问题。

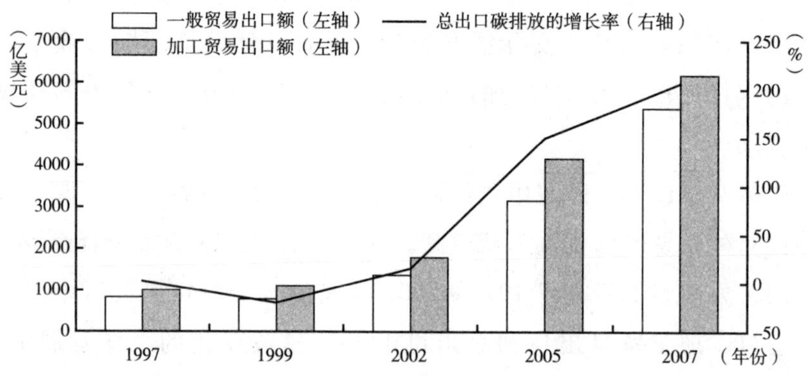

图 8-2　中国一般贸易、加工贸易出口额与总出口中 CO_2 排放总量的变化

注：CO_2 排放的测算方法依据第四部分提供的方法计算得出。

资料来源：相关年份的中国海关统计数据和《中国统计年鉴》。

以往对贸易和气候变化关系的研究，很少考虑到中国在国际垂直分工下的生产和贸易模式。作者认为，在当前的中国，对上述问题进行研究是十分必要的。本文创新之处是，在（进口）非竞争型投入产出模型中，特别研究了在加工贸易和非加工贸易出口情形下 CO_2 排放结构及其动态变化。通过上述方法，不仅可以全面考察出口产品（尤其是加工贸易出口）的碳排放构成的变化，还能对中国制造业对外贸易的碳排放强度与出口结构调整做深入研究。在中国加入 WTO 十余年之际，在全世界倡导发展低碳经济与全球化不断深化的双重背景下，探讨低碳经济对中国贸易模式和贸易结构的影响，尤其是减少碳排放对中国贸易结构调整能否起到潜移默化的作用，值得我们深入剖析。

二 相关研究回顾

众所周知，低碳经济是一种全新的发展模式，可归结为一个发展问题，其核心是能源利用效率。发展低碳经济关键在于如何有效控制二氧化碳的排放，如何实现发展与减排的双赢，对两者的研究具有重大现实意义。Grossman（1993）提出，碳排放量是生产活动的一个副产品，其取决于规模效应、结构效应和技术效应三个决定因素，处理好上述三个效应可以实现低碳经济。同时，低碳经济又是一个环境经济问题，Beaumont 和 Tinch（2004）认为，厂商获得经济和环境双赢的前提需要建立在有效的环境治理基础上。所以，低碳经济就是在增长与环境保护之间进行权衡，以获得双赢的结果。

为了实现绿色增长并完成节能减排任务，各国在研发节能技术的同时，也在进行着产业结构调整和升级。进出口贸易中的能源消耗抑或碳排放，也是经济发展中值得关注的现实问题。贸易模式转变所带动的生产方式的调整，对生产过程中碳排放的转移和结构变化产生影响，进而改变一国的贸易碳排放结构。

无论是能源消费结构还是碳排放结构，低碳经济已成为国内研究中的热点问题。陈迎等（2008）基于投入产出表对中国进出口商品的内涵（Embodied）能源进行了测算，并对主要贸易伙伴国出口和进口的内涵能源流向进行了比较，发现内涵能源进出口净值随贸易顺差的扩大呈增长趋势。刘瑞翔和姜彩楼（2011）也从投入产出视角，运用结构分解的方法对中国能源消耗加速增长现象进行了研究。结果表明，当前中国在工业化进程中所处的阶段及以加工贸易为主参与国际分工的事实，是促使能源消耗加速增长的根本原因。李小平和卢现祥（2010）

的研究得到国际贸易能减少工业行业的 CO_2 排放总量和强度的结论，并认为中国并未通过国际贸易成为发达国家的“污染产业天堂”。彭水军和刘安平（2010）基于开放经济的环境投入产出模型，分析了进出口贸易对中国四种主要污染物排放的影响。研究发现，中国并没有专业化生产和出口污染密集型产品，“污染避风港假说”在中国不成立。

国外学者开始研究碳排放要更早一些，尤其在关注国际贸易中内涵碳排放问题方面更是给中国此领域的研究提供了许多新思路。Shui 和 Harriss（2006）对中美贸易中的 CO_2 排放进行测算后发现，如果美国不从中国进口商品则会增加 3% ~6% 的碳排放，而中国目前 CO_2 排放中的 7% ~14% 是为美国出口造成的。他们认为美国对中国高技术和清洁生产的输出会使双方获得双赢，也能有效缓解贸易失衡和碳排放状况。Machado 等（2001）也采用投入产出方法对巴西国际贸易的内涵能源和 CO_2 排放进行了经验研究，发现内涵在贸易中的能源消耗和碳排放不断增加，并建议贸易政策要考虑到环境问题，以实现经济与增长协调发展。Julio 和 Duarte（2004）建立了环境投入产出模型用来分析进出口中的内涵 CO_2 对行业的影响，结果表明，西班牙的污染出口产品主要集中在能源和矿产部门，进口导向政策转移了大量的污染，有利于实现平衡排放。

以往不少文献运用竞争型投入产出方法来研究贸易中的含碳量问题，如 Weber 等（2008）与姚愉芳等（2008），此方法因不能区别投入品的来源而不能深入分析一些结构性问题，尤其是不能对中国参与全球化垂直分工的环境影响做出结构研究。此外，张友国（2010）、张为付和杜运苏（2011）与本文使用的研究方法较为接近，他们应用了非竞争型投入产出模型分析了中国对外贸易中的碳含量、内涵碳排放及其影响因素，使该领域研究向前迈进了一大步。但上述研究并没有把这种结构细化到加工贸易和非加工贸易的层面，还是局限于总进出口贸易中内涵的碳排放结构。本文将在这方面向前推进，对中国的现实问题进行一个较为全面的探讨。

在碳排放结构的研究方法上，国内外均有大量具体的研究，其中也包括贸易中内涵碳排放的测度。如 Kaya 模型法的恒等式为：$CO_2 = P \times (GDP/P) \times (E/GDP) \times (CO_2/E)$，$E/GDP$ 表示能源强度，主要与技术有关，而 CO_2/E 与能源利用结构有关。借助 LMDI 分解法（对数平均迪氏指数，Logarithmic Mean Divisia Index）对所有因素进行无残差分解，可以将两个时期二氧化碳排放的变动量表示成各个解释变量贡献份额的线性表达式。但上述方法仅仅是对碳排放结构的分解，没有涉及贸易中的碳排放结构问题。Peters 和 Hertwich（2008）将二氧化碳排放分为三种途径分析：一是贸易中的内涵碳排放（Emission Embodied in Trade）。这里将贸易中内涵碳排放的收支平衡式表达为总出口中的内涵碳排放与总进口中的内涵碳排放之差为零，差值为正是碳排放顺差，差值为负则是逆差。本书研究的只是出口贸易中的碳排放“局部”平衡问题，即出口贸易中的国产内涵碳排放与进口内涵碳排放的结构变化，所以在内涵碳排放的定义上与此处略有不同。二是当前正广泛研究的碳泄漏（Carbon Leakage），该研究一般基于可计算一般均衡（CGE）方法，此方法对相关假设条件依赖程度较高。其中，“弱碳泄漏”定义为从《京都议定书》确定的非附件 B 国家到附件 B 国家进口中的 CO_2 内涵碳排放量。三是生产和消费排放量，两者的关系是消费排放量等于生产排放量减去贸易中内涵碳排放量的收支平衡，该方法研究的是碳排放的整体平衡问题。

上述文献为本研究提供了扎实的理论基础，也拓宽了研究思路。由于本研究考虑到了中国深入参与国际垂直分工的现实，在投入产出表的基础上把加工贸易单独进行考虑，以此来测算中国出口贸易中碳排放的内涵构成及其动态变化。国内外的研究很少将加工贸易情形放入投入产出模型中，故不能针对中国现实问题进行具体分析。通过对出口贸易碳排放结构的分解，可以进一步了解中国贸易是向低碳方向还是向高碳方向转移。尤其是中国加入世界贸易组织后，随着贸易开放程度的提高，碳排放构成是否也发生了变化？这些问题都值得进一步关注。

三　出口贸易中碳排放的测算方法

本研究借鉴 Koopman 等（2008）的（进口）非竞争型投入产出模型，与传统竞争型投入产出模型不同的是，该模型能够充分反映中国加工贸易较为普遍的特点，并能区分加工贸易和非加工贸易（包含一般贸易和国内销售）中的进口投入品和国产投入品，将出口贸易的构成分解为外国投入和国内投入两部分。在此基础上研究出口商品含碳量的结构性问题，通过不同年份的数据动态分析中国出口贸易中碳排放的结构性变化。值得说明的是，以往学者在研究中国出口贸易中的碳排放时，通常是对总出口贸易中的内涵碳排放进行估算，而这种方法并不能真实体现中国参与垂直生产的特点。于是，本研究估算加工贸易与非加工贸易出口中的内涵碳排放，以及两类出口中进口投入品所节约的碳排放，并以此进行碳排放结构的比较。

非竞争型投入产出模型用到以下恒等式：

$$\begin{cases} \begin{bmatrix} 1 - A^{DD} & -A^{DP} \\ 0 & 1 \end{bmatrix} \begin{bmatrix} X - E^{P} \\ E^{P} \end{bmatrix} = \begin{bmatrix} Y^{D} \\ E^{P} \end{bmatrix} \\ A^{MD}(X - E^{P}) + A^{MP}E^{P} + Y^{M} = M \\ \mu A^{Dk} + \mu A^{Mk} + A_{v}^{k} = \mu, k = D, P \end{cases} \tag{8.7}$$

其中，考虑加工贸易情形后变量的表达变得更加复杂，变量的上标 D 代表非加工贸易，P 代表加工贸易，A_{v}^{D} 和 A_{v}^{P} 分别是上述两种情形下的增加值比率向量，A^{MD}是进口中间品用于非加工贸易出口的消耗系数矩阵，A^{DD}是国内生产中间品用于非加工贸易出口的消耗系数矩阵，A^{DP}是国内生产的中间品用于加工贸易出口的消耗系数矩阵，A^{MP}是进口中间品用于加工贸易出口的消耗系数矩阵。X 为总产出向量，M 为总进口向量，Y^{M} 为对进口产品的最终需求向量，Y^{D} 为对国内产品的最终需求向量，E^P 为行业加工贸易出口向量，μ 是 $1\times n$ 的单位向量。

根据方程组（8.7）中的第一个方程，我们可以得到如下恒等式：

$$X-E^P=(1-A^{DD})^{-1}Y^D+(1-A^{DD})^{-1}A^{DP}E^P \tag{8.8}$$

将式（8.8）带到方程组（8.7）中第二个恒等式中，就得到对进口中间品（$M-Y^M$）的总需求方程：

$$M-Y^M=A^{MD}(1-A^{DD})^{-1}Y^D+A^{MD}(1-A^{DD})^{-1}A^{DP}E^P+A^{MP}E^P \tag{8.9}$$

式（8.9）中的进口中间品由三部分组成：第一部分是非加工贸易出口中的进口中间品，第二、第三部分是加工贸易出口中间接和直接使用的进口中间品。于是，根据式（8.9）的构成，可以计算在垂直专业化条件下的加工贸易出口和非加工贸易出口中外国贡献部分向量 S_{FIC}。

根据方程组（8.7）中的第一个等式，我们得到扩展的里昂惕夫逆矩阵及其展开式，其含义是国内贡献（生产）投入品的需求矩阵：

$$\begin{bmatrix}1-A^{DD} & -A^{DP}\\ 0 & 1\end{bmatrix}^{-1}=\begin{bmatrix}(1-A^{DD})^{-1} & (1-A^{DD})^{-1}A^{DP}\\ 0 & 1\end{bmatrix}$$

再用增加值向量（$A_v^D\ A_v^P$）乘以上述逆矩阵就能推导出两种贸易出口方式下国内贡献部分向量 S_{DIC}。当然，还要加入两种贸易份额作为权重进行加权，结果见方程组（8.10），式中 E 为行业总出口向量：

$$\begin{cases}S_{FIC}=A^{MD}(1-A^{DD})^{-1}\dfrac{E-E^P}{E}+[A^{MD}(1-A^{DD})^{-1}A^{DP}+A^{MP}]\dfrac{E^P}{E}\\ S_{DIC}=A_v^D(1-A^{DD})^{-1}\dfrac{E-E^P}{E}+[(1-A^{DD})^{-1}A^{DP}A_v^D+A_v^P]\dfrac{E^P}{E}\end{cases} \tag{8.10}$$

在 Beghin 等（1996）对环境与经济之间关系的研究中，假设了污染排放与投入成比例。[①] 我们知道化石燃料消耗与碳排放相对应，也便有碳排放与产出成比例。如果能分解产出中的投入构成，那么碳排放与

① 即投入越多，污染排放就越多，这与 Copeland 和 Taylor（2004）提出的能源消耗与产出成比例相一致。

产出构成也成比例。于是，在得到贸易中不同投入的贡献份额后，若要考虑 CO_2 在不同出口中的含碳量结构，在公式（8.10）的基础上，按照比例方法（Proportional Method），可以将生产投入品所排放的 CO_2 按照其在制成品中所占份额进行折算。实际上，彭水军和刘安平（2010）、陈迎等（2008）所构建的贸易环境模型和进出口内涵能源框架，与本研究思路相同，区别在于本研究对投入产出模型的运用更加细化了。需要强调的是，无论是加工贸易出口，还是非加工贸易出口，其国产内涵的 CO_2 都排放在国内，可以根据行业总排放量 E_{CO_2}，按照比例方法直接分摊得到［如公式（8.11）所示］。为了分析碳排放的均衡情况，我们需要测算出内涵在进口中的 CO_2 排放量。由于进口投入品的生产在国外进行，是对国内碳排放的替代，所以不会对中国国内碳排放造成直接影响。下面我们来解决如何按照中国的口径测度外国内涵（也可以称为“进口内涵”）碳排放问题。[①] 利用上述的两类出口贸易中国内外投入贡献的份额为权重进行估算，以求得进口投入品的碳排放量［如公式（8.12）所示］。同时，还要考虑两种类型出口贸易额向量占总产出向量 Y 的比重作为加权，就可以得到关于碳排放构成的结构方程：

$$CO_{2\text{国产内涵}} = \underbrace{A_v^D(1-A^{DD})^{-1}\frac{E-E^P}{Y}E_{CO_2}}_{\text{非加工贸易}} + \underbrace{[A_v^D(1-A^{DD})^{-1}A^{DP}+A_v^P]\frac{E^P}{Y}E_{CO_2}}_{\text{加工贸易}} \tag{8.11}$$

$$CO_{2\text{进口内涵}} = \underbrace{A^{MD}(1-A^{DD})^{-1}\frac{E-E^P}{Y}E_{CO_2}}_{\text{非加工贸易}} + \underbrace{[A^{MD}(1-A^{DD})^{-1}A^{DP}+A^{MP}]\frac{E^P}{Y}E_{CO_2}}_{\text{加工贸易}} \tag{8.12}$$

---

① 由于中国与发达国家间的技术水平存在差距，而且大量的进口品来自发达国家，用中国的口径测算进口品的碳排放会产生高估。本研究的假设是，中国与外国排放技术层面按固定比例变化，而这里主要是研究进口品替代国产品所节约的碳排放结构变动趋势，按照此假设去处理是可行的。

那么，加入各行业的碳排放向量后，就可以将出口贸易中的 CO_2 排放分解为：国内附加值创造所内涵的 CO_2 排放量以及内涵在进口投入品中外国产生出来的 CO_2 排放量。本研究将加工贸易和非加工贸易出口两种方式考虑进去，分解出各项出口贸易所排放出的 CO_2。同时，还分行业、分三个时间点，分别测算了国内外内涵在出口贸易中的 CO_2 排放量，最终达到在国际垂直分工条件下测算中国出口贸易碳排放结构的目的。

四　数据获得及处理方法

（一）各消耗系数矩阵的计算

如何从传统（竞争型）投入产出（I/O）表获得非竞争型投入产出表，需要具体的拆分计算。尽管原始的 I/O 表提供了直接消耗系数矩阵，但并不能直接使用此矩阵，而是要按照进口或者国产投入品的来源拆分成以下多个独立系数矩阵。尤其是把贸易数据拆分为加工贸易和非加工贸易之后，各个系数矩阵就变得更加细化和复杂了，最终得到各个系数矩阵的表达式为：

$$A^{DD} = \frac{z_{ij}^{dd}}{x_j - e_j^p}, A^{MD} = \frac{z_{ij}^{md}}{x_j - e_j^p}, A_v^D = \frac{v_j^d}{x_j - e_j^p}; A^{DP} = \frac{z_{ij}^{dp}}{e_j^p}, A^{MP} = \frac{z_{ij}^{mp}}{e_j^p}, A_v^p = \frac{v_j^p}{e_j^p} \tag{8.13}$$

上述系数矩阵都是两种不同渠道生产（进口或者国产）的中间品 z_{ij}分别占国内销售与一般出口、加工贸易出口的份额（d、p、m 的含义与对应的大写字母相同），两种增加值 v_j^d、v_j^p 分别是非加工贸易出口、加工贸易出口过程中创造的增加值。其中，x_j 是行业 j 的总产出，z_{ij}是总的投入品，v_j 是总的增加值，这些数据都可以直接从 I/O 流量表中得到；e_j^p 是行业 j 的加工贸易出口，是从中国海关总署统计数据得到产品层面数据，通过下面的集结方法得到行业数据。此外，还要具备行业的总进口 m_j，数据来自 I/O 表；行业 j 用于加工贸易出口的投入品进口

m_j^p，以及用于国内销售和一般贸易出口的投入品进口 m_j^d，数据来自中国海关总署统计数据。消耗系数矩阵的具体求法同第七章第二节，第三部分中（二）方法及数据获得部分的1。

分离总贸易中加工贸易与非加工贸易数据是一个重要任务，尤其是从产品到行业的归并更是烦琐。因为从产品层面到投入产出行业的分类和对接上，目前国内没有一个现成的对应标准，所以本文在这方面做了一项基础而繁复的工作［具体方法同第七章第二节，第三部分中（二）方法及数据获得部分的2］。

（二）行业碳排放的计算

本研究对碳排放的测度主要依据2006年《IPCC国家温室气体清单指南》提供的缺省方法，行业对某种化石燃料消费产生 CO_2 排放量 E_{CO_2} 的计算公式为：

$$E_{CO_2} = \text{化石燃料消耗量} \times CO_2 \text{排放系数} \tag{8.14}$$

显然，在具备化石燃料消耗量统计数据的条件下，计算碳排放需要先确定某种化石燃料的 CO_2 排放系数，该指南提供的 CO_2 排放系数计算公式为：①

$$CO_2 \text{排放系数} = \text{低位发热量} \times \text{碳排放因子} \times \text{碳氧化率} \tag{8.15}$$

根据公式（8.14）和公式（8.15）就可以把消耗的多种化石燃料排放的 CO_2 进行计算加总。根据所研究问题，确定本文应从消费端计算行业 CO_2 排放量的原则。

本研究要计算电力能源的消耗，由于各个行业使用的电力属于二次能源，由此产生的碳排放在电力的生产过程中已经实现。在计算一个地

① 本研究引用了马涛等（2011）的各种化石燃料（包括煤炭、焦炭、原油、汽油、煤油、柴油、燃料油、天然气和电力）的 CO_2 排放系数。

区总的排放量时，为了避免重复计算，通常不再对电力的碳排放进行二次计算。本研究是从行业角度来计算 CO_2 排放量，属于从消费端来测算，因此需要根据各行业使用的电力，将其生产时产生的 CO_2 计入各行业的排放量。电力排放系数的计算是假定生产电力的一次能源为原煤，根据全国平均的单位供电煤耗来计算（马涛等，2011）。

另外，“石油加工、炼焦及核燃料加工业”中的原油一部分作为原材料投入使用，一部分作为燃料自耗掉，根据《中国能源统计年鉴》中“原油平衡表”、“工业分行业终端能源消费量（实物量 2007）”以及“按行业分能源消费量（2007）”，可以把终端消费原油使用量、中间消费中的发电、发热以及油田原油损失作为原油的自耗，其占原油总消费量的比重经过计算是3.1%。经过笔者的计算验证，1997 年和 2002 年该行业的能源自耗比重也是这一水平。

分行业化石燃料消费量的数据来自 1997 年、2002 年和 2007 年的《中国统计年鉴》。考虑到投入产出表行业与《中国统计年鉴》中行业的对应情况，本研究对统计年鉴中的部门进行了合并和调整，合计成包括农林牧渔业和制造业在内的与 I/O 表一一对应的 22 个行业部门。

五　经验结果分析

（一）出口贸易中碳排放的结构分析

如何研究贸易含碳量是碳排放责任划分的科学依据，估算出口贸易的碳排放也是做出理论判断和政策制定的唯一标准。由于中国长期承担着制造业很多中间环节的生产任务，大量碳排放留在了中国境内，同时大量的中间品进口也减少了其在国内生产所排放的碳污染，也就是说节约了在中国境内的排放。这正如在计算中国的实际顺（逆）差时，不能单凭总进出口之差，而应该从增加值的角度测度顺（逆）差才更准确。所以，以往较为宏观地分析碳排放问题，仅仅比较了中国出口中的碳与进口中的碳大小，并不能说明由于产品构成变化或者技术升级等变化所导致的碳排放结构的变动。于是，本研究将焦点放在垂直一体化分工条件下中国出口贸易中（而不是进出口贸易）碳排放结构的局部平衡问题上，而不是整体贸易中的碳排放问题。正是这种出口中包含着进口的构成方式，决定着出口中既有国产投入品在国内排放的碳，也有进口投入品在境外的碳排放的结构特征。下文的碳排放结构分析用国产内涵碳排放减去进口内涵碳排放差值的变化来表示。

为了了解各行业碳排放情况，本研究利用不同年份的贸易结构分解数据研究行业碳排放的动态变化。图 8－3 显示出，中国各行业加工贸易出口中的国产碳排放与进口碳排放的差值绝大部分都为负值，并且多数行业的碳排放结构与所有行业合计的结构变化是一致的。中国加工贸易出口中的碳排放净值为负值，也就是进口内涵碳排放大于国产内涵碳

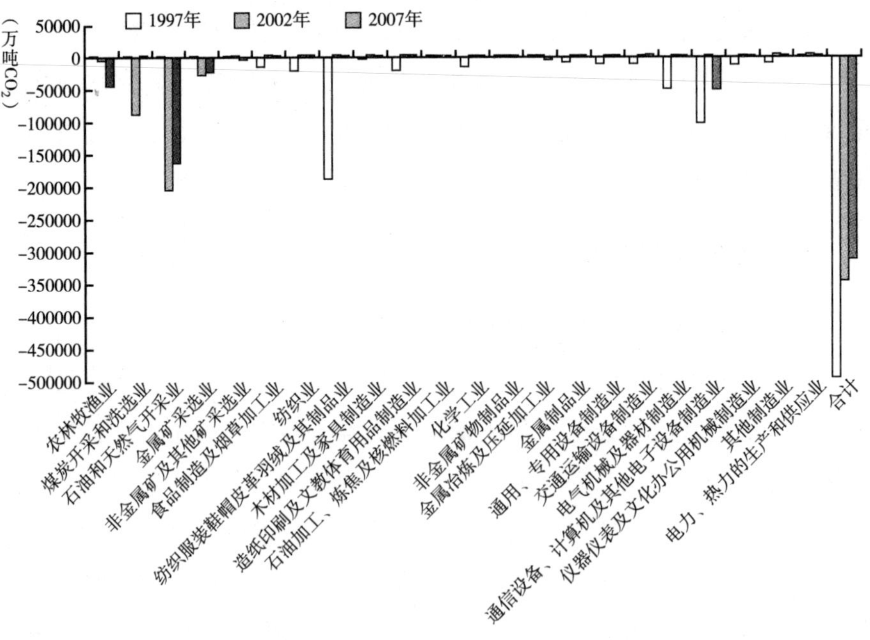

图 8－3　各行业及合计的加工贸易出口中的碳排放结构

资料来源：笔者根据公式（8.11）、（8.12）计算得到。

排放，或者说中国加工贸易出口总体上节约了碳排放。但是加工贸易出口的总体碳排放节约量有逐步缩小的趋势，从1997年的4980百万吨降至2002年的3475百万吨，再缩减至2007年的3143百万吨，幅度缩小了36.9%。出现上述趋势的核心在于加工贸易出口中进口的中间投入品份额有所减少（见表8－6），主要原因是国内生产的投入品替代了进口的投入品，从而扩大了国产内涵的碳排放，这种情况一般多出现在进料加工贸易中。这种碳排放节约量缩小的变化趋势与张友国（2010）认为中国加工贸易中进口随着出口大幅增长而增长，进口节碳量也增加的结论不同。具体而言，由于中国出口企业生产率水平的提升，原来从韩国、日本和美国等国家进口的部分零部件及半成品等中间投入，现在国内企业也可以制造出来，无论是高技术的尖端产品还是资本密集型的投入品，完全可以由国内企业的产出替代。

图8－4描绘了中国非加工贸易出口中的碳排放结构构成情况。通过三个年份的数据比较，有的行业国内碳排放与进口碳排放的差值扩大，有的行业这个差值在缩小，有的行业这个差值由正值变为负值，也有的行业负的差值在不断扩大，行业层面的变化结果并不一致。从合计的数据来看，碳排放差值由正值渐变为负值，说明非加工贸易出口中在国内排放的二氧化碳在逐渐减少（也可以说相对于进口内涵碳排放逐渐变小）。上述两种情形的变化趋势，可以从表8－6的中国进口中间投入品的结构变化得到解释。

非加工贸易出口中的国内碳排放与进口碳排放的差值由正变为负，以及加工贸易出口碳排放差值始终保持着较大负值（尽管此负值有小幅减少），充分反映出中国贸易中的碳排放是复杂的并且具有结构性特征。这种结构性表现在上述两种出口贸易中的碳排放结构的差异，以及碳排放结构发生的渐变，这些都是以往贸易碳排放研究中所不能发现的结构性问题。在结构分析过程中，我们也应该清醒地看到，加工贸易出口中投入品国产化程度的提高，在一定程度上加大了中国境内的碳排

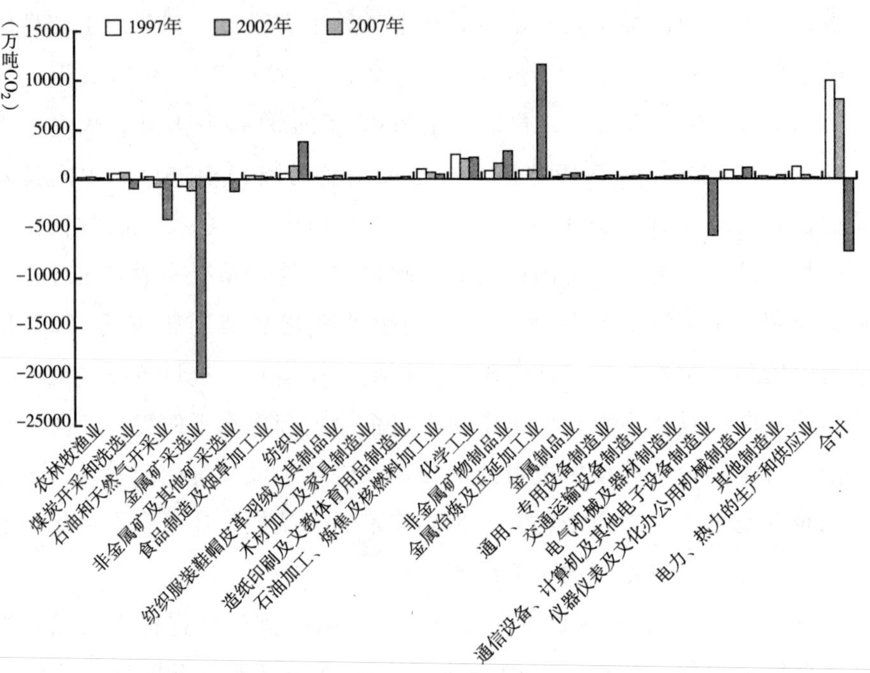

图 8-4　各行业及合计的非加工贸易出口中的碳排放结构

资料来源：笔者根据公式（8.11）、（8.12）计算得到。

放。所以，在获得出口贸易与经济快速增长的同时，需要我们加强环境治理并积极应对气候变化，以便沿着倒 U 形环境库茨涅兹曲线获取两者的可持续发展，顺利进行结构改革，实现绿色增长。

（二）碳排放结构变化的原因分析

为了解释上述碳排放的结构性变化，我们采用加工贸易出口和非加工贸易出口中进口中间投入品分别占两种出口贸易额的比重这一指标，分析各行业乃至总体碳排放结构的变化情况。如表 8-6 所示，在加工贸易出口中，进口中间投入品所占比重逐年递减（由 1997 年的 61.99% 下降至 2007 年的 46.59%），但是中国加工贸易总出口并没有减少，可以判断其中一定发生了结构性变化。究其原因在于随着国内制造业技术水平的提升，原来需要大量进口的中间投入品，现在可以由国产的投入品替代。由于来料加工贸易完全是从国外进口原材料，而进料加工贸易可以使用国内投入品，所以可以判断，主要是进料加工贸易造成了这种结构性变化。这样国产投入品生产量的增加就会扩大留在国内的碳排放量，也就增加了制造中间品所释放的碳污染。例如，在一些资本密集型的金属冶炼和技术密集型的机电类产业，加工贸易出现的这种新特点在一定程度上会扩大国产内涵的碳排放量。

表 8－6　加工贸易和非加工贸易出口中进口中间投入品所占比重的变化

单位：%

年　份	1997	2002	2007
加工贸易出口中进口中间投入品所占比重	61.99	58.19	46.59
非加工贸易出口中进口中间投入品所占比重	50.61	78.53	72.61

资料来源：笔者通过行业数据加总计算得出。

同时，非加工贸易出口中进口中间投入品比重的提高（见表 8－6），使得非加工贸易出口中国产与进口碳排放差值由 1997 年的 9899 万吨逆转为 2007 年 7605 万吨的负值（见图 8－4）。这充分说明，在非加工贸易出口中，进口的中间投入品越多，在国内排放的二氧化碳就越少，于是出现了国产与进口内涵碳排放差值由正值转变为负值的格局。

由此可见，虽然对投入品的进口依赖能减少中国国产内涵的碳排放量，但是随着中国制造业整体产能以及大量出口企业生产率水平的提升，是采取进口替代还是过度依赖进口的外贸政策，两者收益大小的权衡决定着中国如何去做决策。进口替代必然会增加因此所带来的在国内的碳排放，但是这种鼓励国内产品自主研发、争创自有品牌的发展政策，会提高中国企业的技术水平和生产能力。同时，在一定程度上也能摆脱出口国对一些产品的出口管制；从全球生产网络和碳排放均衡视角看，为满足市场需求和产能的扩张，国与国之间的生产联系越发紧密，但从全球层面看，碳排放的供需还是均衡的。发展低碳经济是我们应对全球气候变化的有效手段，但是如果一些国家巧立名目，利用各种措施限制别国发展，将变成掩人耳目的保护主义。如美国、欧洲等以发展低碳经济为名，拟推行边界调节税或者碳关税，就是名副其实的贸易保护政策。应该用发展的眼光看中国的问题，国内生产必然会增加在中国境内的碳排放量，而判断得失的核心在于碳排放强度是提高还是降低，对此层面的研究和判断将在本章下一部分给出分析。

（三）中间投入碳排放的结构分解

根据公式（8.9）和公式（8.10），我们可以分解出进口中间投入和国产中间投入的组成结构。依据这层含义，就可以把各类中间投入的碳排放进行结构分解，比较各种中间投入碳排放的结构性变化。这其中包括两大层面，共六个具体结构构成：用于非加工贸易的进口中间投入、直接用于加工贸易的进口中间投入、间接用于加工贸易的进口中间投入；用于非加工贸易的国产中间投入、直接用于加工贸易的国产中间投入、间接用于加工贸易的国产中间投入。对计算出的行业碳排放量进行分解，再把行业层面的数据加总得到总体数据，从而进行结构分析（见表 8－7）。

表 8－7　各类中间投入碳排放变化的结构分解

单位：万吨 CO_2

时　期		1997～2002 年	2002～2007 年	1997～2007 年
进口中间投入	用于非加工贸易	291	9387	9678
	间接用于加工贸易	－11055	25778	14723
	直接用于加工贸易	－141223	－42664	－183887
国产中间投入	用于非加工贸易	－8506	835699	827193
	间接用于加工贸易	－500	3162	2662
	直接用于加工贸易	－1273	12729	11456

资料来源：笔者根据公式计算。

通过估算，可以得到进口中间投入和国产中间投入在两类贸易中的碳排放变化的结构分解数据。我们发现，进口中间投入用于非加工贸易的碳排放在逐年递增，同时，间接用于加工贸易的碳排放也是增加的，但是直接用于加工贸易的碳排放是逐年递减的。所以，可以全面印证表8－6所证明的随着加工贸易出口中进口投入越来越多被国内产品替代，进口投入的内涵碳排放量就会减少，而国内碳排放相对增加。在国产中间投入方面，用于非加工贸易情形下的碳排放逐年增加，同时，直接和间接用于加工贸易的碳排放都在扩大（2002年数据略有回落），尤其是直接用于加工贸易的增长幅度较大，这与进口投入品使用比重降低是一致的。

（四）两类出口贸易的国产内涵碳排放强度变化

国产内涵的碳排放就是产品在中国境内生产过程中排放在国内的CO_2。根据单位增加值创造的碳排放就是碳排放强度这一定义，可以进行延伸，行业出口的碳排放量与出口增加值的比值就是行业出口的碳排放强度。所以，我们可以用碳排放强度来分析中国加工贸易出口和非加工贸易出口中的国产内涵的碳排放强度在行业间的差异和变化情况。我们用加工贸易出口中国产内涵碳排放量除以加工贸易出口的增加值（v_j^p），或者非加工贸易出口中国产内涵碳排放量除以非加工贸易出口的增加值（v_j^d），来定义上述两种碳排放强度。图8－5给出了1997年、2002年和2007年三个年份各行业加工贸易出口的碳排放强度的柱状图。通过比较可得出，碳排放强度下降显著的行业有：化学工业、金属冶炼及压延加工业、仪器仪表及文化办公用机械制造业、交通运输设备制造业、其他制造业。如果关注2001年“入世”以后的情况，用2007年对比2002年来分析，非金属矿及其他矿采选业、纺织服装鞋帽皮革羽绒及其制品业、非金属矿制品业、电气机械及器材制造业等行业也出现了碳强度的下降。而加入WTO之前的1997年相比于2002年，一些行业的碳排放强度还是处在较高水平，如造纸印刷及文教体育用品制造业、化学工业、金属冶炼及延压加工业、仪器仪表及文化办公用机械制

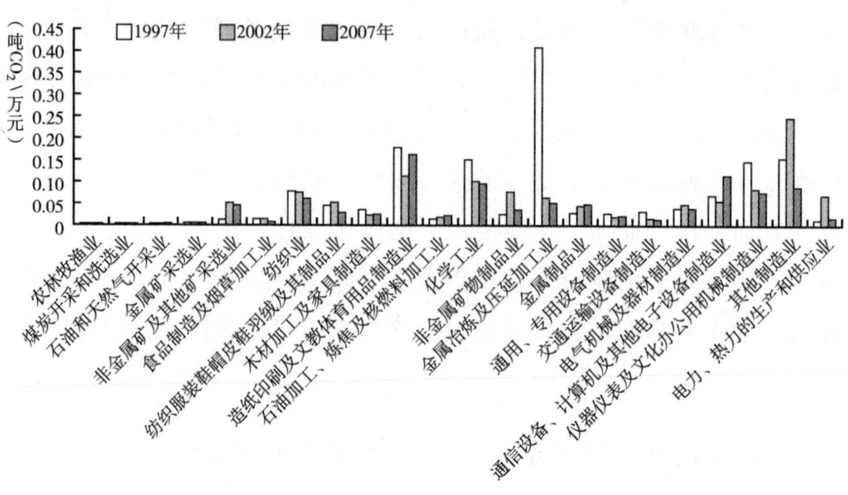

图 8－5　分行业加工贸易出口国产内涵的碳排放强度

资料来源：笔者根据公式计算得出。

造业等。数据的变化能说明一些问题，但能否据此就判断说“入世”后这些行业严格按照国际标准增强了节能减排的力度，有效提高了能源的利用效率，还有待进一步考察。

考虑到加工贸易出口情形，众所周知，中国机械和机电类产品加工贸易的出口份额最大，而机械和机电类产品包括的行业主要有交通运输设备制造业、金属冶炼及压延加工业、仪器仪表及文化办公用机械制造业和其他制造业等行业，这些行业碳排放强度下降的幅度也最大。一个可能的原因是：加工贸易企业或者生产任务的经营权主要由跨国公司掌控，而跨国公司对贸易产品环保、节能的要求较高一些。国际因素在环境治理方面的制约作用有多大及其具体的作用机制有待专门研究。

即使没有参与全球化垂直分工，非加工贸易出口品也可以通过不同途径作为最终品或者中间投入进入下一个流通环节。对于非加工贸易出口的国产内涵碳排放强度而言，结构性改善很可能会出现在中国的传统产业上，因为以往这些产业多属于高污染和高耗能部门。分析检验结果可以看出，多数行业的出口碳排放强度也都明显下降，尤其是一些资源和能源类行业，如煤炭开采和洗选业，石油和天然气开采业，化学工业，石油加工、炼焦及核燃料加工业，仪器仪表及文化办公用机械制造业，电力、热力的生产和供应业等行业的排放，在提升节能减排方面都取得了长足的进步（见图 8－6）。

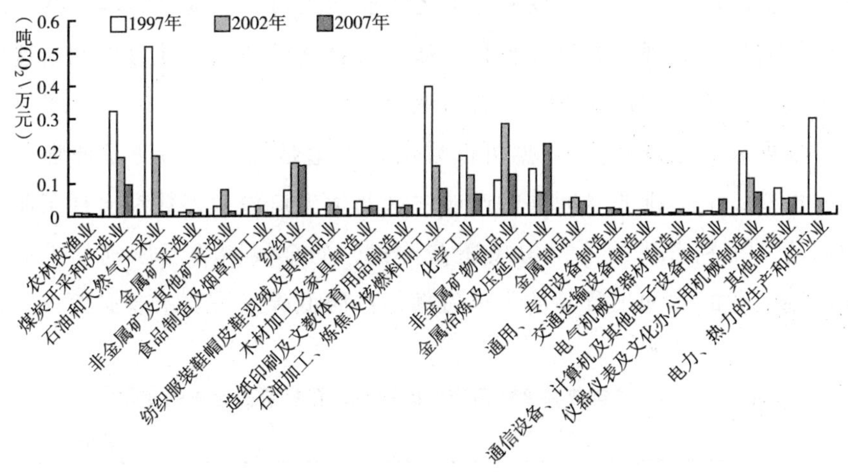

图 8－6　分行业非加工贸易出口国产内涵的碳排放强度

资料来源：笔者根据公式计算得出。

中国加工贸易和非加工贸易出口中国内碳排放强度的降低，说明2006 年以来中国实施的节能减排政策已经取得了积极的成效。这种成效的取得，一方面在于中国制造业提高了能源利用效率并有效改善了节能技术和设备；另一方面，由于中国出口企业生产率水平的显著提升，进而提高了单位投入的产出，所以就降低了单位产出的碳排放量。对不同产业而言，资源和能源类部门碳排放强度的积极改善，为这些产业的可持续发展奠定了基础。同时，加工贸易出口碳排放强度的降低，也为中国转变出口增长模式提供了一个更加充裕的调整期。

（五）高碳排放强度产业的贸易结构调整

下面对碳排放强度较高且无明显下降的行业进行筛选，其中，加工贸易符合上述情形的行业有：造纸印刷及文教体育用品制造业、化学工业、金属制品业、其他制造业，而非加工贸易符合上述情形的行业有：煤炭开采和洗选业、纺织业、非金属矿物制品业、金属冶炼及压延加工业、金属制品业。我们可以通过上述产业的出口比重变化检验这些产业是否从数量上出现了调整和转移，如果符合这种情形，就可以判断这些碳排放强度较高的产业得到了有效调整。

根据表 8－8 的统计数据可以看出，无论是加工贸易还是非加工贸易的出口，上述排放强度高的产业中这两类出口份额多数都出现了明显的回落（个别行业的出口份额还在扩大，如金属冶炼及压延加工业和金属制品业的非加工贸易的出口份额，按照低碳经济要求有必要进行适

表 8－8　碳排放强度较高产业的进出口贸易所占比重的变化

单位：%

项　目	1997 年		2002 年		2007 年	
	进口	出口	进口	出口	进口	出口
加工贸易情形						
造纸印刷及文教体育用品制造业	3.98	6.80	2.58	5.43	1.21	3.88
化学工业	20.69	8.56	15.32	6.57	12.03	5.98
金属制品业	1.40	3.14	1.04	3.17	0.92	2.58
其他制造业	0.89	3.37	0.71	2.41	0.37	1.18
非加工贸易情形						
煤炭开采和洗选业	0.10	1.56	0.20	1.76	0.41	1.37
纺织业	0.67	18.55	0.45	18.06	0.41	9.42
非金属矿物制品业	0.86	3.88	0.66	3.23	0.36	2.88
金属冶炼及压延加工业	6.42	3.39	7.85	3.28	5.65	10.16
金属制品业	1.35	4.29	0.71	4.74	0.80	5.44

注：进出口额分别是中间品、资本品和消费品的总和，所占比重为文中的 22 个行业。

资料来源：笔者根据上文贸易数据整理。

当调整），说明这些行业的出口结构已经出现了有效的调整。无论是出于市场周期性调节还是贸易政策驱动，其调整方向与节能减排政策目标是一致的。此外，从这些行业的进口结构变化来看，所有行业在这三个年份里所占总进口的比重也都呈现出逐渐缩小的特征，与出口的结构变化相同。尤其是加工贸易情形，加工贸易进口深受出口结构调整的影响。于是，随着进出口比重的分别降低，碳排放强度高的产业进出口结构的优化有利于环境的改善和污染产业的向外转移。中国这些高碳排放产业的产品在出口市场具有较高的竞争力，“入世”以后，随着对出口产品环境规制的提高，使得这部分产品失去原有的比较优势，这也是在低碳经济条件下进行贸易结构调整应该付出的代价。

由此可以得出结论，作为“世界工厂”的中国，虽然承接着全球大量加工贸易的生产任务，但并不是出口贸易品的所有碳排放都留在了中国境内，并且碳排放强度高的产业的进出口贸易结构向着有利于中国环境改善的方向发展。中国在扩大对外贸易的同时，向外输出的产品也变得更加“洁净”，并渐进地进行着产业转移。于是，我们可以清晰地看到，中国并没有因加工贸易扩大而使高排放产业的出口份额提升。相反，这些高排放产业的出口结构得到了优化。因此，随着高排放产业出口份额的降低，中国应该继续鼓励出口增值率高、碳排放强度低的高技术产品和服务业产品。

中国高碳产业出口贸易结构的优化，反过来也能促进这些行业碳排放结构的调整。通过不断提升这些产业的节能减排技术，并适当向这些部门转移生产要素，就可以在有效降低环境污染的同时，提高中国出口产品的品质。以往我们只强调对附加值低的产业进行转型，如果再加入碳排放优化这样一个新的约束，就会使中国贸易结构调整与转型的重要战略得到进一步落实。中国一些产能低效、污染环境的传统产业如何调整、何时调整，成为急需回答的问题。

六　结论及政策建议

本研究测算了出口贸易中的碳排放，并从碳排放视角分析了中国对外贸易结构的调整和变化。笔者利用（进口）非竞争型投入产出模型，将中国的加工贸易和非加工贸易分离，再根据计算出的出口产品的国内外投入构成，测算两类贸易出口中基于I/O表22个行业的国产和进口内涵碳排放结构，进而判断碳排放以及碳排放强度的结构变化。研究结果表明，尽管中国出口贸易中的碳排放总量在不断增加，但是碳排放强度在降低。其中，非加工贸易出口中的国产碳排放与进口碳排放之差由正值变为负值，而加工贸易出口中的碳排放差值为负并有缩小趋势，说明中国出口产品在国内形成的碳排放有减弱趋势，这与进口中间投入品的比重及其碳排放有着紧密联系。此外，碳排放强度较高产业出口比重的降低，不仅促进了中国节能减排政策的有效实施，也有利于贸易结构的调整和转型。

通过对加工贸易与非加工贸易出口中碳排放结构的估算，可以从更具体的视角研究中国的实际情况，结合上述结论，笔者提出以下对策和建议。

首先，继续实施出口结构的优化和调整政策，适度调控一些高排放产业的出口规模。优化出口产品的结构，是今后中国贸易发展的必由之路。中国从制造与出口“两高一资”产品获得粗放型增长到代工、贴牌生产技术和资本密集型加工贸易产品，再到实现“自有品牌、自主知识产权和自主营销”产品（三自产品）不断扩大，生产和贸易结构出现巨大提升。发展中国家需要通过技术、管理、创新等多轮驱动获得国际竞争优势，只有这样，才有利于促使中国企业朝着生产高附加值产品方向发展，进而在全球化分工体系中获得更多的福利。

其次，中国经济发展不能仅以经济增长作为唯一目标（从当前情况来看，出口在中国经济增长中的贡献在逐步缩小），还要考虑到增长对环境的影响。将发展低碳经济作为经济增长的新约束，中国经济才能获得绿色增长和可持续发展。

再次，根据本研究的计算结果，中国多数行业出口的碳排放强度都出现了下降的趋势，尤其是“入世”以后，这种现象越发明显。若要继续降低出口贸易的碳排放，不仅要靠产业结构的调整，关键还是提高节能减排的技术水平。因为有些高排放产业本来就属于技术或资本密集型部门，如果不断调整这些行业的出口规模，也不利于中国制造业的健康发展。所以，要加大节能减排的技术研发投入力度，并通过引进清洁生产机制降低出口贸易中的碳排放量。

最后，为防止一些国家企图用碳关税对所谓的高碳排放国进行出口限制，这些出口国应该从贸易碳排放结构的实质做出积极回应。从发达国家推行碳关税的动机看，主要是想削弱竞争对手的出口竞争力，实行贸易保护。而本研究的经验结果表明，我国出口品的国内碳排放并非想象中的那么高，其中内涵了大量进口品的碳排放，若发达国家以碳关税扰乱国际贸易秩序，在理论上是行不通的。

总之，不管是从碳排放结构来分析贸易结构的调整，还是通过贸易结构优化来促进环境的可持续发展。本研究想说明的一个现实问题是贸易自由化进程的加速可能会加剧环境的恶化，如何有效协调贸易与环境之间的矛盾关系，是政府部门制定发展战略时，应该重点考虑的问题。

本章小结

本章是分析垂直专业化的生产分割对中国要素市场的影响，主要从要素价格和要素需求两方面进行研究。具体而言，就是研究我国的工业行业的中间产品贸易对劳动力需求以及工资水平变化的影响，并着重分析了产品内国际分工对中国劳动力需求弹性和就业风险的影响，在对劳动力需求弹性的测算中发现考虑中间产品贸易变量的需求弹性大大高于未考虑该影响的需求弹性，从而说明中间产品贸易加大了中国工业就业的风险与不稳定性。最后，结合中国行业层面的就业压力和工资水平现状，对我国劳动力市场提出了一些建设性的意见。

通过测度我国出口贸易中的碳排放来研究对环境和气候变化的影响，还可以在低碳背景下分析我国在经济转型过程中贸易结构和产业结构的变化。这也是从低碳视角研究我国贸易结构转型的新尝试，尤其是将加工贸易和非加工贸易出口中的碳含量分别进行行业的测算，得到了不一样的结论。尽管我国出口贸易中碳排放总量在不断增加，但是碳排放强度在降低；非加工贸易和加工贸易中投入品国产化程度的降低和提高，分别影响到碳排放顺差的逆转和逆差的缩小。碳排放强度较高产业出口结构的优化，不仅促进了我国节能减排政策的有效实施，也有利于贸易结构的调整和产业转移，引导加工贸易转型升级进而缓解出口过快增长对环境形成一个可持续发展的影响。

第九章　结论与前瞻

一　主要结论

本研究的主要结论可以归结为以下六个方面。

（一）贸易、投资和国际生产关系的理论归纳

本研究在理论方面主要把国际贸易、外国直接投资和国际生产的发展历程结合在一起进行分析，重点是把同一时期的贸易、投资和国际生产之间的联系梳理清楚。从单纯的产业间贸易到产业内贸易的发展，尤其是产业内贸易所占的主导地位，在形式上表现为水平型产业内贸易到垂直型产业内贸易的变化。当贸易成本较高时，跨国公司会利用水平型直接投资在东道国投资建厂，供应东道国市场需求，以此替代产业内贸易。在国际生产体系不断向垂直专业化发展中，以产品内国际分工为基础的产品内贸易以及相伴而生的垂直型 FDI 共同发展，相互影响。同时，垂直专业化生产也促使了国际生产外包的盛行，这种非股权式的投资与公司内部的垂直投资相得益彰，深刻影响着母国和东道国经济的发展。鉴于这种研究思路，本书总结出了贸易、投资和国际生产之间的关联图（见表 2-1），并根据贸易与投资的特征，为跨国公司提出了不同的战略选择。

（二）国际生产分割的贸易和 FDI 模型及一般均衡模型

在构造理论框架方面，本研究力图将贸易、直接投资和体现国际生产分割的变量放在一个模型中，在此基础上可以用计量方法进行实证检验。当然，研究中也借鉴了国外学者的理论分析方法，如 Deardorff、Venables 等人关于简单贸易模型中的生产分割以及跨国公司不同投资与生产分割理论的关系。其实，国际生产分割对不同国家影响最为深刻的就是对要素价格的影响，而生产成本和贸易成本的大小又是实施生产分割的决定要素。

（三）中国贸易、投资和国际生产关系的现状描述

本书实证研究部分所占比例较大，且都是围绕中国制造业细分部门所进行的，因为考虑到国际生产一体化更多地体现在工业行业，所以本书紧紧抓住这条主线进行经验研究。

主要是利用一些具体指标来衡量中国在国际贸易、垂直专业化生产以及对外直接投资方面的发展现状。通过对工业部门中间产品贸易的数据统计，可以得到这些部门的中间产品进出口是不断增长的，并且进口额大于出口额。在中间产品进口中，增幅较大的是初级产品部门、中等技术制造部门和高技术制造部门，而占进口额比重最大的则是中等技术制造部门；在中间产品出口中，增幅较大的是劳动和资源密集产品部门、中等技术制造部门和高技术制造部门，占出口额比重最大的则是高技术制造部门。

本研究采用分行业的垂直专业化比率来衡量国际生产分割的程度，通过分别对国内销售产品和出口产品垂直专业化程度的计算，可以得到国内产品消费中进口中间产品的比重，跟出口贸易中垂直专业化程度十分接近，都不是很高，这说明我国产品消费中对国外投入品的依赖程度较低。国内销售产品的垂直专业化比率不低于出口的比率，这与传统上

认为的出口产品对进口中间投入品依赖较高的观念并不一致。此外，还测算了分行业产品国内技术含量，目的是与垂直专业化程度的相关性作比较。通过多元计量模型和面板数据的检验发现，影响工业行业垂直专业化水平的显著因素包括贸易壁垒、产品国内技术含量和外商企业的投资国（或地区）结构，其中特别值得注意的是产品的国内技术含量对垂直专业化程度具有负影响，表明了我国当前在国际生产体系中的地位与作用深受产业技术水平限制的情况。

本研究还借鉴国内学者的分类方法，对流入中国的 FDI 分成垂直型和水平型进行分类统计，发现以水平型流入中国的 FDI 要比垂直型多，说明这种新建投资是对发展中国家投资的主导。

（四）三者关系的协整检验

本研究的实证研究主要分两部分，第一部分只对中国中间产品贸易、垂直专业化生产和外商直接投资这三者做整体关系的协整检验。实证结果发现，三者之间存在长期稳定的平稳关系，并得到了协整关系方程。随后，又对三者进行了格兰杰因果关系检验，得到与理论基础一致的结论，即外商直接投资分别与垂直专业化生产和中间产品贸易具有单向因果关系。

（五）一般均衡模型的回归结果

实证研究的第二部分基于一般均衡模型，研究的中心思想是将贸易壁垒、国内投资、外商直接投资、国家生产要素、技术进步和垂直专业化生产等诸多自变量放到模型中做细分行业的面板数据检验，进一步检验这些自变量对中国中间产品出口的影响。估计结果与理论预期较为一致，除了做整体固定效应检验外，还做了不同类型行业的面板数据模型检验。

（六）垂直专业化的国际生产对中国劳动力需求和环境的影响

在研究垂直专业化的国际生产对中国劳动力市场的影响中，主要分析了中间产品贸易对中国劳动力需求变化的影响，即把中间产品进出口贸易从总贸易中分离出来，单独考虑其对劳动力就业的影响。实证结果表明，中间产品贸易较之全部贸易，提高了劳动力需求弹性，相应也增加了中国制造业劳动力的就业风险和不稳定性。

尽管我国出口贸易中碳排放总量在不断增加，但是碳排放强度在降低；非加工贸易和加工贸易中投入品国产化程度的降低和提高，分别影响到碳排放顺差的逆转和逆差的缩小。碳排放强度较高产业出口结构的优化，不仅促进了我国节能减排政策的有效实施，也有利于贸易结构的调整和产业转移。低碳条件下的贸易结构调整，既能促进我国积极参与全球化生产，又能保持环境与经济的可持续发展。

综上所述，跨国公司国际生产方式的转变是形成不同类型直接投资以及不同贸易模式的根本动因，而贸易和直接投资仅是国家间要素流动的两种外在表现形式。贸易与对外直接投资的相互替代、促进乃至互动，都引导着贸易与投资方式的不断演变，跨国公司的运作与生产起着执行和推动的作用。

二　前瞻

本研究在得出了上述主要结论之后，提出了相关的政策建议，应该说较完整地完成了一个研究体系。由于受本书主题和研究思路的限制，未能对一些前沿性的问题进行深入研究，笔者希望在今后的科研中对其倾注更多的精力。

（一）应进一步研究产品内国际分工的深层次机理

国际分工格局发展到产品内分工这一层面，对国际生产体系的影响是极为深远的。尽管产品内分工与传统的产业间和产业内分工不同，但其与后两者的关系是不容分割的，决定产品内分工的依然是比较优势和规模经济。本研究只是用到了基于产品内分工的生产分割的概念，由于本书构思的角度不同，并没有对其进行深入的理论分析。国内学者卢锋（2004）围绕着产品内分工建立了一个分析框架，对产品内分工的成因、特点和利益源泉进行分析，基本沿袭了贸易理论的分析范式，试图用比较优势、运输成本、规模经济和要素密集度等经济学原理来解释产品内分工。

本研究是一个概括性比较强的选题，在全面分析了国际贸易、对外直接投资和国际生产之后，把研究重点放在了基于产品内分工的国际垂直专业化生产分割上，而进行的仅仅都是变量的推导和关系的检验，并没有分析产品内分工和国际生产分割的内在联系和经济学原理。但这却是当代国际贸易理论上非常前沿和值得研究的问题，相信更多的学者已开始研究这一领域。

（二）对外国直接投资类型的划分和衡量应该深入研究

外国直接投资作为本书的主题之一，可以说得到了应有的体现，但仅仅是从作为中间产品贸易和垂直专业化生产的根本原因的角度研究的，而真正导致产品内分工的应该是垂直型的直接投资，本研究在几个实证研究中只是用总的外国直接投资代替。虽然在第三章第四节中，我们借鉴国内学者的经验分析，得出来自非避税地国家的 FDI 为垂直型 FDI，并进行了数据统计，但没有用其做后面的实证研究。

Brainard（1993）提出的垂直型 FDI 的测算方法是用国外分支机构出口到母国的产品数量作为垂直型 FDI 的数量。但这种方法建立在微观层面上，数据的获得是全球的跨国公司的公司内贸易数据，一般发达国家作为母国公司会统计出该国这方面的公司层面的数据，作为发展中国家的中国却很难统计出跨国公司在华的分支机构与其母公司的内部贸易数据，这是不能进行研究的缺憾之处。

（三）理论模型应该进一步得到扩展和创新

本书第四章的理论部分主要是运用基础的经济学方法，先是分析了贸易、投资和生产分割之间的两两关系，然后用一般均衡理论模型将所有变量融入一个模型，通过公式推演，得出变量之间的线性关系式，但这多数是建立在前人的理论基础之上。

如何在理论的推导上有所创新，是一个较高的要求，这除了需要研究者阅读大量外国前沿理论之外，还应该有扎实的经济学理论功底和独特、敏锐的研究视角，只有具备这样的条件才能在理论上做出一些创新。综合贸易、投资和国际生产的理论确实不多，有的也只不过将几个变量纳入一个模型，并不能真正从机理上加以分析。而 Helpman（2006）认为，新理论在解释产业间贸易和 FDI 上未能超越比较优势理论，在解释产业内贸易上也未能超越不完全竞争理论，但是它们确实给贸易理论带来了新的视角，即对个体企业的组织结构的选择。通过研究个体企业的特征，诸如企业生产率的异质性、不完全契约等新新贸易理论和制度经济学理论可以解答下列新问题：哪些企业服务于外国市场？他们是选择通过出口还是选择通过 FDI 服务外国市场？他们是通过外包还是一体化组织生产？在哪些情况下，它们选择在国外而不是在国内外包？

我们可以借鉴诸如 Helpman、Feenstra、Markusen 等经济学家的前沿理论，对贸易和投资理论进行深入探究，把其中一些独特的研究方法进行扩展，为当前中国的经济理论研究作出应有的贡献。

附　录

附表 1　按工业部门分类的中间产品贸易 SITC3.0 编码

01. 煤炭采选业	321	322				
02. 石油和天然气开采业	333	342	343			
03. 黑色金属矿采选业	281	282				
04. 有色金属矿采选业	283	284	285	287	288	289
05. 非金属矿采选业	272	273	274	277	278	
06. 木材及竹材采运业	244	245	246	247	248	
07. 食品加工和制造业	12.4	17.1	22.21	22.41	22.49	25.2
	25.3	35.5	42.1	42.2	45	46
	47	48.2	54.84	54.85	54.87 -.89	56.41
	56.42	56.45 -.48	58.21 -.22	61(除 61.29,61.6,61.92)		
	71.11 -.13	73.2	81 除.95	98.6	98.94	411
	422	431	421.11	421.21	421.29	421.31
	421.49	421.51	421.61	421.71	421.8	
10. 纺织业	269	652	653	654	655	656
	657	658.11	658.12	658.13	658.19	658.21
	651(除 651.16,651.19,651.22,651.31,651.32,651.61,651.71,651.81,651.83,651.85,651.94)					
12. 皮革毛皮羽绒及其制品业	611	612.1	613			
13. 木材加工及竹藤棕草制品业	633	634	635(除 635.41,635.42,635.49)			
14. 家具制造业	821.11	821.12	821.19			
15. 造纸及纸制品业	251	641				
	642(除 642.21,642.22,642.23,642.32,642.35,642.43,642.93,642.94,642.95)					

续表

16. 印刷业记录媒介的复制	892.81	892.82	892.83	892.86	892.89	
17. 文教体育用品制造业	894.23	895.12	895.22	895.91	895.93 -.94	898.9
18. 石油加工及炼焦业	325	334	335			
19. 化学原料及化学制品制造业	232	511	512	513	514	515
	516	522	523	524	525	531
	532	533 除 533.52	551	554.21	554.23	562
	571	572	573	574	575	579
	592	593	597	598		
20. 医药制造业	541	542.11 -.12	542.21	542.22	542.31	542.91
21. 化学纤维制造业	266	267				
22. 橡胶制品业	621	625	629.19	629.21	629.29	629.91
23. 塑料制品业	581	582	583	893.11	893.19	893.31
	893.94	893.95				
24. 非金属矿物制品业	661	662	663除(633.13)	664	665.11	665.12
	665.91	665.92	665.93	665.94	665.95	665.99
	667					
25. 黑色金属冶炼及压延加工业	671	672	673	674	675	676
	677	678	679			
26. 有色金属冶炼及压延加工业	681	682	683	684	685	686
	687	689				
27. 金属制品业	691	693	694	695.51	695.52	695.53
	695.54	695.55	695.59	695.61	695.62	695.63
	695.64	811	812.19	812.21	812.29	
	699(除 699.12,699.31,699.32)					
28. 普通机械制造业	711.91	711.92	712.8	713.11	713.19	713.21
	713.22	713.23	713.32	713.33	713.91	713.92
	714	716.9	718.19	718.78	718.99	735
	741.28	741.35	741.39	741.49	737.19	737.29
	737.39	737.49	741.59	741.72	741.9	742.91
	742.95	743.8	743.91	743.95	744.19	744.91
	744.92	744.93	744.94	745.19	745.29	745.39
	745.68	745.93	745.97	746	747	748
	749.2	749.91	749.99			

续表

29. 专用设备制造业	721.19	721.29	721.39	721.98	721.99	723.91
	723.92	723.93	723.99	724.39	724.49	724.61
	724.67	724.68	724.88	724.91	724.92	725.91
	725.99	726.35	726.89	726.91	726.99	727.19
	727.29	728.19	728.39	728.51	728.52	728.53
	728.55	774.23	774.29	881.12	881.13	881.14
	881.15	881.23	881.24	881.34	881.36	882 - 883
30. 交通运输设备制造业	784	785.35	785.36	785.37	786.89	791.99
	792.91	792.93	792.95	792.97		
31. 电气机械及器材制造业	771.29	772	773	775.49	775.79	775.81
	775.88	775.89	776	778.12	778.17	778.19
	778.22	778.23	778.24	778.29	778.31	778.33
	778.34	778.35	778.48	778.69	778.79	778.83
	778.85	778.86	778.89	813除(813.13)		
32. 电子及通信设备制造业	762.11	762.12	764.91	764.92	764.93	764.99
33. 仪器仪表及文化办公机械制造业	759	871.19	871.39	871.49	871.99	873.19
	873.29	874.12	874.14	874.24	874.26	874.39
	874.54	874.56	874.69	874.79	874.9	885.51
	885.52	885.71	885.91	885.96	885.97	885.98
	885.99	884(除 884.11,884.23)				
34. 工艺品及其他制造业	891.21	891.22	891.23	891.93	891.95	896.11
	899.21	899.29	899.35	899.36	899.39	899.49
	899.72	899.81	899.83 -.86	899.91	899.92	899.94
35. 电力热力的生产供应业	351					
36. 煤气的生产和供应业	344					

资料来源：SNA 产品分类、BEC 的产品分类、SITC3.0 分类。

附表 2　中间产品出口贸易额

单位：万元

工业部门	1992 年	1993 年	1994 年	1995 年	1996 年	1997 年	1998 年
01. 煤炭采选业	409770	404856	664729	844217	922383	939650	884530
02. 石油和天然气开采业	1530263	1388198	1724292	1872421	2345149	2503938	1375908
03. 黑色金属矿采选业	3899	2174	2540	14071	8828	11259	5970
04. 有色金属矿采选业	71101	55700	99773	122441	64355	120881	89107

续表

工业部门	1992 年	1993 年	1994 年	1995 年	1996 年	1997 年	1998 年
05. 非金属矿采选业	313975	346017	600482	818205	792659	886634	814654
07. 食品加工和制造业	352212	439889	1175865	1146678	1309757	1378539	1135760
10. 纺织业	3590961	3786533	7925839	9209221	7857398	9054240	8257009
12. 皮革毛皮羽绒及其制品业	106244	121102	327194	370837	307205	352094	380483
13. 木材加工及竹藤棕草制品业	147443	170932	345760	442414	475667	633717	553146
14. 家具制造业	4249	144	6801	8077	12552	20559	23211
15. 造纸及纸制品业	194578	236419	445689	689666	561358	692517	674418
16. 印刷业记录媒介的复制	14627	27822	34449	41937	46454	89276	83944
17. 文教体育用品制造业	74095	82639	158113	197294	213579	249880	249732
18. 石油加工及炼焦业	641206	567975	930021	1409405	1443614	1910324	1602250
19. 化学原料及化学制品制造业	1711276	1916060	3921749	5572850	5469974	6407601	6292362
20. 医药制造业	368771	397038	819447	1091540	1035516	1073478	1204636
21. 化学纤维制造业	4209	5482	16101	32888	24223	86584	46722
22. 橡胶制品业	112340	140640	264453	451845	483866	523627	588104
23. 塑料制品业	247791	295642	619760	823722	859443	1145074	1349029
24. 非金属矿物制品业	585289	539386	1263028	1920419	1816427	2086389	1902014
25. 黑色金属冶炼及压延加工业	728787	609546	1425291	4309569	3021018	3700440	2722155
26. 有色金属冶炼及压延加工业	402877	468581	1232812	1611121	1382980	2120644	2139290
27. 金属制品业	796201	889899	1834993	2385855	2452855	3011026	3240692
28. 普通机械制造业	423335	467562	821143	1203065	1425499	1622033	1705626
29. 专用设备制造业	153037	162167	273170	351038	395423	532420	528429
30. 交通运输设备制造业	183508	231002	470832	625314	710350	1024576	1127632
31. 电气机械及器材制造业	1075202	1312390	2702585	4083868	4443680	5765303	6699369
32. 电子及通信设备制造业	465421	617288	1323574	1790023	2127545	2658313	2827841
33. 仪器仪表及文化办公机械制造业	611510	770462	1532216	1990885	2198838	2769754	3615532
35. 电力热力的生产供应业	3799	5120	185639	322273	197616	381962	369495
36. 煤气的生产和供应业	2761	1245	2361	4442	22515	55973	52598

工业部门	1999 年	2000 年	2001 年	2002 年	2003 年	2004 年	2005 年
01. 煤炭采选业	897720	1209738	2208343	2099519	2282604	3161980	3510322
02. 石油和天然气开采业	817214	1946715	1326898	1287414	1513237	1260430	2399928
03. 黑色金属矿采选业	7815	5567	1899	1481	1276	2115	1064
04. 有色金属矿采选业	93995	88717	102737	171783	243297	490281	939876
05. 非金属矿采选业	778188	913267	977760	909958	1025476	1119654	1274898
07. 食品加工和制造业	1214137	937610	961554	1584972	2755847	3864154	3065481
10. 纺织业	8280568	10378028	10688607	13160739	17004882	21180933	25219341
12. 皮革毛皮羽绒及其制品业	368156	551203	869552	906484	1086509	1388295	1509460

续表

工业部门	1999 年	2000 年	2001 年	2002 年	2003 年	2004 年	2005 年
13. 木材加工及竹藤棕草制品业	718118	910804	1018582	1376778	1706295	2768579	3507991
14. 家具制造业	35262	56603	54663	112513	219089	427973	635067
15. 造纸及纸制品业	603524	964101	994919	1137868	1532496	1820893	2586786
16. 印刷业记录媒介的复制	71668	85391	95393	138537	152268	218482	272473
17. 文教体育用品制造业	253259	272008	278646	296071	329100	428927	474724
18. 石油加工及炼焦业	1680101	2857607	3669247	3076885	4837113	7054343	7941362
19. 化学原料及化学制品制造业	6270061	7448554	8199904	9295728	11845512	16113264	22075295
20. 医药制造业	1218373	1287983	1417335	1705780	2119310	2383820	2729488
21. 化学纤维制造业	33508	35844	46137	89597	140135	190150	292999
22. 橡胶制品业	722561	1003158	1023413	1262494	1619689	2473574	3655440
23. 塑料制品业	1294521	1536639	1680159	2027249	2660520	3703566	5167881
24. 非金属矿物制品业	1994555	2443836	2790432	3588388	4594782	6326941	8542217
25. 黑色金属冶炼及压延加工业	2201248	3635086	2609068	2750006	3983936	11486428	15796604
26. 有色金属冶炼及压延加工业	2273399	2783853	2761737	3169185	4511012	7677976	8964431
27. 金属制品业	3432582	4120049	1626562	3712449	7358110	10898480	14968693
28. 普通机械制造业	2158941	3150753	3726866	4742963	6232597	8610523	11120116
29. 专用设备制造业	701931	1034849	1155697	1409699	2005112	2649989	3267195
30. 交通运输设备制造业	1391258	1907847	2159594	2790532	3555961	5671950	7915281
31. 电气机械及器材制造业	8856881	12161825	12462266	16149451	22122451	32194522	41032451
32. 电子及通信设备制造业	3318675	4843929	5816373	7834686	11356129	15742403	21211805
33. 仪器仪表及文化办公机械制造业	4224779	6097657	8345155	12743026	17575136	23089808	27548368
35. 电力热力的生产供应业	456015	487693	542598	511836	565675	504717	587248
36. 煤气的生产和供应业	5481	1745	3235	6184	588	3865	506

资料来源：联合国 COMTRADE 数据库。

附表 3　中间产品进口贸易额

单位：万元

工业部门	1992 年	1993 年	1994 年	1995 年	1996 年	1997 年	1998 年
01. 煤炭采选业	23882	23987	29072	61232	121577	79383	56673
02. 石油和天然气开采业	954069	1342958	1425291	2189884	3151242	4728096	2898416
03. 黑色金属矿采选业	523675	798120	1148046	1171090	1243018	1517344	1392263
04. 有色金属矿采选业	438337	408700	734516	1389042	1311863	1326921	1333519
05. 非金属矿采选业	34323	39069	79567	97698	153575	203288	224154
07. 食品加工和制造业	1276864	1579350	4508019	5529280	1729560	1565546	1386447
10. 纺织业	4072575	4364245	7989198	9049042	9903080	10116606	9129828

续表

工业部门	1992 年	1993 年	1994 年	1995 年	1996 年	1997 年	1998 年
12. 皮革毛皮羽绒及其制品业	646083	906331	1636311	1659933	1772725	1848953	1647180
13. 木材加工及竹藤棕草制品业	438676	547152	886503	844455	752548	842785	827113
14. 家具制造业	6280	3984	8972	12422	13998	18476	15267
15. 造纸及纸制品业	1068384	1030686	2068303	2486546	3093312	3430625	3705681
16. 印刷业记录媒介的复制	81951	94627	164993	206061	343724	608504	323183
17. 文教体育用品制造业	33048	35031	58107	66721	77806	90765	95947
18. 石油加工及炼焦业	791484	1758846	1743885	1846868	2091270	3212360	2159103
19. 化学原料及化学制品制造业	5491713	4886304	9274404	13015037	13880200	14741090	15166346
20. 医药制造业	123238	112251	195160	160007	111383	117971	215077
21. 化学纤维制造业	500467	441695	999859	1267340	1299071	1359107	1099367
22. 橡胶制品业	62025	76555	118396	129785	181137	175044	163844
23. 塑料制品业	464118	594528	1031553	1166656	1241367	1386401	1452845
24. 非金属矿物制品业	353053	460604	843757	909957	996667	1079871	1145503
25. 黑色金属冶炼及压延加工业	2443611	7307205	8135000	5413071	6021739	5523624	5372133
26. 有色金属冶炼及压延加工业	1135394	1073049	1429697	2238272	2495506	2638831	2873810
27. 金属制品业	429532	626381	1168211	1316620	1338603	1453162	1438346
28. 普通机械制造业	1451522	1530224	2670380	2904963	3133411	3633498	4257609
29. 专用设备制造业	781326	1041638	1375977	1696337	1835100	2025080	2192348
30. 交通运输设备制造业	948106	941315	981361	1197100	1547778	1452097	1430658
31. 电气机械及器材制造业	2180194	2779249	5360403	6574956	7523274	9498480	11519691
32. 电子及通信设备制造业	1019064	1407107	2435363	2917384	3013836	3554602	3446886
33. 仪器仪表及文化办公机械制造业	987413	1175108	2110831	2626273	3089851	3863821	4581236
35. 电力热力的生产供应业	156284	140620	92716	27255	2200	1896	328
36. 煤气的生产和供应业	43281	86265	186196	156082	351670	521681	494795

工业部门	1999 年	2000 年	2001 年	2002 年	2003 年	2004 年	2005 年
01. 煤炭采选业	50486	57117	74125	280241	304872	745528	1136514
02. 石油和天然气开采业	4439862	13060825	10442557	11386402	17962792	30052458	41399316
03. 黑色金属矿采选业	1403657	1959220	2950132	3033225	5182669	12357174	17199419
04. 有色金属矿采选业	1586785	2865317	3149271	2986758	4578582	8491353	12447383
05. 非金属矿采选业	382562	602357	647560	715549	1071395	1494976	1962897
07. 食品加工和制造业	1342555	1035698	1035216	1669189	2782043	3905522	3333561
10. 纺织业	9130542	10581821	10355036	10747814	11681919	12558169	12569721
12. 皮革毛皮羽绒及其制品业	1702882	2056305	2058660	2192597	2463858	2919062	3008565
13. 木材加工及竹藤棕草制品业	822664	887329	641688	678263	782278	793651	660512
14. 家具制造业	22396	77722	123951	159104	318595	424945	350862
15. 造纸及纸制品业	4481773	5296321	5105034	5634801	6640322	7954783	8362556

续表

工业部门	1999 年	2000 年	2001 年	2002 年	2003 年	2004 年	2005 年
16. 印刷业记录媒介的复制	306083	325764	349770	296416	320096	371744	361557
17. 文教体育用品制造业	111978	118215	128154	146151	171171	224838	223833
18. 石油加工及炼焦业	2474861	3369578	3506214	3698079	5709032	8766624	9619855
19. 化学原料及化学制品制造业	18101798	23005373	24381993	29826979	37432103	50210912	58988397
20. 医药制造业	265328	257321	337878	456409	480045	523830	595105
21. 化学纤维制造业	881075	1198097	1118154	1210017	1393466	1573759	1556127
22. 橡胶制品业	228626	282681	336894	407774	732502	925369	946521
23. 塑料制品业	1566393	1860422	1894852	2215411	2828711	3765571	4459634
24. 非金属矿物制品业	1392101	1954850	2039944	2462799	3047581	3917148	4179145
25. 黑色金属冶炼及压延加工业	6203968	8899192	11255954	11255954	18237424	19357377	21583885
26. 有色金属冶炼及压延加工业	3903608	5584958	5136922	6227146	8395591	11723861	14001437
27. 金属制品业	1413836	1651383	1804001	2256066	3215396	4347802	4980617
28. 普通机械制造业	4746185	5038976	5394765	6625494	9245689	12640360	14383232
29. 专用设备制造业	1891208	2218321	2217785	2609133	3441437	4219712	3847112
30. 交通运输设备制造业	1955545	2465827	3053960	3712773	6361693	7046031	6695720
31. 电气机械及器材制造业	16751918	25129903	28035606	39455264	57829703	81446110	101859467
32. 电子及通信设备制造业	4464220	6602898	6622506	7020842	9895644	14833195	18073257
33. 仪器仪表及文化办公机械制造业	4767737	6658170	8395177	10506949	14154760	18100751	21821443
35. 电力热力的生产供应业	17538	79699	78458	102642	126352	142969	212822
36. 煤气的生产和供应业	394200	518020	354999	494684	56589	16325	29711

资料来源：联合国 COMTRADE 数据库。

附表 4 1992～2003 年中国分行业产品国内销售量（行业总产值－出口）

单位：万元

工业部门	1992 年	1993 年	1994 年	1995 年	1996 年	1997 年
1. 煤炭采选业	5713630	6666609	6680984	6375533	7452881	8016287
2. 石油和天然气开采业	4581937	6857884	7917026	7055454	7263820	8410498
3. 金属矿采选业	1775000	2298089	2680465	2576613	2820194	3098012
4. 非金属矿采选业	938625	2029877	1975564	1462545	1927857	2207546
5. 食品制造及烟草加工业	25480212	27570631	25762000	22579587	24701218	25390868
6. 纺织业	24256044	24974230	24888244	17146007	17606907	16240245
7. 服装皮革羽绒及其他纤维制品制造业	-9226634	-1470060	-11927624	-13214052	-12411308	-9272698
8. 木材加工及家具制造业	1982721	2740720	2244325	1701284	2302178	2488727
9. 造纸印刷及文教用品制造业	6466010	6784614	4479603	4454332	5653303	4673033

续表

工业部门	1992 年	1993 年	1994 年	1995 年	1996 年	1997 年
10. 石油加工及炼焦业	9445644	11749742	12396485	11266345	11522974	13043110
11. 化学工业	34812441	36215854	36179897	35646399	39645876	40636793
12. 非金属矿物制品业	13281600	18972580	19068057	16005958	18122145	18961129
13. 金属冶炼及压延加工业	-1128874	-1073949	-2654299	-5917545	-4400967	-5817983
14. 金属制品业	6860857	9779805	9493089	6969927	7988941	7891991
15. 机械工业	3453390	27260951	25686589	20430436	21423979	21561437
16. 交通运输设备制造业	14323150	21160727	20374556	17485217	18888715	19904887
17. 电气机械及器材制造业	10334560	13154509	10704204	8041537	9213160	8440281
18. 电子及通信设备制造业	6983330	8138471	7509862	6871493	7330274	9836500
19. 仪器仪表及文化办公用机械制造业	378814	1326903	-687861	-2029438	-2022173	-2748120

工业部门	1998 年	1999 年	2000 年	2001 年	2002 年	2003 年
1. 煤炭采选业	6764970	6684918	6561473	6939088	9579490	11795130
2. 石油和天然气开采业	9196900	11973523	17104472	15280330	14966065	18401016
3. 金属矿采选业	2788442	3016011	3376318	3540406	3891358	5045697
4. 非金属矿采选业	1117423	1317885	1259222	1253542	1561799	1760729
5. 食品制造及烟草加工业	22245957	22794928	17710890	15512713	9286747	-9276799
6. 纺织业	15140294	16987600	17974593	19648981	20539901	21951148
7. 服装皮革羽绒及其他纤维制品制造业	-16086598	-15521429	-19792610	-18119143	-7309329	-26852629
8. 木材加工及家具制造业	1427727	1421539	1086385	1302923	482004	-64607
9. 造纸印刷及文教用品制造业	4714736	5983763	6177366	8104473	7808737	9309447
10. 石油加工及炼焦业	12108404	14918549	24100336	24530461	25136440	30854129
11. 化学工业	40975594	47338853	54569374	57467247	64802472	78402314
12. 非金属矿物制品业	15726362	17541360	18584966	20038248	21783211	25994304
13. 金属冶炼及压延加工业	-4858201	-4471033	-6414731	-5365980	-5913829	-8487179
14. 金属制品业	8162491	8871007	9722514	10663701	11598538	12116577
15. 机械工业	19264555	20489880	20576860	22315229	26195060	33796006
16. 交通运输设备制造业	19726849	23402848	25269341	31208445	40897559	51732653
17. 电气机械及器材制造业	8845003	8594269	7883689	10115745	7625965	7541617
18. 电子及通信设备制造业	13753376	18403154	20697073	23202342	23396602	19444939
19. 仪器仪表及文化办公用机械制造业	-3020610	-3508092	-5107119	-6888825	-11435842	-15755791

资料来源：行业总产值来自中经网（用 GDP 平减指数进行折算），出口数据来自于 COMTRADE 数据库（用年度中间汇率进行折算），表中数据由计算得到。

参考文献

Amurgo-Pacheco, A. and M. D. Pierola. , "Patterns of Export Diversification in Developing Countries: Intensive and Extensive Margins." *World Bank Policy Research Working Paper*, No. 4473, 2008.

Anderson, James E. and Eric van Wincoop. , "Gravity with Gravitas: A Solution to the Border Puzzle." *American Economic Review*, 2003.

Anderton Bob, Paul Brenton, "Outsourcing and Low-Skilled Workers in the UK." *CSGR Working Paper*, No. 12/98, 1998.

Andrew Schmitz, Peter Helmberger, "Factor Mobility and International Trade: The Case of Complementarity." *American Economic Review*, Vol. 60, No. 4, 1970.

Antràs, Pol, Elhanan Helpman, "Global Sourcing." *Journal of Political Economy*, Volume 112, 2004.

Arndt Sven W. , " Globalization and Economic Development. " *Journal of International Trade and Economic Development*, 1999.

Arndt Sven W. , Henryk Kierzkowski, *Fragmentation: New Production Patterns in the World Economy*, Oxford : Oxford University Press, 2001.

B. Kogut, U. Zander. , " Knowledge of the Firm and the Evolutionary

Theory of the Multinational Enterprise." *Journal of International Business Studies*, 1993.

Baier S. L. and J. H. Bergstrand., "The Growth of World Trade: Tariffs, Transport Costs, and Income Similarity." *Journal of International Economics*, 2001.

Balassa, Bela., "Intra-industry Specialization: A Cross-country Analysis." *European Economic Review*, 1986.

Bardhan, Jaffee, *On Intra-Firm Trade and Multinationals: Foreign Outsourcing and Offshoring in Manufacturing*.

Bayoumi, T., G. Lipworth., "Japanese Foreign Direct Investment and Regional Trade", *IMF Working Paper*, WP/97/103, 1997.

Beaumont, N. J. and Tinch, R. "Abatement Cost Curves: A Viable Management Tool for Enabling the Achievement of Win - Win Waste Reduction Strategies?" *Journal of Environmental Management*, 2004, 71 (3), pp. 207 - 215.

Beghin John, Sébastien Dessus, David Roland-Holst and Dominique van der Mensbrugghe., "General Equilibrium Modelling of Trade and The Environment", *OECD Development Center Working Paper* No. 116, 1996.

Bela, Balassa., "Trade Liberalisation and 'Revealed' Comparative Advantage", *The Manchester School*, Volume 33, 1965.

Brainard, L., "A Simple Theory of Multinational Corporations and Trade with a Trade-off between Proximity and Concentration." *NBER Working Paper 4269*, 1993.

Brander. J. A, P. R. Krugman, "A Reciprocal Dumping Model of International Trade." *Journal of International Economics*, 1983.

Chaney Thomas, "Distorted Gravity: The Intensive and Extensive Margins of International Trade." *American Economic Review*, 2008.

Choudhri E. U. and Hakura D. S. , "International Trade in Manufactured Products: A Ricardo-Heckscher-Ohlin Explanation with Monopolistic Competition", *Paper Presented at the 7th Annual Conference-Empirical Investigation in International Trade*, University of Colorado, Boulder, 2000.

Copeland, B. and M. Taylor, "Trade, Growth and the Environment." *Journal of Economic Literature*, 2004.

Deardorff, Alan, *Fragmentation across Cones*, *Research Seminar in International Economics*, *Discussion Paper*, No. 427, University of Michigan, 1998.

Deardorff, Alan, "Fragmentation in Simple Trade Models." *North American Journal of Economics and Finance*, 1998.

Douglas D. Purvis, "Technology, Trade and Factor Mobility." *The Economic Journal*, 1972.

Ethier, W. J., "The Multinational Firm." *Quarterly Journal of Economics*, 101 (4), 1986.

Falvey, R. E., "Cormnercial Policy and Intraindustry Trade." *Journal of International Economics*, 1981.

Feenstra Robert C. , "New Product Varieties and the Measurement of International Prices." *American Economic Review*, 1994.

Feenstra, Robert C. , *Advanced International Trade*: *Theory and Evidence*, Princeton University Press, 2004.

Feenstra, Robert C. , Barbara J. Spencer, "Contractual Versus Generic Outsourcing: The Role of Proximity", *NBER Working Paper*, *No.* 1. 1885, 2005.

Feenstra, Robert C. , Gordon H. Hanson, "The Impact of Outsourcing and High-Technology Capital on Wages: Estimates for the United States, 1979 – 1990", *The Quarterly Journal of Economics*, 1999.

Feenstra, Robert C. , Gordon H. Hanson, "Globalization, Outsourcing and Wage Inequality", *NBER Working Paper No.* 5424, 1996.

Feenstra, Robert C. , Gordon H. Hanson, "The Impact of Outsourcing and High-technology Capital on Wages: Estimates for the U. S. , 1979 - 1990", *The Quarterly Journal of Economics*, 1999.

Feenstra, Robert C. , " Integration of Trade and Disintegration of Production in the Global Economy. " *Journal of Economic Perspectives*, 1998, 12 (4).

Finger J. M. and M. E. Kreinin, "A Measure of 'Export Similarity' and Its Possible Uses", *The Economic Journal*, 1979.

Gianfranco De Simone, The Effects of International Fragmentation of Production on Trade Patterns: an Empirical Assessment, Mimeo, 2003.

Giovani Machado, Roberto Schaeffer, Ernst Worrell, " Energy and Carbon Embodied in the International Trade of Brazil: an Input-output Approach. " *Ecological Economics 39*, 2001.

Glen P. Peters and Edgar G. Hertwich, "CO_2 Embodied in International Trade with Implications for Global Climate Policy. " *Environmental Science & Technology*, 2008.

Greenaway David, Robert C. Hine, Peter Wright, An Empirical Assessment of the Impact of Trade on Employment in the United Kingdom, Research Paper 98/3, University of Nottingham, 1998.

Grossman, G. "Pollution and Growth: What Do We Know?" *CEPR Discussion Papers*, No. 848, 1993.

Grossman, Gene M. , Elhanan Helpman, " Integration Versus Outsourcing in Industry Equilibrium. " *Quarterly Journal of Economics*, 2002.

Grossman, Gene M. , Elhanan Helpman, "Outsourcing Versus FDI in

Industry Equilibrium." *Journal of the European Economic Association*, 2003.

Grubel, H. G., Lloyd, P. J., *Intra-industry Trade: The Theory and Measurement of International Trade in Differentiated Products*, London: The Macmillan Press, 1975.

Hanson, Mataloni and Slaughter, "Vertical Production Networks in Multinational Firms." *NBER Working Papers No. 9723*, 2003.

Hanson, Mataloni and Slaughter, Vertical Specialization in Multinational Firms, Mimeo, University of California, San Diego, 2002.

Hausmann Ricardo, Jason Hwang, Dani Rodrik, "What You Export Matters." *NBER Working Paper No. 11905*, 2005.

Head K. and T. Mayer, "The Empirics of Agglomeration and Trade." *Handbook of Regional and Urban Economics*, 2004.

Helpman Elhanan, "A Simple Theory of International Trade with Multinational Corporations." *Journal of Political Economy*, 1992.

Helpman Elhanan, Krugman, P., Increasing Returns, Imperfect Competition and the International Economy, in Market Structure and Foreign Trade, Cambridge, MA: MIT Press, 1985.

Helpman Elhanan, Marc J. Melitz, Stephen R. Yeaple, "Export Versus FDI with Heterogeneous Firms." *American Economic Review*, 2004.

Helpman Elhanan, "Trade, FDI, and the Organization of Firms." *NBER Working Papers No. 12091*, 2006.

Herbert G. Grubel, "Intra-industry Specialization and the Pattern of Trade." *The Canadian Journal of Economics and Political Science*, 1967.

Hogan Chen, Kondratowicz, Yi, "Vertical Specialization and Three Facts about U. S. International Trade." *North American Journal of Economics and Finance* 16, 2005.

Hummels David Jun Ishii, Kei-Mu Yi, "The Nature and Growth of Vertical

Specialization in World Trade." *Journal of International Economics*, 2001.

Hummels David, Rapoport, Dana, Yi, Kei-mu, "Vertical Specialization and the Changing Nature of World Trade." *Federal Reserve Bank of New York Economic Policy Review*, 1998.

Hummels, David and Peter J. Klenow, "The Variety and Quality of a Nation's Exports." *American Economic Review*, 2005.

Jonathan Eaton, Henryk Kierzkowski, "Oligopolistic Competition, Product Variety, Entry Deterrence, and Technology Transfer." *The RAND Journal of Economics*, Vol. 15, No. 1, 1984.

Jones Ronald W., Henryk Kierzkowski, International Fragmentation and the New Economic Geography, The North American Journal of Economics and Finance Volume 16, Issue 1, March 2005.

Jones Ronald W., Henryk Kierzkowski, The Role of Services in Production and International Trade: A Theoretical Framework, ch. 3 in Jones and Anne Krueger: The Political Economy of International Trade, 1990.

Julio Sánchez-Chóliz and Rosa Duarte, "CO_2 Emissions Embodied in International Trade: Evidence for Spain." *Energy Policy*, 2004.

Kancs d. Artis. "Trade Growth in a Heterogeneous Firm Model: Evidence from South Eastern Europe." *World Economy*, 2007.

Koopman Robert, Zhi Wang and Shang-Jin Wei, "How Much Chinese Exports Is Really Made in China-Assessing Foreign and Domestic Value-added in Gross Exports," *NBER Working Paper 14109*, 2008.

Koopman Robert, William Powers, Zhi Wang and Shang-Jin Wei, "Give Credit Where Credit is Due: Tracing Value Added in Global Production Chains." *NBER Working Paper 16426*, 2010.

Krugman, P. R, "Does Third World Growth Hurt First World Prosperity?" *Harvard Business Review*, 1996.

Krugman, P. R, Increasing Returns, "Monopolistic Competition and the Pattern of Trade." *Journal of International Economic*, Vol. 9. 1979.

Lall, Sanjaya, " The Pattern of Intra-Firm Exports by U. S. Multinationals." *Oxford Bulletin of Economics and Statistics*, 1978.

Landes David, *The Wealth and Poverty of Nations*, Norton, 1998.

Leamer, E. E, " In Search of Stolpe-Samuelson Effects on U. S. Wages." *NBER Working Paper No. 5427*, 1996.

Manoranjan Dutta., " Import Structure of India." *The Review of Economics and Statistics*, Vol. 47, No. 3, 1965, 295 –300.

Marchant, Kumar, " An Overview of U. S. Foreign Direct Investment and Outsourcing." *Review of Agricultural Economics*, 2005.

Maria Borga, William J. Zeile, " International Fragmentation of Production and the Intra-firm Trade of U. S. Multinational Companies." *BEA Working Papers*, 2004.

Markusen, James R., "Multinationals, Multi-plant Economies, and the Gains from Trade." *Journal of International Economics*, *Volume 16*, *Issues 3 –4*, 1984.

Markusen, James R., " Factor Movements and Commodity Trade as Complements." *Journal of International Economics*, Vol 14, 1983.

Markusen, James R., Kevin H. Zhang, " Vertical Multinationals and Host-Country Characteristics." *NBER Working Paper* No. 6203, 1997.

Markusen, James R., Maskus., " A Unified Approach to Intra-industry Trade and Direct Foreign Investment." *NBER Working paper No. 8335*, 2001.

Markusen, James R., Venables, A., Konan, D., and K. Zhang, " A Unified Treatment of Horizontal Direct Investment, Vertical Direct Investment, and the Pattern of Trade in Goods and Services." *NBER*

Working Paper5696, 1996.

Markusen, James R., Venables, Anthony J., "The Theory of Endowment, Intra-industry and Multinational Trade." *Journal of International Economics*, 2000.

Matthew J. Slaughter, "Production Transfer within Multinational Enterprises and American Wages." *Journal of International Economics*, 50, 2000.

McCallum J., "National Borders Matter: Canada-US Regional Trade Patterns." *American Economic Review*, 1995.

Melitz, Marc., "The Impact of Trade on Aggregate Industry Productivity and Intra-Industry Reallocations." *Econometrica*, 2003.

Michaely, M., "Trade, Income Levels, and Dependence. North-Holland, Amsterdam." 1984.

Mundell, R. A., "International Trade and Factor Mobility." *American Economic Review*, 1957.

PJ Buckley, M Casson, "The Future of the Multinational Enterprise." *Macmillan*, 1976.

Purvis, Douglas D., "Technology, Trade and Factor Mobility, Economic Journal." *Royal Economic Society*, 1972.

Ricardo Hausmann, Jason Hwang, Dani Rodrik, "What You Export Matters." *Journal of Economic Growth*, 2007.

Robert E. Lipsey, Merle Yahr Weiss, "Foreign Production and Exports of Individual Firms." *The Review of Economics and Statistics*, 1984.

Rodrik, Dani., *Has Globalization Gone Too Far? Institute for International Economics*, Washington D. C., 1997.

S. Hymer, *The International Operations of National Firm: A Study of*

Direct Investment, *Cambridge*, Massachusetts: MIT Press, 1976.

Shui Bin and Harriss Robert C., "The Role of CO_2 Embodiment in US-China Trade." *Energy Policy*, 2006.

Teece, D. J., "Technology Transfer by Multinational Firms: The Resource Cost of Transferring Technological Know-How." *The Economic Journal*, 1977.

Thomas Anderson, Torbjorn Fredriksson, "Distinction Between Intermediate and Finished Products in Intra-firm Trade." *International Journal of Industrial Organization 18*, 2000.

UNCTAD, "Growth and Classification of World Merchandise Exports." *Trade and Development Report 2002*.

UNCTAD, *World Investment Report 2007*, United Nations.

Venables, Anthony J., "Fragmentation and Multinational Production." *European Economic Review 43*, 1999.

Weber, C., G. Peters, D. Guan, K. Hubacek, "The Contribution of Chinese Exports to Climate Change." *Energy Policy*, 2008.

Yeaple, S., "The Complex Integration Strategies of Multinational and Cross Country Dependencies in the Structure of Foreign Direct Investment." *Journal of International Economics*, 2003.

Yeats, A. J., "Just How Big is Global Production Sharing?" Arndt, S. W. and H. Kierzkowski: Fragmentation, New Production Patterns in the World Economy, 2001.

Zejan, Mario C., "Intra-firm Trade and Swedish Multinationals." Weltwirtschaftliches Archiv, 1989.

安虎森：《空间经济学原理》，经济科学出版社，2005。

保罗·克鲁格曼：《克鲁格曼国际贸易新理论》，中国社会科学出版社，2001。

陈继勇、刘威：《产品内分工视角下美中贸易失衡中的利益分配》，《财经问题研究》2008年第11期。

陈继勇等：《国际直接投资的新发展与外商对华直接投资研究》，人民出版社，2004。

陈迎、潘家华、谢来辉：《中国外贸进出口商品中的内涵能源及其政策含义》，《经济研究》2008年第7期。

陈勇：《FDI路径下的国际产业转移与中国的产业承接》，东北财经大学出版社，2007。

陈桢：《经济增长的就业效应研究》，经济管理出版社，2007。

樊纲、关志雄、姚枝仲：《国际贸易结构分析：贸易品的技术分布》，《经济研究》2006年第8期。

高峰：《全球化时代的中国制造》，社会科学文献出版社，2003。

海闻、赵达：《国际生产与贸易格局的新变化》，《国际经济评论》2007年第1~2期。

胡放之：《中国经济起飞阶段的工资水平研究》，中国经济出版社，2005。

胡国恒：《不完全契约条件下的贸易、投资与国际生产组织》，《财经研究》2004年第7期。

胡昭玲：《产品内国际分工对中国工业生产率的影响分析》，《中国工业经济》2007年第6期。

胡昭玲：《国际垂直专业化对中国工业竞争力的影响分析》，《财经研究》2007年第4期。

胡昭玲：《国际垂直专业化分工与贸易：研究综述》，《南开经济研究》2006年第5期。

胡昭玲：《中国制造业国际竞争力分析》，《国际经济学评论》，中国财政经济出版社，2007。

黄静波：《中国对外贸易政策改革》，广东人民出版社，2003。

贾恩卡洛·甘道尔夫：《国际贸易理论与政策》，王根蓓译，上海财经大学出版社，2005。

江小娟：《中国的外资经济对增长、结构升级和竞争力的贡献》，中国人民大学出版社，2002。

金芳：《国际分工的深化趋势及其对中国国际分工地位的影响》，《世界经济研究》2003年第3期。

金芳：《世界生产体系变革的当代特征及其效应》，《世界经济研究》2007年第7期。

金相郁：《中国区域全要素生产率与决定因素：1996~2003》，《经济评论》2007年第5期。

金祥荣、林承亮：《对中国历次关税调整及其有效保护结构的实证研究》，《世界经济》1999年第8期。

李稻葵、李丹宁：《中美贸易顺差：根本原因在哪里?》，《国际经济评论》2006年9~10月。

李荣林：《国际贸易与直接投资的关系：文献综述》，《世界经济》2002年第4期。

李小平、卢现祥：《国际贸易、污染产业转移和中国工业 CO_2 排放》，《经济研究》2010年第1期。

李雪辉、许罗丹：《FDI对外资集中地区工资水平影响的实证研究》，《南开经济研究》2002年第2期。

联合国经济及社会理事会统计司：《按经济大类分类》（第4版），《统计丛刊》第53号，2002。

联合国贸易与发展会议：《1996世界投资报告——投资、贸易与国际政策安排》，对外经济贸易大学出版社，1997。

联合国贸易与发展会议：《2006世界投资报告——来自发展中经济体和转型期经济体的外国直接投资：对经济的影响》，中国财政经济出版社，2007。

梁琦、施晓苏：《中国对外贸易和FDI相互关系的研究》，《经济学》2004年第4期。

刘瑞翔、姜彩楼：《从投入产出视角看中国能耗加速增长现象》，《经济学》2011年第3期。

刘仕国：《外商直接投资对中国收入分配差距的影响：基于1998～2006年中国工业面板数据的动态计量分析》，中国人民大学博士学位论文，2009。

刘志彪、刘晓昶：《垂直专业化：经济全球化中的贸易和生产模式》，《经济理论与经济管理》2001年第10期。

卢锋：《产品内分工——一个分析框架》，《经济学》2004年第1期。

Lau, Lacorence J. 等：《非竞争型投入占用产出模型及其应用——中美贸易顺差透视》，《中国社会科学》2007年第5期。

罗润东：《当前我国劳动力就业的主要矛盾与政策》，《南开学报》（哲学社会科学版）2004年第1期。

吕政：《中国工业结构的调整与产业升级》，《开发研究》2007年第1期。

马涛：《金融危机对外国直接投资的影响》，《国际经济评论》2009年7～8月。

马涛：《中间产品贸易和直接投资、生产分割的关系——基于中国工业部门的研究》，《国际贸易问题》2010年第1期。

马涛、东艳、苏庆义、高凌云：《工业增长与低碳双重约束下的产业发展及减排路径》，《世界经济》2011年第8期。

马涛、刘仕国：《产品内分工下中国进口结构与增长的二元边际——基于引力模型的动态面板数据分析》，《南开经济研究》2010年第4期。

马涛：《中间产品贸易、垂直专业化生产与FDI的关系：基于我国数据的协整分析》,《国际贸易问题》2008年第6期。

宁冬莉:《论中国对外贸易发展战略的选择》,《经济问题》2004年第8期。

彭水军、刘安平:《中国对外贸易的环境影响效应:基于环境投入——产出模型的经验研究》,《世界经济》2010年第5期。

平新乔等:《中国出口贸易中的垂直专门化与中美贸易》,《世界经济》2006年第5期。

平新乔等:《垂直专门化、产业内贸易和中美贸易关系》,北京大学中国经济研究中心讨论稿系列,2005。

钱学锋、熊平:《中国出口增长的二元边际及其因素决定》,《经济研究》2009年第1期。

钱学锋:《企业异质性、贸易成本与中国出口增长的二元边际》,《管理世界》2008年第9期。

邱斌、唐保庆、孙少勤:《FDI、生产非一体化与美中贸易逆差》,《世界经济》2007年第5期。

沈国兵:《贸易统计差异与中美贸易平衡问题》,《经济研究》2005年第6期。

盛斌、马涛:《中间产品贸易对中国劳动力需求变化的影响:基于工业部门动态面板数据模型的分析》,《世界经济》2008年第3期。

盛斌、马涛:《中国工业部门垂直专业化与国内技术含量的关系研究》,《世界经济研究》2008年第8期。

盛斌:《中国对外贸易政策的政治经济分析》,上海人民出版社,2002。

施炳展、李坤望:《中国靠什么实现了对美国出口的迅速增长》,《世界经济研究》2009年第4期。

宋京:《外国直接投资对我国产业结构升级的影响——对外贸易视角的分析》,《国际贸易问题》2005年第4期。

苏振东：《基于一般均衡理论的贸易投资一体化模型研究》，大连理工大学博士学位论文，2005。

田文、刘厚俊：《产品内分工下西方贸易理论的新发展》，《经济学动态》2006年第5期。

田文：《产品内贸易的定义、计量及比较分析》，《财贸经济》2005年第5期。

田文：《产品内贸易论》，经济科学出版社，2006。

汪斌：《中国产业：国际分工地位和结构的战略性调整》，光明日报出版社，2006。

王洪庆：《外商直接投资的贸易效应研究》，经济科学出版社，2007。

王少平、封福育：《外商直接投资对中国贸易的效应与区域差异：基于动态面板数据模型的分析》，《世界经济》2006年第8期。

王岳平：《中国工业结构调整与升级：理论、实证和政策》，中国计划出版社，2001。

吴进红：《开放经济与产业结构升级》，社会科学文献出版社，2007。

夏虹：《战略性国际贸易政策与我国产业结构的调整》，《江苏经济探讨》1999年第11期。

夏平：《中国中间产品贸易分析——基于产品内国际分工视角》，对外经济贸易大学博士学位论文，2007。

许德友、梁琦：《中国对外双边贸易成本的测度与分析：1981～2007》，《数量经济技术经济研究》2010年第1期。

薛漫天、赵曙东：《外商直接投资：垂直型还是水平型?》，《经济研究》2007年第12期。

薛求知：《当代跨国公司新理论》，复旦大学出版社，2007。

杨伟国：《转型中的中国就业政策》，中国劳动社会保障出版社，2007。

杨泽文、杨全发：《FDI对中国实际工资水平的影响》，《世界经济》2004 年第 12 期。

姚洋、张晔：《中国出口品国内技术含量升级的动态研究——来自全国及江苏省、广东省的证据》，《中国社会科学》2008 年第 2 期。

姚愉芳、齐舒畅、刘琪：《中国进出口贸易与经济、就业、能源关系及对策研究》，《数量经济技术经济研究》2008 年第 10 期。

姚枝仲、田丰、苏庆义：《中国出口的收入和价格弹性》，《世界经济》2010 年第 4 期。

姚枝仲：《中国经济发展对进口趋势的影响》，中国社会科学院世界经济与政治研究所工作论文，2009。

俞会新：《贸易自由化对就业和收入分配的影响》，中国财政经济出版社，2003。

袁奇：《当代国际分工格局下中国产业发展战略研究》，西南财经大学出版社，2006。

张二震、马野青、方勇：《贸易投资一体化与中国的战略》，人民出版社，2004。

张方方：《简论外国直接投资与国际贸易的互动关系》，《经济评论》1999 第 3 期。

张为付、杜运苏：《中国对外贸易中隐含碳排放失衡度研究》，《中国工业经济》2011 年第 4 期。

张小蒂、孙景蔚：《基于垂直专业化分工的中国产业国际竞争力分析》，《世界经济》2006 年第 5 期。

张小蒂、王焕祥：《国际投资与跨国公司》，浙江大学出版社，2004。

张晓峒：《EViews 使用指南与案例》，机械工业出版社，2007。

张晓峒：《计量经济分析》，经济科学出版社，2003。

张友国：《中国贸易含碳量及其影响因素——基于（进口）非竞争投入——产出表的分析》，《经济学》2010 年第 4 期。

张宇：《FDI 与中国全要素生产率的变动——基于 DEA 与协整分析

的实证检验》，《世界经济研究》2007年第5期。

赵伟、马征：《垂直专业化贸易：理论模型与基于中国数据的实证》，《技术经济》2006年第8期。

喆儒：《产业升级——开放条件下中国的政策选择》，中国经济出版社，2006。

周申、李春梅：《工业贸易结构变化对我国就业的影响》，《数量经济技术经济研究》2006年第7期。

周申：《贸易自由化对中国工业劳动需求弹性影响的经验研究》，《世界经济》2006年第2期。

后 记

本书是中国社会科学院哲学社会科学创新工程学术出版资助项目，同时也是笔者的博士学位论文以及最近四年来研究成果的一个总结。笔者感谢中国社会科学院提供的这样一个好的平台和机会，能把个人的研究成果展示给读者和各位同仁，也感谢世界经济与政治研究所对本书的大力推荐。

感谢南开大学盛斌教授欣然为本书写序，本书的出版也离不开他两年来几次催促我。作为导师，盛斌教授带领我步入科学研究的神圣殿堂，并在学业上给予我无微不至的关怀！盛老师可谓是南开的年轻才俊，他用自己的行动和骄人的成绩不断刷新着个人的人生记录，令我们这些学生对他心存敬仰并从他身上学到了很多东西。对我个人而言，导师对我的谆谆教导，对我学术上的严格要求，会令我享用一生。

此书的出版离不开世界经济与政治研究所张宇燕所长和所学术委员会高海红等研究员的支持和推荐，以获得院里资助并在社会科学文献出版社出版。同时，也要感谢国际贸易研究室宋泓研究员、倪月菊研究员、东艳副研究员、田丰副研究员、高凌云博士、李春顶博士和张琳博士等在过去几年里对我研究上的帮助。还要感谢所科研处的王新处长和郗艳菊老师的大力协助。也要特别感谢社会科学文献出版社的邓泳红老师和吴敏老师为此书的出版付出的辛勤劳动。此外，在本书的写作过程中，部分内容还涉及了与盛斌教授、刘仕国副研究员和李辉博士的合作，他们认真治学的态度令我难忘。

转眼年龄随着属相已有三个轮回，我感觉亏欠最多的应该还是父母，他们含辛茹苦把我们养育成人，如今却不能陪在他们身边，给他们以慰藉。父母对我们的殷切希望并不是给他们带来多少财富，而是期待我们做人正直、做事认真、生活幸福。感谢两位姐姐的帮助，让我可以安心地做研究。还要感谢我的妻子，感谢她对我的支持、照顾和宽容，也祝愿她教书育人和科研工作顺顺利利，取得更多成果。

最后，感谢我身边的亲朋好友，感谢所有曾经帮助过我的人！

马　涛

2012 年夏于中关村

图书在版编目（CIP）数据

全球生产体系下的中国经贸发展/马涛著. —北京：社会科学文献出版社，2012.10
ISBN 978-7-5097-3773-6

Ⅰ.①全… Ⅱ.①马… Ⅲ.①对外贸易-经济发展-研究-中国 Ⅳ.①F752

中国版本图书馆 CIP 数据核字（2012）第 218713 号

全球生产体系下的中国经贸发展

著　　者／马　涛

出 版 人／谢寿光
出 版 者／社会科学文献出版社
地　　址／北京市西城区北三环中路甲 29 号院 3 号楼华龙大厦
邮政编码／100029

责任部门／皮书出版中心（010）59367127　　责任编辑／吴　敏　周映希
电子信箱／pishubu@ssap.cn　　责任校对／杨　楠
项目统筹／邓泳红　周映希　　责任印制／岳　阳
经　　销／社会科学文献出版社市场营销中心（010）59367081　59367089
读者服务／读者服务中心（010）59367028

印　　装／北京鹏润伟业印刷有限公司
开　　本／787mm×1092mm　1/16　　印　　张／17.25
版　　次／2012 年 10 月第 1 版　　字　　数／237 千字
印　　次／2012 年 10 月第 1 次印刷
书　　号／ISBN 978-7-5097-3773-6
定　　价／59.00 元